ハンドボールスキルアップシリーズ

目からウロコの ポジション別上達術

〈コートプレーヤー編〉

はじめに

ハンドボール選手のポジションには、大きく分けてコートプレーヤー（CP）とゴールキーパー（GK）という2つのタイプがあります。そのうち、GKは言うまでもなく、1人ユニフォームが違い、自陣ゴールを守る最後の砦となる選手のことです。

しかし、CPについては、そこからさらに細かくポジションが分かれていきます。とくにOFの際にはその特性によって、「バックプレーヤー」、「サイドプレーヤー」、「ポストプレーヤー」という3つのタイプに分かれ、それぞれに果たす役割や求められる能力に違いがあります。

現代ハンドボールにおいては、複数のポジションをこなせるオールラウンダーが求められるようになってきていますが、そのためにもまずは各ポジションの特性をきちんと理解する必要があります。

第1章で紹介するバックプレーヤーは、ハンドボールの花形とも言えるポジションで、通常、9mラインの外側からプレーをスタートし、豪快なロングシュートや華麗なス

テップシュート、機を見たチャンスメイク、カットイン（ブレイクスルーとも）などで得点を生み出します。

第2章で紹介するサイドプレーヤーは、OF時に相手コートのコーナー（角）付近にポジショニングし、味方から回ってきたラストパスを受け、6mライン内に飛び込んでシュートを決めるポジションです。高いシュート精度とともに、近年は切りの動き（トランジション）などで積極的に攻撃に絡む戦術を取るチームが増えており、戦術理解度も必要です。

そして、第3章で紹介するのがポストプレーヤーです。6mライン際に位置を取り、相手DFとの激しいポジション争いを制してシュート、またはDFに対してブロックをかけたり、裏のスペースを突くなどの動きから味方のチャンスを生み出します。体力はもちろんですが、確かな戦術眼やコミュニケーション力も問われる奥の深いポジションです。

この3つのポジションについて解説した『スポーツイベント・ハンドボール』の「スキルアップシリーズ」を加筆修正し、1冊にまとめたのが本書です。

初心者はもちろん、経験者や指導者にとっても、各ポジションに求められる役割、必要なトレーニングや考え方を改めて理解するいい機会になれば幸いです。

〈スポーツイベント・ハンドボール編集部〉

この本では、コートプレーヤーの３つのポジション・バックプレーヤー、サイドプレーヤー、ポストプレーヤーそれぞれの役割、トレーニング方法について、国内の一流指導者が解説しています。プレーの連続写真や動画も見ながら、それぞれのポジションへの理解を深めましょう。

…を入れてのパストレーニング
A
1
B
2
C
3
D
4
【写真12】
ボールキャッチのいい例・悪い例
【写真9】
【写真8】
【写真11】
【写真10】
スマホからアクセス！
ボールキャッチ（いい例、悪い例）の動画をQRコードから見てみよう!!
ボールを受ける位置も大切なポイントになる
味方の動きにタイミングを合わせるとともに、パスを出す位置（味方がパスを受ける位置）も、心に留めておきたいポイントです。
『目からウロコの個人技術』（小社刊）の『パス』の項で大城章さんも解説されていましたが、利き腕側の顔の横あたりでパスを受けることができれば、より速くシュートへと持ち込むことができます【写真8】。
究極の理想としては、【写真9】のように（利き腕の）片手でパスを受け、そのままシュートできれば、DFが準備する前に壁を打ち抜ける可能性が高くなります。
経験の長短にかかわらず、そうした理想のプレーもイメージしてトレーニングしていきましょう。
逆に、【写真10】のようにパスが逆手側に流れたり、【写真11】のようにジャンプし、腕を伸ばし切らないとキャッチできないようなパスでは、次の動作に移る前に余計な時間がかかり、DFに対応する余裕を与えてしまいます。
味方がシュートしやすい、確実にシュートチャンスを活かせるパスを送るのもバックプレーヤーの役割の1つです。
味方の存在、味方の次のプレーも意識できるレベルをめざしてトレーニングしていきましょう。
DFを入れてのパスはシュートにもつながる
続いてDF（じゃまをする人）を入れた対人パスに入ります【写真12、13】。３m程度の間隔で立った2人の間にDFが入り、2人はDFにカットされないようにパスをします。
このパスをとおすためには
①DFに反応させない、DFが反応する前に、速く、小さい動きでパスをする
②反応させて逆をつく（右を意識させれば左、下を意識させれば上が空きやすい、写真14～16）
③サプライズ（「あっ、靴ひも!!」と言葉を発して一瞬、下を向かせるなど、DFの気をそらす）
④技術的にボールを触れないようにもっていく（スピンなどを利用する）
といったことが考えられます。

これはスピーディーに打ち抜く、流しと見せて引っ張りに打つ、スカイプレーと見せてGKの気を散らし、そのままシュートする、そしてスピンシュート、というように、GKを相手にした時のシュートにもそ
っくり当てはまります。

もちろん、DFやGKのためのトレーニングにもなります。

DF（じゃまする人）は、いつボールが来てもいいように、ヒザをゆったりと曲げ、腕を上げておきます。

余裕ができてくれば、空いている、警戒していないと見せかけてカットを狙うように、パスをする相手に対応するだけでなく、自ら仕掛けていきましょう。

28

連続写真と動画

各プレーを連続写真で細かく解説しています。一瞬のできごとの中でも大切なポイントはあります。写真と解説をよく見ながらプレーを向上させてください。また、よりプレーをわかりやすくするため、QRコードからのアクセスによる動画も公開しています。解説、写真、動画を組み合わせながら読み進めてください。

この本を読むには

実績豊富な指導者による解説

各プレーの意味やそのための動き、コツを各テーマのエキスパートが解説します。豊富な経験を持つ指導者ならではの視点に注目してください。まずは、どんなことが基本となるのかよく読んで理解しましょう。

下川 真良

しもかわ・まさよし、1976年6月23日生まれ。松尾中（京都）でハンドボールを始め、北陽高（現・関西大北陽高、大阪）でセンバツ準優勝、大体大で日本一を2度経験。大学卒業後は湧永製薬、日本代表でサイドのスペシャリストとして活躍した。日本代表としては、アテネ、北京と2度のオリンピックアジア予選を経験し、2008年に引退。同年から朝日大ハンドボール部監督に就任、2010年に全日本インカレ出場を果たすと、2015年の西日本インカレでチームをベスト4に導いた。2016年度から母校・大体大の男子部監督に就任し、18年には全日本インカレで優勝を飾っている。

Masayoshi Shimokawa

解説者紹介

佐久川 ひとみ

さくがわ・ひとみ、1977年7月21日生まれ、沢岻小（沖縄）でキャリアをスタートさせ、浦添中、浦添高といずれも全国の大舞台で活躍し、高校卒業後大崎電気に入団。1年目から戦力となった。2000年大崎電気の休部にともないオムロンに移籍。日本代表でキャプテンを務めた経験もあり、視野が広く頼れる左腕サイドとして活躍した。09年から韓国の大邱市庁でプレー。帰国後、12年、富士大に入学し、選手兼コーチとして女子ハンドボール部に所属、卒業後の2016年度から富士大女子部監督に就任。現在は武庫川女大監督。

Hitomi Sakugawa

58

ハンドボールスキルアップシリーズ
第1章 役割とシュートを極める 『バック

【写真14】

【写真15】

【写真16】

スマホからアクセス！

DFを入れてのパストレーニングの動画をQRコードから見てみよう!!

29

CONTENTS

CONTENTS

第1章
役割とシュートを極める『バックプレーヤー』

セットOFで相手DFが築く壁を崩し、シュート、ゴールへとつなげるキーパーソンとなるのがバックプレーヤー。ここではその役割とシュートに着目していく。

山田 永子

やまだ・えいこ。1979年1月3日、愛知県名古屋市生まれ。小学5年生からハンドボールを始め、伊勢山中を経て進んだ名古屋短大付高（現・桜花学園高）、筑波大でいずれも日本一に貢献。オムロンでもプレーし、日本代表にも名を連ね、160cmの小柄ながら高い壁に挑み続けた。現役引退後、筑波大大学院やJOC在外研修員として研修生活を送ったノルウェーで研鑽《けんさん》を重ね、現在は筑波大体育系准教授、女子ハンドボール部監督として、後進の育成に尽力している。

バックプレーヤーとは

セットOFのカギとなるのがバックプレーヤー。
その役割を紐《ひも》解《と》きながら、ハンドボールの魅力、醍醐味を感じていこう。

相手DFが築く壁を揺さぶり、崩していくキーパーソンとなるのがバックプレーヤー。

かつてのハンドボールでは、センターならセンターだけ、左バックならば左バックだけとポジションが固定されていましたが、戦術やDFの進化に伴ない、センター、左、右のバックといずれもこなせるように求められていきました。

さらにバックプレーヤーはポストもこなせなければと、マルチプレーヤーを求める流れが2000年ごろから出てきています。

現在、世界の最先端で中央を守る選手は、男子が2m、女子も190㎝近い大型選手が珍しくなく、中央の壁を崩すことが簡単ではないので、突破してシュートに持ち込むことができる確率がより高いサイドのポジションもこなせるようにと、ユニバーサルプレーヤーが求められる時代となっています。

究極的には、左右両利きのユニバーサルプレーヤーに行きつくのではないか、とも言われています。

そうした世界最先端の流れも追い

かけつつ、バックプレーヤーに求められる基本的な役割や特性、シュートについて解説していきます。

経験が必要なポジション 失敗を重ねながら成長を

左の【図1】のように、オーソドックスなシングルポストならば、バックコートにいる3人が、【図2】のようにダブルポストならば2人がバックプレーヤー（▲）とされ、そのシステムによって、動き方や運動量は少し変わってきますが、果たす役割に変わりはありません。

シュートを決めるのはもちろんですが、DFを崩してシュートに持ち込むまでの動きや、サイド、ポストを活かす動きやパスなど、バックプレーヤーにはやるべきことが多くあります。実戦では、多彩なシステムを仕掛けてくる相手DFとの駆け引きも大切になります。

そうしたたくさんの役割を果たすために、文字や映像から得た理論を頭に刻んでほしいと願うとともに、バックプレーヤーはとかく経験が必要なポジションです。

理論をベースに、実際のゲームでたくさんの失敗を繰り返し、痛い思いを味わったうえで、ようやく成功してコツをつかむ、という長い時間をかけて重ねた経験も欠かせない、ということをお伝えしていきたいと思います。

また、ハンドボールは高い身体能力や身長の高さや腕の長さなど、身体的な優位さがあるに越したことはないスポーツです。

バックプレーヤーにもそうした要素が求められるのは言うまでもありませんが、160㎝の私は現役時代、国内でもほとんどの試合で自分より大きな選手とマッチアップし、日本代表選手としてアジアや世界の大型選手とも数多く対戦し、ノルウェーのクラブチームでもプレー、（中高生の）指導をしました。

私のような小さな選手が、大きな選手とマッチアップする時の視点、技術もお伝えしていきます。さらに、これまでのスキルアップシリーズでは少なかった女子選手の特性や技術、女子選手への指導という視点もミックスしていくことにします。

お伝えしていくことは、これまで多くの解説者の方がお話しされた理論や技術と重なることや関連することもたくさんありますので、『スポーツイベント・ハンドボール』のバックナンバーや書籍『ハンドボールスキルアップシリーズ』も読み返しながら、日々のトレーニングに活かしてください。

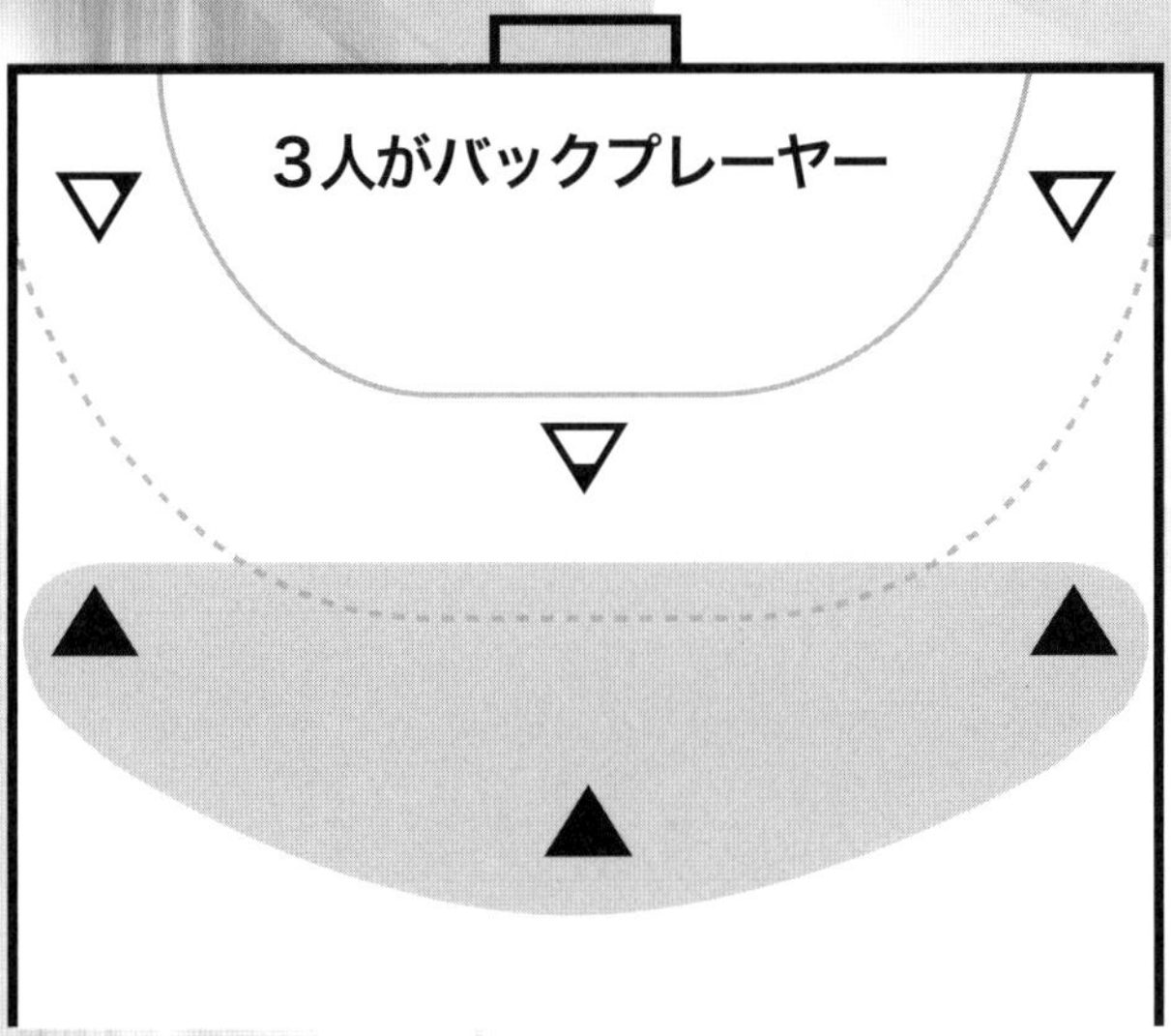

【図1】

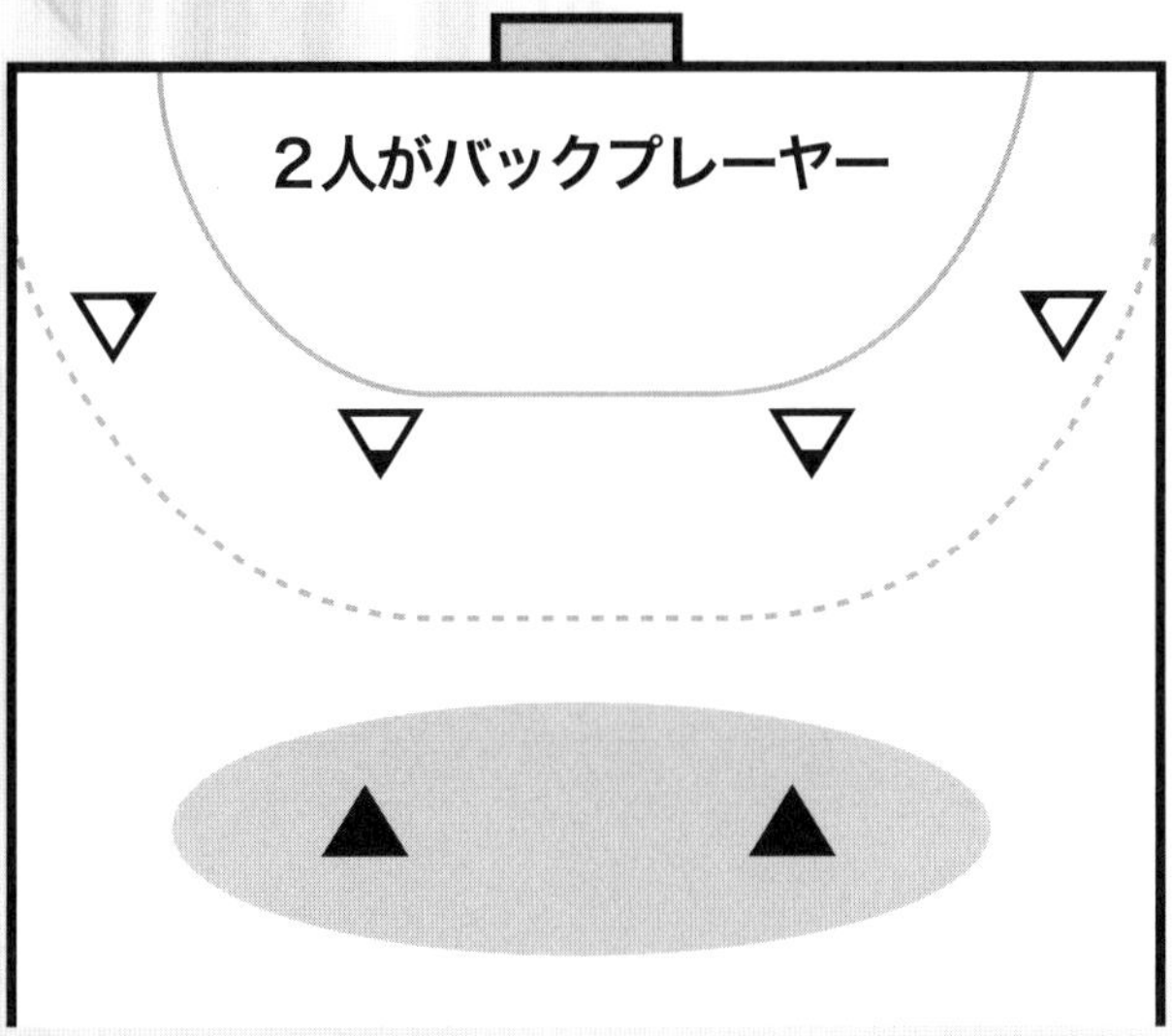

【図2】

バックプレーヤーの役割と特性

ＤＦの壁を崩すために、ＤＦを外（前）に誘い出すことがバックプレーヤーの役目

バックプレーヤーの役割はDFを外に誘い出すこと!!

実戦の中で、相手のDFはゴール中心に守ります。

OFの突破を許さないように、シュートを打たせないようにとしているDFの壁を崩す工夫が必要になります。

『目からウロコのDF戦術』（小社刊）で、酒巻清治さんがDFの基本として強調されていたDFの基本姿勢を崩させたり、DFが6mラインに平行に作っているDFラインに段差を作らせるのです。

そのために、DFを外（前）に誘い出すことが必要になりますが、両サイドはDFとDFの間を広げることはできても、DFを外（前）に誘い出すことはできません。

また、ポストもいくら激しく動いたとしても、ポストだけの動きではDFを外（前）に誘い出すことはできません。

両サイドやポストといったライン際でプレーする選手たちにはできない、DFを外（前）に誘い出すことをできるのがバックプレーヤーなのです。

6mライン際に立ち並んで平面的なDFを外（前）に誘い出し、立体的にするのがバックプレーヤーの役割です。

セットOFの全局面でキーパーソン的な存在

『目からウロコのDF戦術』で會田宏さんがDFの考え方を紹介し、その中でセットOFの4局面にも触れていましたが、私も會田さんと同じ発想で、セットOFを捉えています。

私が考えるセットOFの流れは、13ページ【図3】のようになります。

①ゆさぶり

スピーディーなボール回しや『ユーゴ』と呼ばれるボールのないクロスチェンジ、パスをしたあとのバックステップなどで、DFのマークミスやずれを誘う動きです。

②突　破

1対1、2対2を仕掛けることで、そのままシュートに持ち込めるチャンスを作ったり、2対1や3対2と数的有利な状況を作る動きです。

③継　続

数的有利な状況を生み出してから、プラスワンになった選手（シュートをする選手）へとボールをつなぐ動きです。

ポストシュートやサイドシュートにつながるパスもこの動きに含まれます。

④シュート

そして、フィニッシュのシュートとなります。

②の段階で1対1を抜くことができたり、相手DFをかわして利き腕がフリーになった、ポストがブロックをしてくれて目の前にシュートチャンスができた、というケースでは、必ずしも③の段階にこだわる必要はなく、そのままシュートをしてかまいません。

シュートについては、次のコーナーで触れますが、チャンスとあれば、積極的に狙っていきましょう。

順に流れを追っていくと、①のゆさぶりの段階で、ポストがボールを触ることはあまりありません。

②の突破の段階で、サイドが1対1を仕掛けて、というケースも、チーム事情やレベルにもよりますが、1試合で1、2回あるかないかです。

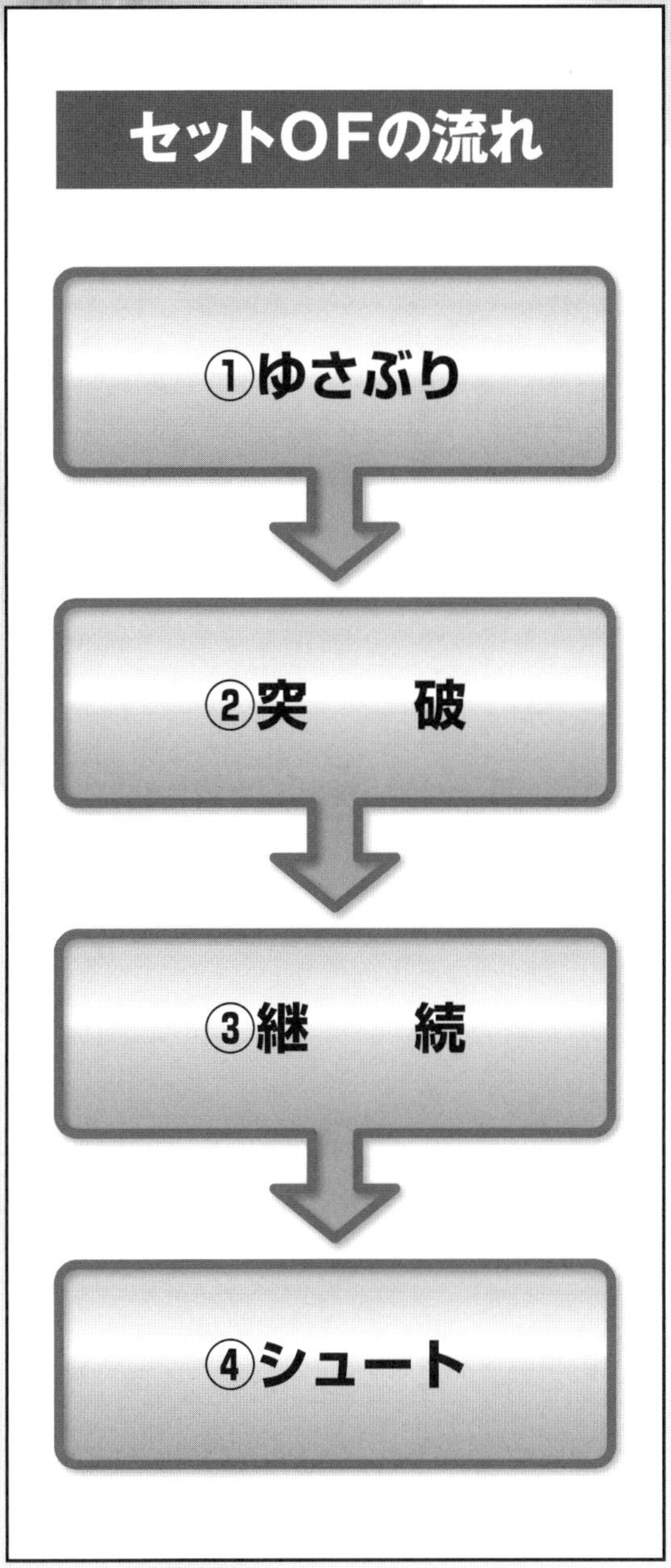

【図3】

ほぼ、バックプレーヤー同士またはバックプレーヤーとポストの連携の動きになります。

数的有利を作る動きの大半もバックプレーヤーが担うことになり、自ずと③の継続でも、バックプレーヤーが多くシュートへとつながるパスを出します。

こうしてセットOFのすべての局面でクローズアップされ、前後、左右と広いスペースを使い、ボールをうまくつないでいくことが求められるのがバックプレーヤー。

さらに、最後のシュートの局面でも、サイド、ポストとは異なり、いろいろなところからシュートを打つ必要があります。

さまざまな状況に応じた判断や、シュートを打つ場所に応じたテクニックが重要になってきます。

つねに戦術的な思考が問われるポジションと言ってもいいでしょう。

たくさんの経験を重ねて自然にこなせるレベルへ

こうしてセットOFの全局面に大きくかかわっているように、大事な

①ゆさぶり

スピーディーなボール回しやボールのないクロスチェンジ、パスをしたあとのバックステップなどで、ＤＦのマークミスやずれを誘う

②突　破

1対1、2対2を仕掛けてそのままシュートに持ち込めるチャンスを作ったり、数的有利な状況を作る。ＤＦをかわせれば、そのままシュートを狙う

役割を担うのがバックプレーヤーです。いきなり数多くの役割をお話ししてしまったので、びっくりしたかもしれませんね。

もちろん、ハンドボールを始めて間もない選手たちにこうした役割が果たせるわけはありませんし、どんなに身体能力に優れた選手でも、最初から理想的なバックプレーヤーとして活躍できるわけではありません。

理想、到達目標として知っておいてもらえればと思います。

何度も失敗し、試行錯誤を重ねたうえで、ようやく成功にたどり着く、といった長い時間、多くの経験を積み重ねることが必要です。

とりわけ、こうした経験がバックプレーヤーには必要と感じます。

ここでお伝えしていく理論、知識を頭に刻むことも大切ですが、それだけでは不充分で、経験を重ね、身体で理解を深めていってほしいと思います。

失敗を繰り返すプロセスはとても険しい道のりですが、その理解が深まれば深まるほど、おもしろくなります。

実際の試合では、こちらの動きを先読みして止めようとしてくるＤＦがいて、そのＤＦとの駆け引き、という要素も入ってきます。

それを思えば、「これをしなきゃ」「あれをしなきゃ」と意識しながらプレーしているうちは、バックプレーヤーの役割を果たすことは難しいでしょう。

お伝えしてきたことを1つひとつ意識せず、ＤＦの動きを先読みしながら、自然にこなせるレベルをめざしていきましょう。

身長や能力は大きな武器　それを補う工夫も不可欠

バックプレーヤーをするうえで、ジャンプ力や瞬発力、シュートスピードなど、身体能力は高いに越したことはありません。

同じ動きができるなら、身長が高かったり、腕が長い方が間違いなく有利です。

海外の大きな選手たちが、素早く動けて、高く跳べる姿は、インターネットなどを通じてご覧になっていることでしょう。

③継　　続

数的有利な状況を生み出してから、プラスワンになった選手（シュートをする選手）へボールをつなぐ

④シュート

セットOFの流れのフィニッシュ。ここでゴールを奪えないと、①、②、③のプロセスが活かせず、ゲームにも勝つことができない

だからと言って、これものちほどお話ししますが、身長や身体能力がすべてではありません。

工夫、努力を重ねて技能を高め、身長や身体能力の差を埋めていくのもスポーツのおもしろさの1つです。

また、やはり左利きという点も武器となります。そもそも左利きの人は、全体の10%以下と言われます。

必然的に、GKが左利きの選手のシュートを受けるケースも、右利きの選手の10%以下となり、圧倒的に練習量に差があります。

左利きの選手は対GKという点で有利なことに加え、左利きの選手がいれば、セットOFでのボールの展開もスムーズになります。

チームに少なくとも1人はいてほしい存在ですね。

国によって、右バックのポジションは必ず左利きの選手をと、若年層から人材が途切れることのないように、育成を続けているケースもあるほどです。

そうした天性の特性を活かす、あるいはカバーしながら、多くの経験を積み重ね、バックプレーヤーならではの楽しさを感じることができるレベルをめざしましょう。

大きな選手や左利きの選手は有利

まずはシュート!!

ゲームに勝つためにはシュートを決めてこそ

13ページでセットOFの流れを紹介しましたが、4局面で一番大事なのは最後のシュートです。

ゆさぶり、突破、継続までは完璧だった。けれども、最後のシュートを決めることができなかった。これでは試合に勝つことができません。

そういう意味では、結果オーライ（シュートさえ決まれば）という面もあるでしょう。

極端なことを言えば、試合開始や失点後のスローオフの時、相手GKが6mラインに近づいてDFとコミュニケーションを取っていて、相手ゴールががら空きだった、というケースがあれば、それを見逃さず、ボールを相手ゴールに投げ入れることができれば1点です。

この得点にゆさぶり、突破、継続の局面はありません。

シュートを放つ、そして、決めることの大切さを感じてもらえればと思います。

こう考えると、ハンドボールを始めたばかりの人、まだまだ経験が浅い人は、セットOFの流れに沿って、①、②、③、そしてシュートとトレーニングしていく必要はありません。

いちばん肝心なシュートを狙う、打つ姿勢を身につけ、そのシュートが決まる快感を味わうことが最初でいいでしょう。

そのうえで、快感を味わうために、どうすればいいのか、という流れで進む方がスムーズかつ、より前向きに取り組めるように思います。

失敗をたくさん重ねコツをマスターする

ところが、女の子は肩が弱い、投力に乏しいというケースが多く、試合に勝つためにはむやみにシュートを打たせない方が近道、という指導が徹底されているチームが多く見られます。

強いチームほどパスだけの役割を担う子がいて、そうした役割分担も美化される傾向があります。

シュート力は打たなければ伸びませんし、チームの一員として勝利の喜びは味わえても、シュートを打つ、決めるというハンドボールの魅力、醍醐味を知らないまま時間を過ごしてしまうのは、とても残念です。

私は小柄でもボールの速さ、肩の強さが売りだったからかもしれませんが、高校時代、恩師の大橋晃さん（現・星城高監督）から、1対1で抜けた、相手DFが味方のブロックにかかった、利き腕がフリーになった、というケースでは「とにかくシュートを打て」と指導を受けました。

高校1年生の時は、とにかくシュートを打ちにいき、まるでバレーボールのように相手DFにシュートをブロックされることの連続。

たくさんの失敗をさせてもらいましたが、「シュートを打たなきゃいけない」「どこで打ったらいいか?」と探すうちに、シュートを打てるポイントをつかむことができ、シュート力もついていきました。

大学では「自分のシュート力、GKとの関係、時間、周囲のチャンスも考えなさい」と指導されましたが、私の経験からも高校まではどんどんシュートにいかせてあげた方が、と思います。

バックプレーヤーの役割はDFを外（前）に誘い出すことでしたが、DFも「シュートはない」と判断した選手には反応してきません。

かつて、私がヨーロッパでプレーした時は、大型選手が「どうしたら自分に寄ってくれるか」、「反応しないなら、しないうちにシュートを打とう」と思いながらプレーしていました。

DFが反応してくれれば、かわしたり、ステップシュートを打つチャンスが生まれます。少しでも前に出てきてくれれば、裏のスペースを使うこともできます。

とにかく、決まる、決まらないは二の次に、シュートを打つ、シュートを狙う姿勢が不可欠です。

シュートフォームにこだわる必要はなし

具体的な技術については、次回にお話ししますが、シュートはフォームにこだわる必要はありません。

・スピードボールが投げられる

☞「GKはコースが分かっているけど止められない」これはすごい武器になります

・コントロールできる

☞ゴールの枠の中に投げられる

・DFやGKの動きに対してシュートフォーム・シュートタイミング・シュートコースを変えることができる

☞シュートを止めようとしてくるDF・GKに悟られない、または対応をさせて裏をかくことができる

・ケガをしない

そうしたことを頭に置いて、自分なりのシュートを見つけていきましょう。

DFからマークを受けた状態で、それをかわしてシュートとなると、複数のバリエーションが必要になりますが、DFとの1対1を抜ける、スピーディーにノーマークのところに走り込めるといった力があるならば、いくつもシュートバリエーションを持たなくても充分です。

自分の力量やチームとしての戦術に応じて、どこで相手DFをかわしてシュートに持ち込むか、という考え方をしてもいいかもしれません。

シュートフォームはさまざま

柔軟な発想で取り組もう

ハンドボールの魅力を工夫すれば満喫できる

16ページで女の子は肩が弱い、投力に乏しいとお話ししましたが、中学生の場合はボールの影響も大きいのではと思います。

私が中学1年生の時代は、ボールが現在のような握りやすいものではなく、ツルツルしていました。

小学校から中学校に上がったばかりの私にはとても握りづらく、大きさ、触感の両面で苦労した記憶があります。

2号球（現在は1号球）を握れないまま、肩よりもヒジが下がり、手投げで押し出すような投げ方のクセがついてしまい、そこから抜け出すことができずに競技人生を終えてしまう人も少なくありません。

中学生ばかりではありません。現在、私が一般体育の実技授業で指導している女子大学生でも2号球だとボールを握ることができず、ハンドボールらしい投げ方で投げられない人が大半です。

握れないうえに、充分にボールスポーツを経験したことがない、ハンドボールは固くて怖い、という人も多く、規定、ルールどおりに授業を進めてしまうと、まったく楽しんでもらえません。

こういう状況を思うと、中学校や高校の女子チーム指導者が「むやみにシュートを打つな」というのもやむを得ないような気もします。

そこで採り入れたのが、柔らかいストリートハンドボール用のボールです。

これらのボールを使うと、グッと握ることができ、手首を使ったシュートを打つことができます。

そして、柔らかいのでボールをキャッチする際やシュートを止める際の恐怖感も少なく、多くの人が楽しくプレーできます。

ティーシャ・スタンコ（スロベニア女子代表）

固定観念に捉われず臨機応変な考え方で

こうした考え方、方法は、一般大学生だけでなく、部活動やクラブでハンドボールに取り組もうとする小学生、中学生、高校生、そして、男の子にも通じるでしょう。

パスキャッチやドリブルといった基本はもちろん大切ですが、基本を充分にマスターしてからではなく、基本をある程度把握したら、すぐにゲームを採り入れて、ボールをゴールに向かって投げる楽しさを味わってもらう。

体格的、身体能力的にルールどおりのコートの大きさではシュートがまったく入らない、ボールがゴールにも届かない、ということであれば、通常の6mラインを4mラインに、9mラインを6mラインにと、コートの大きさを変えるなど、工夫すればいいのです【図4】。

コートを40m×20mではなく、20m×20mの半面にする、といったことも考えられるでしょう。

小さめの柔らかいボールならば力強くボールが握れるので、DFが下がったまま出てこなければ積極的にシュートを打つ、ということを促せば、子どもたちのハンドボールへの興味、関心は増すはずです。

ハンドボールのルールやボールはこういうもの、と杓子《しゃくし》定規《じょうぎ》に押しつけるのではなく、ハンドボールの要素、魅力を味わい、楽しめるように、プレーする人の体格やレベルに合わせて柔軟に対応していくことが必要でしょう。

ボールを小さくしたり、柔らかくしたり、あるいは松ヤニを使うことで、より早い段階からボールを力強く握り、ヒジが肩よりも上がる望ましい投げ方を習慣づけたいものです。

㊤握ってプレーできる大きさ、柔らかさのストリートハンドボール用のボール
㊦6mラインを4m、9mラインを6mにしてプレーするなど工夫してみよう

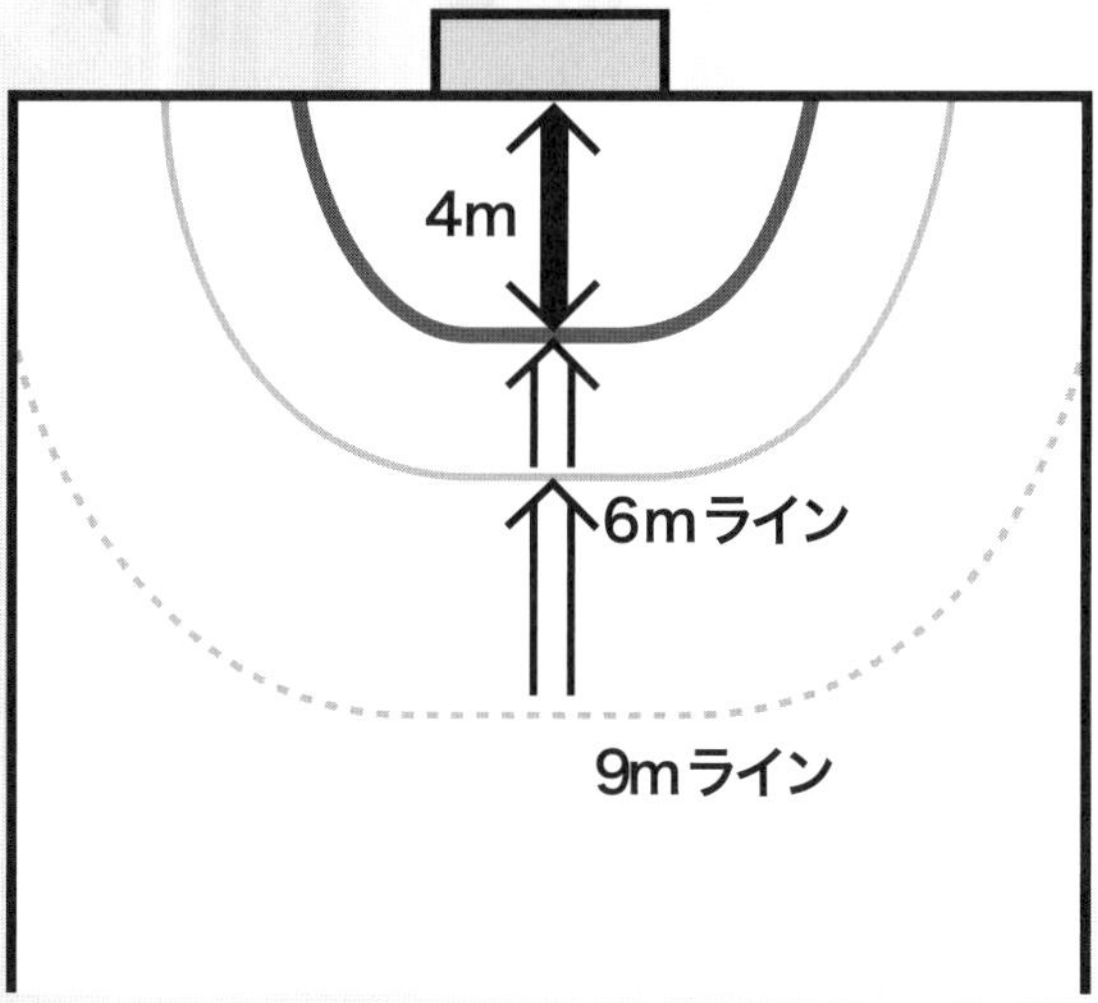

【図4】

走りながら正確にボールをつなぐことも簡単ではありませんし、シュートにつながるナイスパスを送ることはもちろん大切ですが、パスキャッチだけがハンドボールではありません。

ハンドボールをしたからには、積極的にシュートを打ちにいき、シュートを決めるという魅力を味わってほしいですね。

ボールを力強く握ることができる、スピード豊かなシュートを打てる、決められるという選手が増えれば、女子中学生や高校生のハンドボールの戦術も大きく変わり、お話ししてきたバックプレーヤーの役割を果たせる選手も増えてくるのではないでしょうか。

中学・高校のハンドボールが変わってくれば、大学や日本リーグのレベルアップにもつながり、それらのチームから指折りの力を持つ選手が集まって形成される日本代表チームも、自ずと世界のトップレベルとの距離を縮められるのではないかと思います。

先入観に捉われることなく よりよいトレーニングを

試合経験の違いが成長に大きく影響

男子と女子はできることが違う、とよく言われます。

総じて、男子よりも女子の方が筋力が弱く、関節は柔らかい（ルーズ）という傾向がありますが、それも個人差があります。

また、私の指導する筑波大女子ハンドボール部の選手たちが、ヒザのケガなどを予防しようと、体幹を鍛えたり、ハムストリング（人間の下肢後面を作る筋肉の総称）の筋力強化をしたところ、ハムストリングの筋力量が男子サッカー部の選手を上回った、というデータもあります。

さらに、フランスやノルウェーの女子代表選手の鍛え抜かれた体躯《たいく》を見ると、どこまでが女子でどこまでが男子と言えないようにも思えます。先入観に捉われることなく、とくにテクニックの習得に関しては、男女差をあまり意識しないほうがいいのではないでしょうか。

ロイス・アビン（オランダ女子代表）

ただ、私がノルウェーで生活した経験などから、日本人女性は女性らしく、という面が強調され、日常生活から活動量そのものが少ないと感じます。

ノルウェーでは一般の女性もクロスカントリーをして散歩など、健康美への意識、関心が高いです。

そうした文化、意識の違いも、日本と本場ヨーロッパの違いとなっているように思います。

ノルウェー研修中の2006年、その年の世界ユース選手権出場を控えた日本女子代表チームがノルウェーに遠征してきました。

当時のチームには、石野実加子、塩田沙代両選手（元・北國銀行）ら、その後、日本代表で活躍する選手がいて、ノルウェーの同世代の選手たちとも互角の勝負でした。

この時のノルウェーの選手たちは、私がハンドボールだけでなく、オリエンテーリングなどもしていっしょにアクティブに活動した世代ですが、彼女たちは世界の頂点を極めています。

日本の代表選手たちも懸命にがんばっていますが、U－18（18才以下）

レベルでは変わらなかった選手たちの力が、かなり開いてしまったことは否めません。

私が思うに、U－18レベルで戦った以降の試合経験が大きいのではないかと思います。試合経験が変われば、そこから生まれる課題も変わってきます。

そう思うと、日本人選手に力がないわけではなく、環境を整えていくことができれば、世界最高峰の舞台で活躍できる選手は増えると思います。

シュートを決める楽しさを共有できるように!!

ゆさぶり、突破、継続の動きはできるけれど、DFを外（前）に誘い出すためのディスタンスシュートがどうしても入らないとなれば、勝利を求めるためにチームの戦術、方針としてシュートを狙わなくなるのはやむを得ないでしょう。

でも、狙うこともやめてしまえば、その能力が開発されることはありません。

こうして行き詰まってしまった場合でも、ボールやコートの大きさを工夫したように、柔軟な発想、的確な指導でシュートを狙い続け、ハンドボールと出会った子たちがシュートを決める楽しさを味わう一助になればという気持ちも胸に、ここからはバックプレーヤーとしての役割を果たすための具体的なトレーニング方法やシュートのバリエーション、コツを紹介していきます。

13ページの【図3】で示したセットOFの流れの中で意識しなければならないのが、【図5】の攻撃時のCPの動きのサイクルです。

このサイクルは、藤本元さん（筑波大男子ハンドボール部監督）が『目からウロコのシュート術』（小社刊）の20ページで『GOOD HABIT（よい習慣）』として紹介されていたものと同じ考え方です。

位置取り（ポジショニング）に始まり、味方からのボールが来る前にスタートしてパスをキャッチ。

ボールを所持して、0歩、1歩で止まる、もしくはそのままシュート、あるいはフェイントをかけたり、歩数を使って、味方が動き出しているのを見たうえでパスし、再びポジショニングに戻るというサイクルです。

このサイクルを継続することが大切ですが、その最中にも止まってではなく、動きながら味方からのパスをもらう、そのパスを正確にキャッチする、ボールを保持しながらシュートなのかパスなのか瞬時に判断する、味方の動きに合わせてパスをする、次の動きに備えてポジショニングをする、というふうに、さまざまな動きが含まれています。

こうした動き方に加えてシュートを決めることも考えなければならない。さらに実戦ではOFの動きを止めようとしてくるDF、OFのシュートを阻もうとしてくるGKがいる。

そう考えると、バックプレーヤーをめざす人の前に立ちはだかる壁はとても高く感じられますが、時間をかけてこの壁を乗り越えることができれば、ハンドボールがより楽しくなります。

まずはバックプレーヤーとしての動きを身につけるためのトレーニングから始めましょう。

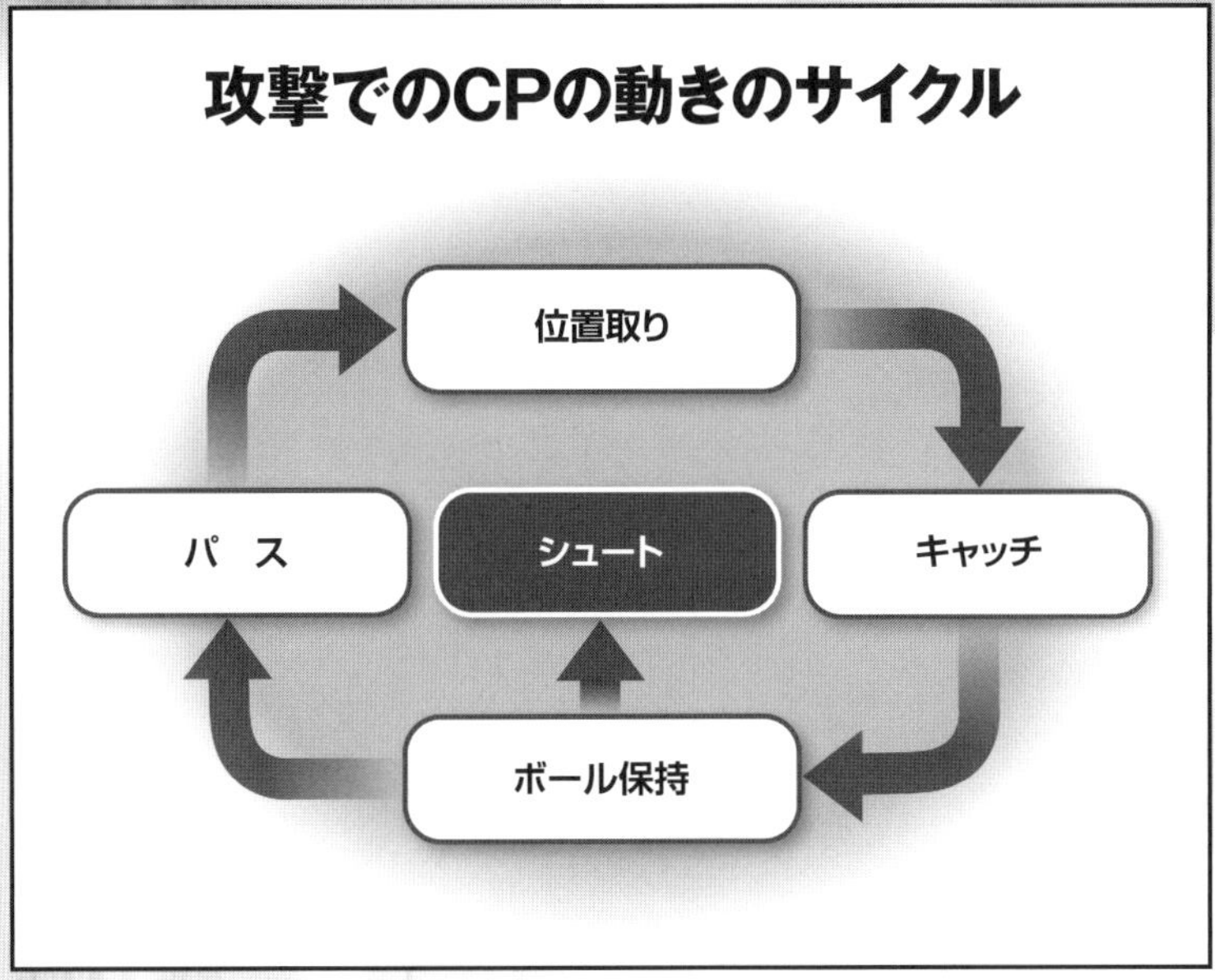

【図5】

ボールを工夫してのトレーニング

投げ方をマスターできて身体の負担も軽減できる

まず、18、19ページでお話しした柔らかく、小さなボールをトレーニングに取り入れることからお伝えしていきましょう。

小学校から上がってきたばかりの男女中学1年生や、中学生時代の2号球から3号球へと切り替わった男子高校1年生、さらに男女を問わず中学や高校でハンドボールを始めたばかりの人の多くが、ボールの扱いに苦労しているのではないでしょうか。

しっかりとボールを握ることができないので、ボールを投げようとしても肩よりもヒジが下がってしまい、手投げで押し出すような投げ方しかできない。

ボールが硬くて恐怖感がある。ハンドボールならではのキャッチをマスターしていないので、硬いボールをうまくキャッチできず、突き指してばかりで、日常生活にも支障をきたしている。

【写真1】しっかりボールを握ることができている

そうした状態では、ハンドボールのおもしろさを実感できませんし、おもしろさを知る前に「自分はハンドボールに向いていない…」「もう辞めよう…」というネガティブな思いに包まれてしまいがちです。

公式戦を想定してトレーニングすることはもちろん大切ですが、トレーニングすべてを公式戦のルールに則って行なわなければいけない決まりはありません。

ボールの大きさ、硬さやコートの大きさなど、公式ルールの枠を取っ払い、柔軟な発想を取り入れてみましょう。

【写真1】は、18、19ページでお話ししたストリートハンドボール用のボールを握って、振りかぶっているシーンです。

ボールが柔らかく、小さめなので、しっかりと握ることができ、ヒジを肩よりも上げて、ボールを高い位置に持ってくることができています。

この状態からなら、腕全体を使って投げることができます。

まず、柔らかく、小さめのボールを使うことで理想的な投げ方を身体で覚え、少しずつ正規のボールに慣れていく、という流れでも決して遅くないと思います。

身体的にも肩やヒジへの負担を軽くすることができます。

フェイクも覚えられる

また、こうしたボールを使ってトレーニングすることのもう1つのメリットは、**【写真3】**のように、フェイク（相手を惑わす、フェイントの意味）の動きをマスターできることです。

このフェイクの動きは、実戦でとても大切で、パスやシュートをする時、DFやGKを惑わすために欠かせません。

大きく、硬いボールを握れないままの状態では、マスターできない動きです。

下のQRコードから見ることができる映像には、ストリートハンドボール用ボールを使用してのミニゲーム（4対4、**写真2**）のようすが収録されています。

しっかりボールを握ることができるので、思い切ってシュートが打てますし、そのボールが当たっても痛くありません。

楽しみながら、ハンドボールの魅力を味わえていることが伝わるのではないでしょうか。

【写真3】フェイク動作もマスターできる

スマホからアクセス！

柔らかいボールを使った４対４のミニゲームの動画をQRコードから見てみよう!!

【写真2】ストリートハンドボール用ボールを使ったミニゲーム（4対4）

ウォーミングアップをしながら動きをマスターしていこう

前後に動きながらの対人パストレーニング

柔らかく、小さなボールを使って理想的な投げ方や、ハンドボールの楽しさを感じていただいたうえで、バックプレーヤーに必要な動きの解説に入っていきます。なにか特別なドリルがあるわけではありません。

みなさんが日常的に当たり前のように行なっているトレーニングがそのまま、あるいは、少しアレンジするだけで、バックプレーヤーとしての動きのマスターにつながるのです。

まずは対人パスです。みなさんも日ごろの練習や試合の前に、肩を作るためにキャッチボールをすると思いますが、ここでは肩を作るためだけに、ただ漠然とパスキャッチを繰り返すのではなく、少しアレンジしていきます。

『スポーツイベント・ハンドボール』2015年1月号で『OFの基礎（1対1）』を解説された酒巻清治さんも強調されていましたが、ハンドボールでは立ち止まった状態でボールをもらってから「さあ、スタート」ではなく、ボールをもらう前の動きが大切になります。

そこで、立ち止まった状態ではなく、パスキャッチに「動きながら」の要素を加えていきます。まずは**【写真4】**を見ていきましょう。

立ち止まってではなく、前に進みながら相手からのパスを受けます**【写真4－1～3】**。

そして、今度はそのまま前に進みながらではなく、0、1でしっかりと止まってから相手にパスを返します**【写真4－4～6】**。

そこからバックステップを踏んで、元の位置に戻ります**【写真4－7、8】**。

慣れないうちは、片方の人は動かないで前後に動いてパスキャッチをする人の動きに合わせてパスを出します。この一連の流れができるようになったら、お互いが同じように前後に動き、相手の動きに合わせながらパスを出しましょう。

仲間に合わせる余裕を

ハンドボールを始めたばかりの人は、前後に動きながらパスを出してしまったり、相手がパスをしてうしろに下がっているうちに待ち切れずにパスを出してしまいがち。そうすると、パスや動きがグチャグチャになってしまいます。

そうした動きにならないよう、スムーズなパスキャッチの動きをマスターすることにつながるのが**【写真5】**で示したドリルです。

前に進みながらボールをもらったら、安定感のあるスタンスで止まり、両手でボールを頭上に上げ、相手が下がるのを待つことをイメージします**【写真5－4】**。

相手が下がり切ったのを見計らってからパスを出す、という流れになります。

ハンドボールを始めた当初は、自分がボールをキャッチしてパスを出すだけで精いっぱい、相手の動きを見る余裕なんてない、となってしまうのも仕方ありませんが、仲間の動きと合わせてプレーすることがハンドボールでは大切です。

正確なパス、キャッチを心がけながら、仲間の動きに合わせられる余裕を身につけていきましょう。

対人パス（直線的な動き）Part1

前に進みながら
ボールをキャッチ
2
1

0、1で止まってから
相手にパス
5
4
3

8
バックステップで
元の位置に戻る
7
6

【写真4】

動きのマスターにつながるドリル

2
パスは相手が下がっている時には
出さない
1

4
前に進みながらキャッチ
3
6
ボールを頭上に上げてパス
5

パサー（写真右側で動かない人）も、パスの感覚、タイミングをつかむトレーニングになります。

スマホからアクセス！

対人パス（直線的な動き）の動画をQRコードから見てみよう!!

【写真5】

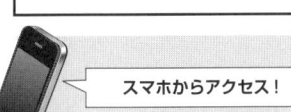

対人パスpart2（曲線的な動き）

1

弧を描くイメージで動く
2

回り込んでから直進する
3

4

5

バックステップから
弧を描く
6

【写真6】

25ページの直線的な動きを曲線的に変えたものです。動きながらパスを受け、しっかり止まってからパスを出し、バックステップで戻る、という流れは直線的な動きと同じです。

曲線的に弧を描きながら パスキャッチを繰り返す

前後の直線的な動きに続いて、曲線的に弧を描く動きもマスターしていきましょう。

回り込むように弧を描いて動きながらパスを受けて直進し、しっかりと止まってからパスを出す。

そして、同じく弧を描きながらバックステップで元いた位置に戻る、という動きを示しているのが【写真6】です。

連続写真にはありませんが、元の位置に戻ったら、次は逆の左側に弧を描きながら進み、キャッチ、パス、そしてバックステップと、右側でしたのと同じ動きを繰り返します。

プレーヤーから見れば『U』の字を描きながらパスキャッチを繰り返すイメージになります。

これは相手DFのマークミスを誘ったり、DFとDFの間を攻め込んでいく動きにつながります。

この動きも、最初のうちは一方は止まったまま、U字に動く人の動きに合わせてパスキャッチを繰り返し、慣れてきたらお互いがU字を描いて動きながらパスキャッチをしていきましょう。

スマホからアクセス！

対人パス（曲線的な動き）の動画をQRコードから見てみよう!!

シュートモーションからのパス

1

ゴールを見る
2

横にいる
味方の位置を確認
3

4

前を見ながらパス
5

6

【写真7】

最初は視線が『前→横』でプレーが終わってしまったり、視線に捉われてパスが乱れてしまう、というケースも多いでしょうが、1つひとつ課題をクリアしていきましょう。

『前→横→前』と目を動かし味方を確認してパスを出す

次はシュートモーションからのパスです。

【写真7】で見ていくと、前に進みながらボールを受け、視線はまず前（ゴール）に向けます【写真7－2】。

続いてパスを出す味方の位置を目で確認します【写真7－3】。

そして、再び視線を前（ゴール）に向けて味方にパス【写真7－4、5】。

目の動きが『前→横→前』となります。このパスでは、この目の動きがポイントになります。

味方がここにいるだろう、ここにパスを出せば味方がキャッチしてくれるだろう、と前だけを見てパスするのではなく『横』を見て、パスを送る相手の存在、位置をきちんと確認、把握してください。

やはりこのパスも、最初からうまく、スムーズに出すことは難しいでしょう。

最初はゆっくりで構いません。『前→横→前』と意識しながら繰り返し練習して、少しずつスピードを上げていきましょう。

スマホからアクセス！

シュートモーションからのパスの動画をQRコードから見てみよう!!

ボールを受ける位置も大切なポイントになる

味方の動きにタイミングを合わせるとともに、パスを出す位置（味方がパスを受ける位置）も、心に留めておきたいポイントです。

『目からウロコの個人技術』（小社刊）の『パス』の項で大城章さんも解説されていましたが、利き腕側の顔の横あたりでパスを受けることができれば、より速くシュートへと持ち込むことができます【写真8】。

究極の理想としては、【写真9】のように（利き腕の）片手でパスを受け、そのままシュートできれば、DFが準備する前に壁を打ち抜ける可能性が高くなります。

経験の長短にかかわらず、そうした理想のプレーもイメージしてトレーニングしていきましょう。

逆に、【写真10】のようにパスが逆手側に流れたり、【写真11】のようにジャンプし、腕を伸ばし切らないとキャッチできないようなパスでは、次の動作に移る前に余計な時間がかかり、DFに対応する余裕を与えてしまいます。

味方がシュートしやすい、確実にシュートチャンスを活かせるパスを送るのもバックプレーヤーの役割の1つです。

味方の存在、味方の次のプレーも意識できるレベルをめざしてトレーニングしていきましょう。

ボールキャッチのいい例・悪い例

【写真8】

【写真9】

【写真10】

【写真11】

スマホからアクセス！

ボールキャッチ（いい例、悪い例）の動画をQRコードから見てみよう!!

DFを入れてのパスはシュートにもつながる

続いてDF（じゃまをする人）を入れた対人パスに入ります【写真12、13】。３ｍ程度の間隔で立った２人の間にDFが入り、２人はDFにカットされないようにパスをします。

このパスをとおすためには

①DFに反応させない、DFが反応する前に、速く、小さい動きでパスをする

②反応させて逆をつく（右を意識させれば左、下を意識させれば上が空きやすい、写真14～16）

③サプライズ（「あっ、靴ひも!!」と言葉を発して一瞬、下を向かせるなど、DFの気をそらす）

④技術的にボールを触れないようにもっていく（スピンなどを利用する）

といったことが考えられます。

これはスピーディーに打ち抜く、流しと見せて引っ張りに打つ、スカイプレーと見せてGKの気を散らし、そのままシュートする、そしてスピンシュート、というように、GKを相手にした時のシュートにもそ

右を意識させると
左が空く

【写真14】

左を意識させると
右が空く

【写真15】

上を意識させると
下が空く

【写真16】

DFを入れてのパストレーニング

A
B
C
D

【写真13】

1
2
3
4

【写真12】

っくり当てはまります。

もちろん、DFやGKのためのトレーニングにもなります。

DF（じゃまする人）は、いつボールが来てもいいように、ヒザをゆったりと曲げ、腕を上げておきます。

余裕ができてくれば、空いている、警戒していないと見せかけてカットを狙うように、パスをする相手に対応するだけでなく、自ら仕掛けていきましょう。

ウォーミングアップの中で、楽しみながら取り組んでいるうちに、意識しなくてもパス、シュート、そしてDFやGKのコツも合わせてマスターできる、とても効果的なトレーニングです。

スマホからアクセス！

DFを入れてのパストレーニングの動画をQRコードから見てみよう!!

思い切りボールを投げよう

GKが取ることができない速く強いボールを投げよう

29ページまでは、ウォーミングアップの中で行なえるバックプレーヤーの動きにつながるトレーニングをお伝えしてきました。

こうしたトレーニングを消化してくれば、身体も充分に温まったことでしょう。

ボールを投げるための肩もできているでしょうから、シュートへと入っていきます。

ゴールには、GKが入るのではなく、思い切りボールをぶつければ、少しずつ動くぐらいの、ある程度重さがある物を置きます。

ここでは【写真17】のように、跳び箱の一番上の段をアウターゴールラインの前に置きました。

ステップシュートを打つイメージで、この跳び箱をめがけてボールをぶつけていき【写真18、19】、跳び箱を少しずつ動かし、ゴールの中に入れることをめざします。

モデルは大学生ということもあり、9mライン前後からボールを投げ込んでいますが、カテゴリー、レベルに応じて、もっと近いところから投げてもいいでしょう。

跳び箱にこだわる必要はなく、もう少し軽めで動かしやすい物にしてももちろんオーケーです。

大事なことは、目標をめがけて、思い切りボールを投げ込んでいくことです。

味方がキャッチできないほどのスピード、強さがあっては困ってしまうパスとは違い、シュートはGKに取られないようにしなければなりません。

GKに取られないシュートを打つためには、しっかりとボールを握ってリスト（手首）を使い、どれだけ速く、強いボールを投げることができるかがポイントになります。

こうしためがけるものがあれば、小学生でも自然と身体全体を使って、思い切りボールを投げることができるものです。

状況に応じて工夫を

チームに人数が多くいて、ゴールを2つ（コート1面）使えるという場合は、チーム分けをして、指定の場所まで物を早く動かした方が勝ち、といったゲーム性を取り入れて練習するのもいいでしょう。

また、低い位置ばかりでなく、【写真20】のように高い位置に物を吊るしたり、ベンチの上にコーンを置くなど、めがけるものの位置を変え、実際のシュートを想定してコントロールをつけようとチャレンジしてみてもいいでしょう。

ただし、めがけたものにボールを当てる、ということに捉われすぎ、ボールを投げる力を加減してしまっては、トレーニングの意味がなくなってしまいますから、注意してください。

このトレーニングも、28、29ページでご紹介したDFを入れてのパス練習と同じように、楽しみながら実際のコートでシュートを決めることにつながるコツをつかむことができます【写真21】。

みなさんなりのアレンジを加えながら、シュートの第一歩となる思い切りボールを投げることの楽しさをつかんでいってください。

思い切りボールを投げるトレーニング

【写真21】リストを使って思い切り打ち込もう

スマホからアクセス！

的当ての動画をQRコードから
見てみよう!!

【写真17】ゴール前に跳び箱を用意

【写真18】

【写真19】思い切りボールをぶつけて跳び箱を動かそう

【写真20】工夫してめがける物の位置も変えてみよう

身体の力をゴールに向けよう

弧を描き回り込んで力をゴールに向ける

ボールを思い切り投げる感覚をつかんだあとは、実際のシュート練習に入っていきます。

　シューターにパスを出す人（パサー）を置き、パサーがジャンプシュート、ステップシュート、ランニングシュート、とシューターにコールしていきましょう。

【写真22－2、3】で感じ取れるかもしれませんが、シューターはスタート地点から真っすぐではなく、少し弧を描き、回り込んだあとに直進してシュートを打っています。

　スタート地点から直線的に動き、勢いをつけた方がスピード、力強さにあふれたシュートを打てる、と思うかもしれませんが、じつはその動きでは身体の力がボールに伝わりません。弧を描き、正確にゴールの方向に向かうことができるようにして、シュートすることが大切です。

　なにげなくパスを出しているように見えるパサーの存在もクローズアップされてきます。ただパスを出す

弧を描き回り込んでシュート

【写真22】

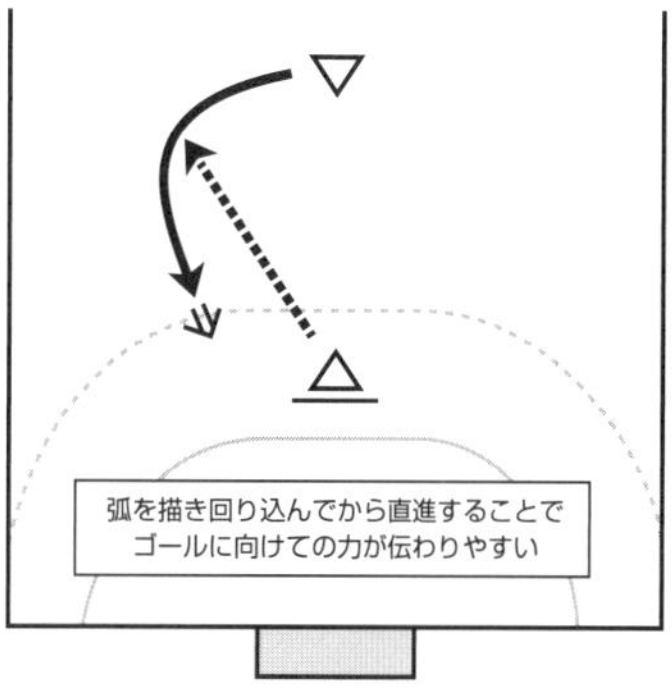
弧を描き回り込んでから直進することで
ゴールに向けての力が伝わりやすい

【図6】

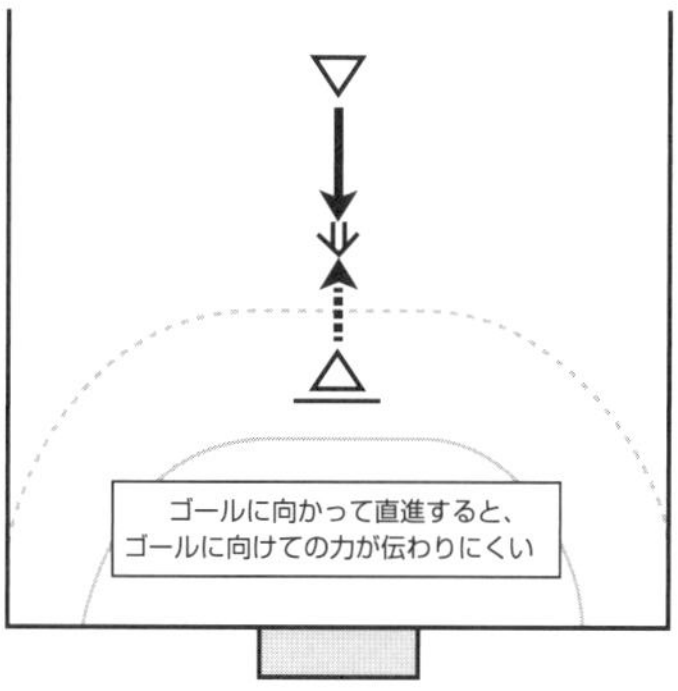
ゴールに向かって直進すると、
ゴールに向けての力が伝わりにくい

【図7】

のではなく、シューターのタイミングに合わせ、方向づけをしながらのパスが必要になります【図6、7】。

　ジャンプシュートだけでなく、ステップシュート、ランニングシュート、逆足で跳んでのジャンプシュート、両足ジャンプからのシュートと、シュートのバリエーションはいくつもありますが、弧を描き、回り込んでから直進して正確にゴールの方向に向かうことに変わりはありません【写真23】。

　左右のバックの位置から、あるいはセンターからと、スタートの地点が変わっても、弧を描き、回り込んでからゴールの方向に向かうことは同じです。

【写真23】㊤ステップシュートや㊦逆足ジャンプでのシュートでも弧を描き回り込んでシュートするのは同じ

多彩なシュートをマスターしよう

　次にシュートの種類を紹介しましょう。

【写真22】は利き足ジャンプからのシュートです。前ではなく、真上に跳び、最高到達点でボールを放つのが基本です。

　ステップシュート【写真24】は、利き足を前にして放ちます。GKやDFが見せたスキをつくのに欠かせません。

　ランニングシュート【写真25】は走りながらのシュート。利き足とは逆の足が前にある時に放つことが多く、これもGK、DFを驚かせることができます。

【写真26】は、バレーボールでスパイクを打つ時のように、両足でジャンプしてからのシュートです。相手の一瞬の遅れを誘ったり、より高い位置でボールをリリースできます。

【写真27】は、逆足ジャンプからのシュートです。DFとDFの間をカットインしていった時、チャンスを逃さずシュートに持ち込むためにも、このシュートもマスターしておきたいものです。

【写真28】はフェイク（相手を惑わ

す動き）を入れたジャンプシュート。ステップ、あるいはランニングを打つと見せかけてから、ジャンプシュートをしています。できるだけフェイクを大きく入れましょう。

まずはDFなしで、思い切り打ち込めるようにしていきましょう。

また、ここで紹介したものはあくまで基本のシュートバリエーションです。慣れてきたら横やうしろに跳んだり、ジャンプのあと、空中で身体を溜める、クイックで打つなどタイミングを変えてみましょう。

そして、オーバースローにこだわらず、サイドスローやボウリングのように下から打つなど、工夫してみましょう。

スマホからアクセス！

さまざまなシュートの動画をQRコードから見てみよう!!

さまざまなシュートバリエーションを身につけよう

身体の力を最大限にボールに伝え、ＤＦのマークも外すために、
弧を描いたあとゴールに向かって助走している点にも注目しよう。

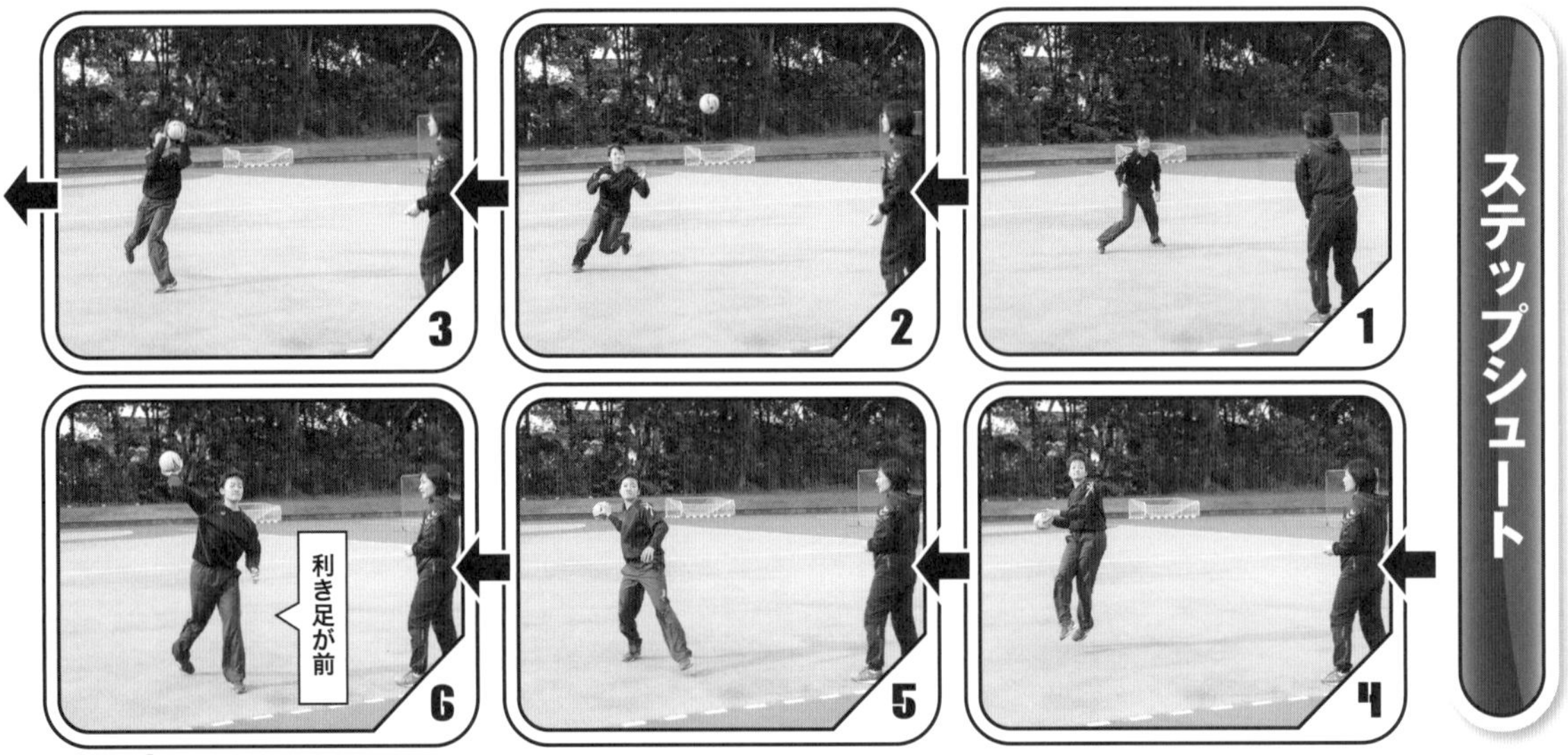

【写真24】

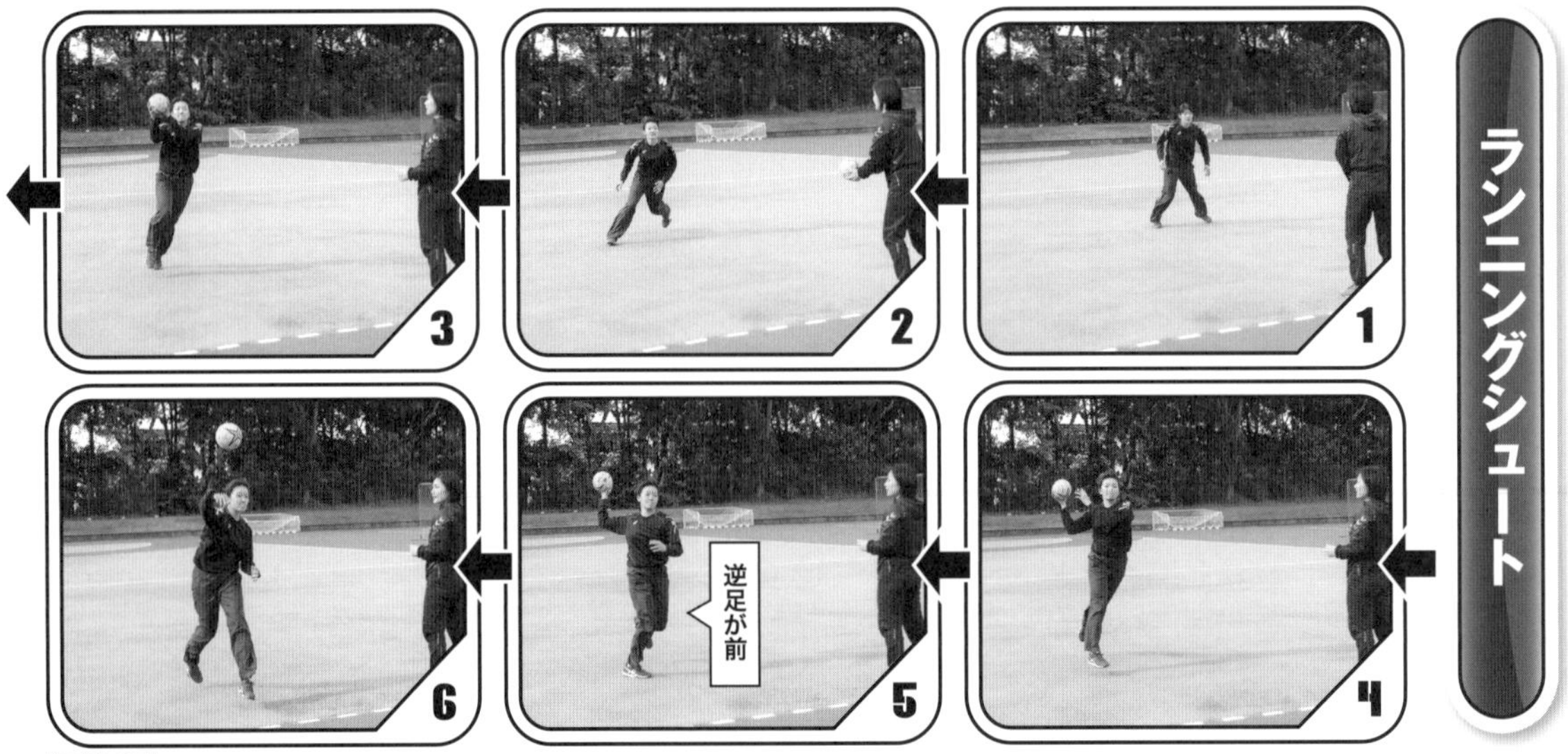

【写真25】

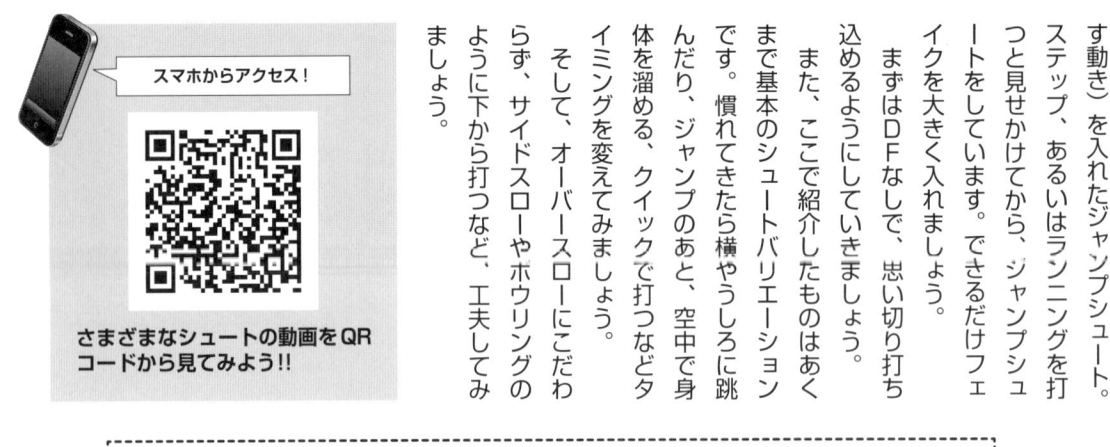

両足ジャンプでのシュート

両足でジャンプ

【写真26】

逆足ジャンプでのシュート

逆足でジャンプ

【写真27】

フェイクを入れたジャンプシュート

一度フェイクを入れる

【写真28】

DFをかわしてからのシュート

次はDFをかわして打つシュートをマスターしていきます。

基本は2つのパターン。1つ目が【写真29】のように、シューターから見てDFを利き手側（右側）にかわして打つシュートです。

2つ目は【写真31】のように、シューターから見てDFを逆手側（左側）にかわすシュートです。身体を倒してのシュートは、プロンジョンシュートと呼ばれています。

DFをかわすことが大切ですが、あまり左右にかわしすぎても実戦ではとなりのDFがいますから、正対するDFに向かっていき最後の瞬間に少しDFをかわすイメージでシュートしていきましょう。

慣れてきたら、シュートを左右に打ち分けられるように心がけます。

また、【写真30、32】のようにDFの正面に入ると、シューターからはGKが見えませんが、GKもシューターが見えないブラインドシュートの感覚もつかむことができます。

2つの基本パターンをマスターしたうえで、どんどんバリエーションを増やしていきましょう。

DFを利き手側にかわしたシュート

【写真29】利き手側にＤＦをかわしてシュート

【写真30】ブラインドシュートになっていることに注目

スマホからアクセス！

DFを利き手側にかわしたシュートの動画をQRコードから見てみよう!!

DFを逆手側にかわしたシュート

【写真31】逆手側にＤＦをかわしてシュート

スマホからアクセス！

DFを逆手側にかわしたシュートの動画をQRコードから見てみよう!!

【写真32】身体を倒すイメージをつかもう

マスターへのワンポイント

右ページでシュートを打ち分けられるように心がけようとお伝えしましたが、利き手側にかわして打つシュートを引っ張りに、しかも力強く打つのは、DFも気になり、最初は難しいものです。

そこで、肩甲骨《けんこうこつ》を引くことを意識してヒジを曲げながら、上の写真のように、補助者の出した手を目標に、なるべく自分から遠い位置でボールを放し、ボールを放した腕を自分に引き寄せてくる感覚をつかみましょう。

このトレーニングをクローズアップした映像を参考にしてください。

スマホからアクセス！

シュートを打ち分けるコツの動画をQRコードから見てみよう!!

DFを入れてのシュート練習《1対1》

続いてDFが本気でシュートブロックにきて、GKもシュートに対応する、という状況でのシュート練習に入ります。

　DFがいないところに素早く攻め込んだり、DFとDFの間を攻めていくのがOFのセオリーですが、ここではシューターはDF、そしてGKと真っ向勝負します。

　経験の浅い小柄なシューターが大柄のDFに挑む、といったケースでは、そのシュートがことごとくバレーボールのようにブロックされてしまうかもしれません。

　それでも、とにかく思い切りシュートを打っていきましょう。「小さいから」「肩が強くないから」と最初から逃げたり、諦めてしまっては、なにもつかむことができません。

　何度も失敗を重ねながら、DFがシュートブロックの腕を上げる前にクイックで打つ、高くジャンプして空中で身体を溜めて、DFの腕が下がったところを打ち抜く、DFの腕と腕のわずかな隙間を狙ったり、DFが上げた腕をかわして打ち込む、といった自分がシュートを打てるポイント、コツを探していきます。

　左ページでは、高いジャンプからDFのシュートブロックの上を打ち抜いていく【写真33】、体勢を傾けて、DFのシュートブロックをかわして打ち込む【写真34】、ボールをもらったら、DFがシュートブロックの準備を整える前にステップシュートを打ち抜く【写真35】、といったチャレンジの例を紹介しています。

　DFとの間合いなども含め、いろいろと工夫しながらDFのマーク

高いジャンプからDFのブロックの上を打ち抜く

【写真33】最初はＤＦのブロックを恐れずに打ち込もう

体勢を傾けDFのブロックをかわしていく

【写真34】体勢を傾けるなど工夫をしてみよう

DFの腕が上がり切る前にステップシュートを放つ

【写真35】ＤＦの準備が整う前に打ち込むのも基本の１つ

（ブロック）をかわしてシュートしていく感覚をつかんでいきましょう。

シューターが力いっぱい打ち込んでくるシュートをブロックするＤＦは、恐怖や痛みが伴ないます。

だからといって、逃げたり手加減しては、試合で自分が困ることになりますし、チームメイトのためにもなりません。

中学3年生の強烈なシュートを、入学したばかりで、身体もできていない1年生がブロックするといったことがないよう、体格や体力差に注意しながら、DFも「シュートはうしろにとおさない」という強い気持ちでトレーニングしましょう。

スマホからアクセス！

DFを入れてのシュート練習《1対1》の動画をQRコードから見てみよう!!

DFを入れてのシュート練習《2対1》

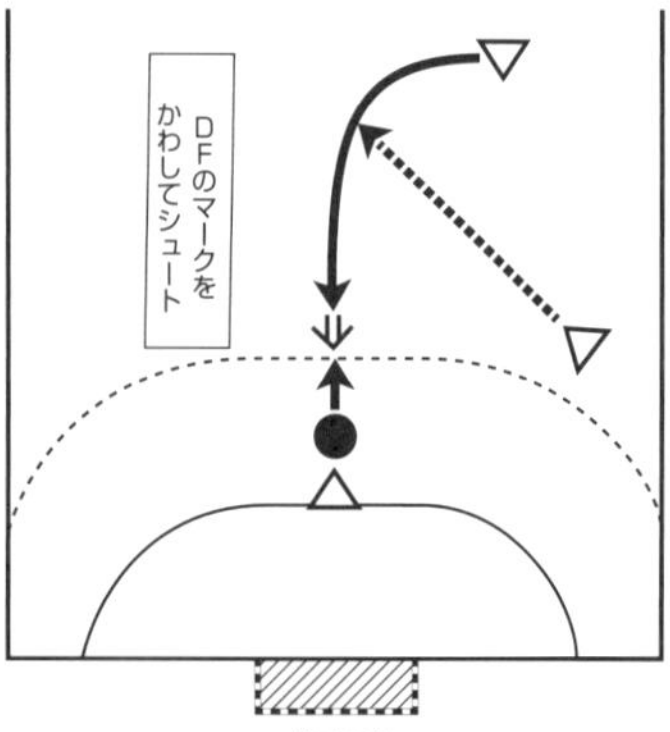
DFのマークをかわしてシュート
【図8】

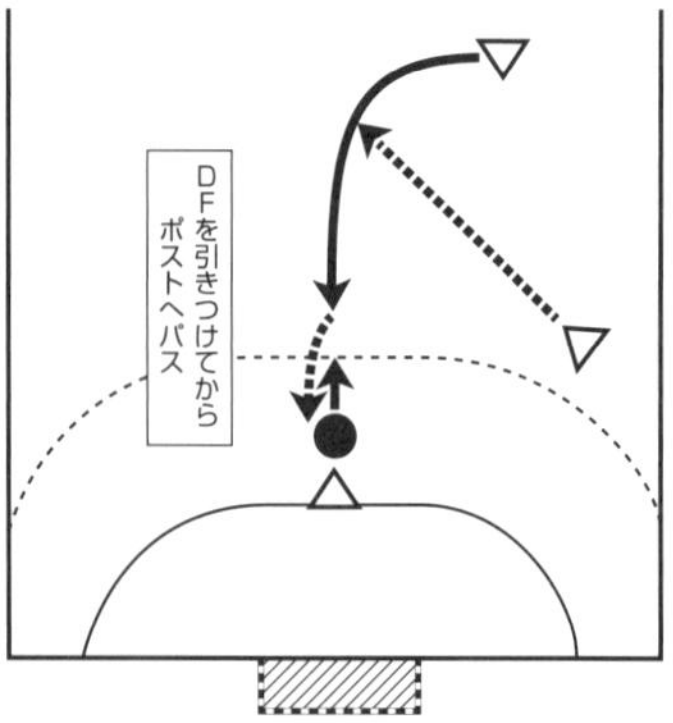
DFを引きつけてからポストへパス
【図9】

1対1に続き、ポストを入れた2対1でのシュート練習に入ります。ゴールに向かって攻めるプレーヤーは、シュートまたはポストへのアシスト（パス）を狙います。

DFは1対1でのシュートブロックに加え、ポストをケアします。

OF、DFともに動ける範囲を限定し、横はゴール幅の3m。DFは6mラインと9mラインの間で守り、ポストは7mラインより外（高い位置）に出てはいけません。

そうした行動範囲の中で、ゴールに向かって攻めるプレーヤーはDFのマークをかわしてシュート**【写真36、37】**、あるいは、DFを充分に引きつけてからポストにパスを送ります**【写真38、39】**。

シュート練習の中にDFとの駆け引きや味方へのアシストが入ってくるので、シュートだけでなくバックプレーヤーの動き、役割もマスターしていくことにつながるメニューになります。

もちろん、DFにとってもOFと駆け引きをしたり、プレーの先読みをしながら、判断力、対応力を養えるいいトレーニングです。

シューターの利き腕を的確にマークしてのシュートブロック、あるいは、とっさにポストへのパスと判断してのインターセプトを狙います。シュートブロックあるいはインターセプトに成功すれば、1人でOF2人を守れたことになりますね。

スマホからアクセス！

DFを入れてのシュート練習《2対1》の動画をQRコードから見てみよう!!

DFのマークをかわしてシュート

【写真36】ＧＫ側から見たシュート

【写真37】シューター側から見たシュート

DFを引きつけてからポストへパス

【写真38】ＧＫ側から見たポストパス

【写真39】シューター側から見たポストパス

DFを入れてのシュート練習《3対1》

2対1からOFをさらに1人増やし、3対1でのシュート練習に進みます。

ここではポストを置かず、バックプレーヤー3人がシュートを狙いながらボールを回します。

DFが1人でもコートの左右20mは制限なしで使えることとしますが、ドリブルはなし。シュートは9mラインの外から、という条件を加えます。

OFはスタートのパスをもらった時点からシュートを狙い、DFが利き腕にマークにこなければ、そのままシュートです。

シュートはジャンプシュートでもステップシュートでもランニングシュートでもかまいません。

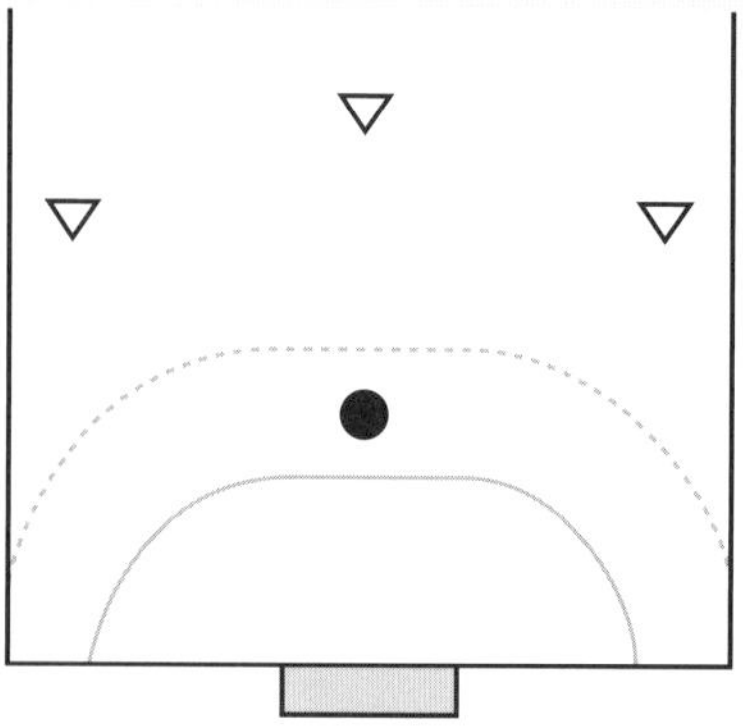

【図10】

シュートを狙う姿勢を大切にするとともに、2対1以上にバックプレーヤーの動き、役割を理解、マスターすることにつながるのが、このトレーニングです。

シュートにいってもいい状況を作ったうえで、ジャンプシュートと見せてのパスやステップシュートのフェイクからのパス、さらにはクロスの動きも入れたポジションチェンジなども入れながらスピーディーにボールをつなぎ、DFを充分に揺さぶってからシュートと、時間をかけて攻めてからシュート、としてもOKです。

24ページでもお話ししましたが、バックプレーヤーに大切な味方とのタイミングを合わせながらパスをつなぐことも、このトレーニングの大きなテーマです。

注意してほしいのは、ボールをつなぐことばかり考えると、ジリジリとシュート制限のある9mラインに近づいていき、動きが詰まってしまう点です。

「DFがマークにきて、利き腕はマークされた」となれば、パスをして、素早くバックステップでポジションを取り直す。

パスのあと、バックステップで戻ることの大事さもよく感じることができるトレーニングです。

1人で3人を守ることになるDFは、ひたすらボールだけを追いかけていては、3人に振り回されてしまいます。

鋭くフットワークを刻んでシュートを狙ってくるOFの利き腕をつぶしにいき、「この選手のシュートはないな」と判断すれば、すぐにその選手へのマークを捨て、次の選手へのマークに入ります。

2対1と同じく、DFにもとても効果的なトレーニングです。

DFはOFのシュートチャンスを着実につぶしていき、OFはDFに捨てられないよう、シュートを狙い続ける。

OF、DFともに実戦に直結する要素がいっぱい詰まり、少ない人数しかいないというチームでも取り組むことができるトレーニングメニューです。

クロス（ポジションチェンジ）

【写真41】

シュートモーションからのパス

【写真40】

利き腕が空けばシュート

【写真43】

シュートフェイクからのパス

【写真42】

味方に合わせて動きパスを出す

【写真44】

スマホからアクセス！

DFを入れてのシュート練習《3対1》の動画をQRコードから見てみよう!!

パスのあとはバックステップ

【写真45】

DFを入れてのシュート練習《3対2、4対2》

次に、3対1からDFを1人増やした3対2のシュートトレーニングをご紹介します【図11】。

DFが増え、3対1よりもシュートは狙いづらくなりますが、最初からシュートを狙っていきましょう。シュートはジャンプシュートに限らず、ステップ、ランニングと、なんでもオーケーです。

DFに対応されて利き腕が空かなかった、となれば、充分にDFを引きつけながら味方にパス。このパスも味方がシュートにいきやすいところに出すことが大切です。パスを出してからは、バックステップをして次の準備をすることも忘れずに。

パスは速くする必要がありますが、シュートを狙う動作はゆっくりでかまいません。3対1と同じく、ドリブルはなしでプレーします。

続いて、3対2にポストのOFを加え、4対2でトレーニングしてみましょう【図12】。

ポストが動ける範囲は、ゴール幅（3m）とします。やはりドリブルはなしで、バックプレーヤー3人は9mラインの外からのシュートやポストへのパスを狙います。

パスのためではなく、シュートを狙い、DFに対応されても、DFを引きつけてからパスを送るのは、3対1や3対2と変わりません。

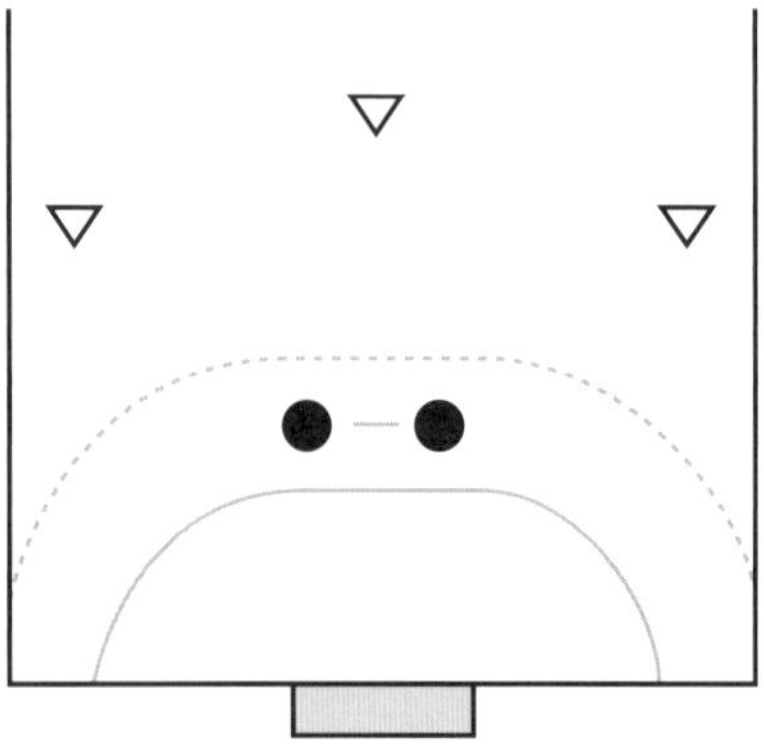
【図11】3対2のシュート練習

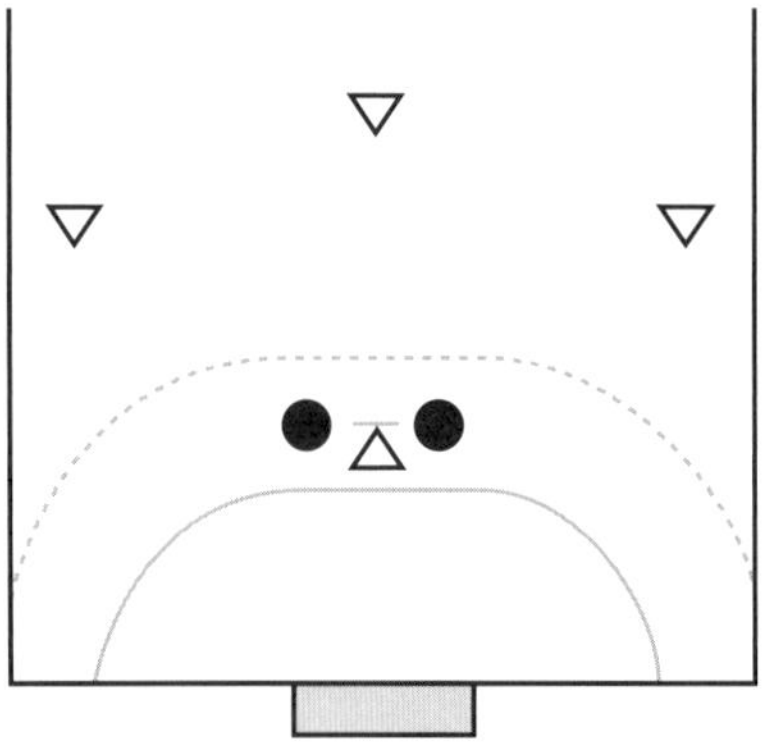
【図12】4対2のシュート練習

味方がシュートにいきやすいタイミングでパスを出す、自分がシュートにいきやすいよう、味方の動きに合わせて走り込むといった、心を合わせたプレーが大切です。

右利きの選手がセンター、左バック、左利きの選手がセンター、右バックの位置でプレーするならば、シュート、そしてシュートモーションから利き手側へのパスやジャンプパス、あるいは味方とクロスをしてから利き手とは反対側へ逆振りのパスが基本的な動きになります【写真46～48】。

右利きの選手が右バック、左利きの選手が左バックの位置でプレーする時は、シュートとシュートモーションから利き手とは反対側へのパスが多くなります【写真49、50】。

3対2、4対2ともにカットインを入れるとなんでもありになってしまうので、カットインはなしで進めます。

チーム戦術により、DFを1人増やしたり、ダブルポストでトレーニングをするといった工夫をしてみてもいいでしょう。

【写真47】ジャンプパス

【写真46】シュートを狙ってからのパス

【写真48】クロスをしてから逆振りのパス

【写真49】シュートモーションから利き手とは反対側へパス（右利きの選手が右バックにいる時）

【写真50】シュートモーションから利き手とは反対側へパス（左利きの選手が左バックにいる時）

スマホからアクセス！

ＤＦを入れてのシュート練習《４対２》の動画をQRコードから見てみよう!!

ＤＦを入れてのシュート練習《３対２》の動画をQRコードから見てみよう!!

ポジションごとの動き（右利き）をクローズアップした動画をQRコードから見てみよう!!

ポストとのコンビで生まれてくるチャンス

DFのいないところへ素早く走り込んでシュート、というのがハンドボールの原点です。

42ページからの3対1、3対2、4対2のシュート練習はそうした感覚をつかむためのものですが、実際の試合はCP6人同士での戦い。DFとDFのスペースも狭く、簡単にシュートをすることができません。

シュートをするためにいろいろな工夫を重ねるとともに、わずかなシュートチャンスを逃がさずに活かすことが大切です。

ここでは、まず代表的なシュートチャンスを紹介していきましょう。

【写真51、52】は、ポストのブロック（スクリーン）を活かしたバックプレーヤーのシュートチャンスです。

ポストがDFをブロックしてくれているところを狙い、ブロックしているポストの上からシュートを放ちます。

【写真53、54】はポストの存在が気になり、ゼッケン⑤のDFが前に出るに出られない状態。積極的にシュートを狙っていいシチュエーションです。

もし、ゼッケン⑤のDFが前に出てマークにきたなら、今度はポストパスのチャンスが生まれます。ポストとのコンビで生まれるシュートチャンスも見逃さずに捕えましょう。

【写真55、56】は、バックプレーヤーの身体は守られていて、チャンスがないように思えますが、利き腕

ポストのブロックから生まれたシュートチャンス

【写真51】CPの視点

【写真52】GKの視点

【写真53】

目の位置が基準ではなく利き腕（ボール）が基準

【写真57】

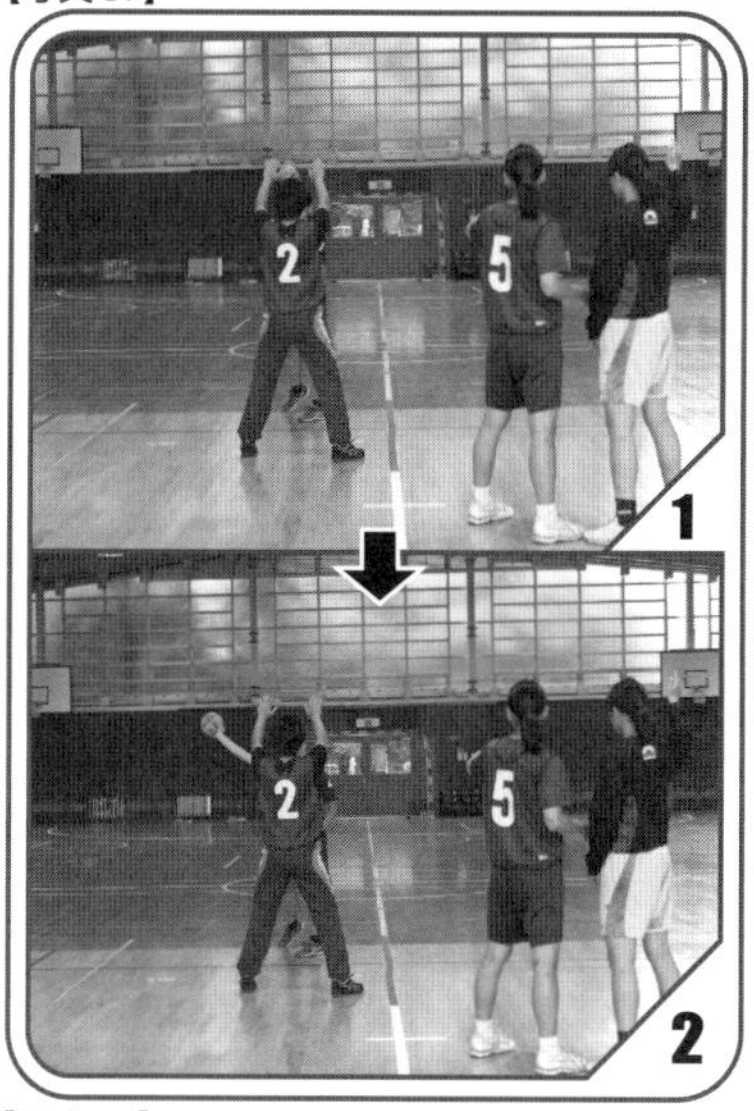
【写真58】

利き腕がフリーになってのシュートチャンス

【写真56】

【写真55】

は空いているのでシュートチャンス。ステップシュートやランニングシュートを打ち込みます。

目の位置≠ボールの位置

これまでも多くの方が解説されていますが、自分の目の位置、イコール、ボールの位置ではない、ということをもう一度、しっかりと認識しましょう。ボールの位置（利き腕）が守られているのか、フリーなのかを正確に把握できるかどうかは、大きなポイントです。

【写真57、58】ではDFが正面に来て、バックプレーヤーからはGKもよく見えません。DFに守られてしまっているように思えますが、利き腕はマークされていません。

CPがGKのことをよく見えないように、GKもDFの陰に隠れた形のCPがよく見えません。

その状態からシュートを打つと、突然、ボールだけが出てくることになります。これがブラインドシュートです。

自分の目の位置とボールの位置、GKから自分の姿やボールの見え方がわかるようになると、よりハンドボールが楽しくなります。

練習の中で、CPがゴールを守り、GKはシュートを放つ時間も作ってみましょう。

【写真54】

相手の動きを見極める さまざまな工夫も大切

バックプレーヤーとしての基本的な動き方をお伝えしたところで、改めてシュートのコツ、ポイントをお話ししていきましょう。

36、37ページの続きの形になりますが、1対1のシュート練習で、DFは①OFの正面に入って腕を上げる【写真59】②OFの利き腕をマークする【写真60】③ステップシュートやランニングシュートを警戒して腕を下げる【写真61】、の3通りで守ります。

シューターはこのシュートと決めて打つのではなく、DFの動きを観察し、あと出しジャンケンの要領でシュートします。

DFが正面に入ってくれば、できるだけGKにボールを見せないようにして、サイドハンドから引っ張り（右利きならば左側）のシュートを狙います【写真62】。

DFが利き腕をマークしてきたならば、股関節を柔らかく使い、利き腕とは逆側に体勢を倒したプロンジョンシュート【写真63】、DFが腕を下げれば、頭上や顔横をクイックで打ち抜きます【写真64】。

シュートは力強く打てるに越したことはありません。腕の使い方だけでなく、蹴り足（右利きならば右足）で強く蹴ることを心がけましょう【写真65】。

DFのレベルが上がってくると、

DFの動きを観察しよう

【写真59】

【写真60】

【写真61】

DFの動きに対応してシュートを打ち分けよう

【写真62】

【写真63】

【写真64】

ボールに合わせてきますから、できるだけボールを見せないようにすることが大切です【写真66】。

自分の腕やボールがどこから出てきて、DFやGKからどう見えるかを、把握できるといいでしょう。ビデオなどを活用してください。

【写真67】のように、DFに利き腕を守られた時もノーチャンスではありません。こういう場合、GKは引っ張りにヤマを張って思い切り動きがち。それを利用して、GKの股下や頭上を狙っていきます。

【写真68】のように低い位置からシュートを狙い、高低差を利用するのも対GKには効果的です。DFを動かして、プロンジョンシュートを狙うこともできます。

また、シュートを「魂を込めて打て」と言われる方もいます。

気持ちはよくわかりますが、経験上、強すぎる思いは、GKにも伝わり、シュートコースもばれてしまう、ということが多くあります。

「絶対に決めてやる!!」の思いは大切ですが、GKも同じように「絶対に取ってやる!!」と思っています。

ここぞ、という場面ほど、思いを込めすぎるのではなく、ふっと力を抜くことも大切。

ここでご紹介したポイントとともに、シュート決定力アップにつながる遊びの延長でできるメニューも、映像で紹介しています。

蹴り足で強く蹴る

【写真65】

意識してボールを隠す

【写真66】

守られても方法はある

【写真67】

高低差を利用しよう

【写真68】

スマホからアクセス!

DFの動きに対応したシュート練習の動画をQRコードから見てみよう!!

シュート確率を高めるコツの動画をQRコードから見てみよう!!

プレスDFへの対応

攻略のカギを握るのは ボールを持たない選手

さて、ここまで、ゴールを中心に守り、6mライン際に立ち並んで壁を築き、平面的なDFを外（前）に誘い出して、立体的にするのがバックプレーヤーの役割とお伝えしてきました。

それでも、最初からDFラインを上げ、プレッシャーをかけてくるプレスDFを得意とするチームも多くありますし、小学生でもプレスDFが推奨されている時代です。

プレスDFは苦手、お手上げではなく、プレスDFにに対応できる力、考え方を持つこともバックプレーヤーには欠かせません。

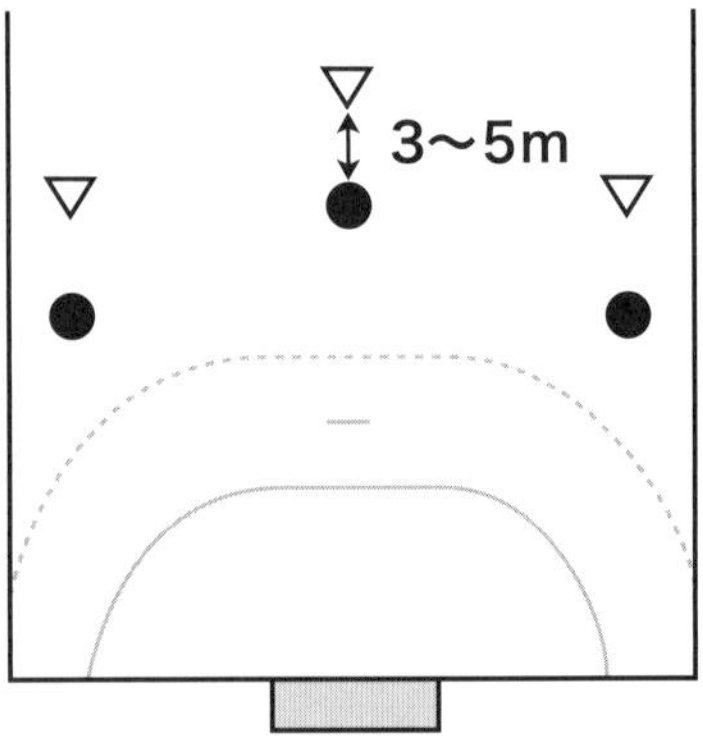

【図13】

プレスDFを仕掛けてくるDFはプレッシャーをかけ、OFのスピードを殺したり、ミスを誘ってきます【写真69】。

そうしたDFに対応するために、大切なのが間合いです。

1歩が大きい、フットワークが多彩、といった人は、間合いが3mぐらいでもDFをかわせますが、そうした力がない人は、5mくらいの間合いが必要になります【図13】。

どんどんDFにプレッシャーをかけられ、3~5mの距離を取らなければとゴールから離れてしまっては、DFの思うツボです。

DFの位置に応じて対応することが必要ですが、対応だけではダメです。能動的に移動し、この位置でボールをもらう、といった姿勢が大切になります。

【写真69】

プレスDFは、DF間のスペースが広くなりますから、それをついて1対1を仕掛けていく、という対策が頭に浮かびます。確かに1対1で突破できればいいのですが、プレスDFを仕掛けてくるチームは、個々のフットワーク力が高かったり、相応の準備をしているものです。

そこで、1対1での突破を狙うのではなく、ゴールに向かってスピードをつけて走り込んでいく味方にパスを送る。

走り込んだ味方に、どのDFが対応したかを見極める。

対応したDFがいたところに走り込み、数的有利を生み出す。

こういう流れでプレスDFを攻略していきましょう。

ドリブルはどうしても困った時にとっておき、立ち止まってボールを回すのではなく、ゴールとの一直線上で守ろうとするDFのマークを少しでもかわそうと、動きながらボールをもらいます【図14】。

次にポイントとなるのが、ノー

ボール（ボールを持っていない）の選手の動きです。ノーボールの選手がマークしてくるDFのスキをついたり、フェイクの動きを入れてからスペースへと走り込み、ボールを持った選手は走り込んだ選手にパスを送ります【図15】。

このパスに、どのDFがマークにくるか、DFの対応を見極めてプレーを継続していくことになります。

プレスDFを攻略するのに、とても効果的なのがノーボールの選手による視野外でのクロスプレーです。

ボールを持ってのクロスとは違い、ノーボールでのクロスは、スピードに乗って走り込める利点があり、DFの先手を取れます。

【図16】が、ノーボールでのクロスのきっかけの動きを表わしたものになります。

センターから左バックにボールが渡る動きに合わせて、右バックが左側と中央のDFの間（中央のDFの視野外）へと走り込みます。

この動きに、左側のDFが対応してくれば、センターは左側のDFがいた位置に走り込みます【図17】。

中央のDFが下がって対応すれば、センターはそのまま前に走り込んでいきます【図18】。【図17】【図18】ともに数的有利を作れます。

この動きが、DFの対応を見極めて、プレーを継続していく、ということにあたります。

一連の動きを、プレスDFへの対応の原則として、左上にまとめて表記しました。この原則を頭に入れてください。

プレスＤＦへの対応の原則

- 立ち止まってボールを回さない
- ドリブルから始めない
- ノーボールの状態で走り込んだ味方にパス
- ＤＦの対応を見極めてプレーを継続する

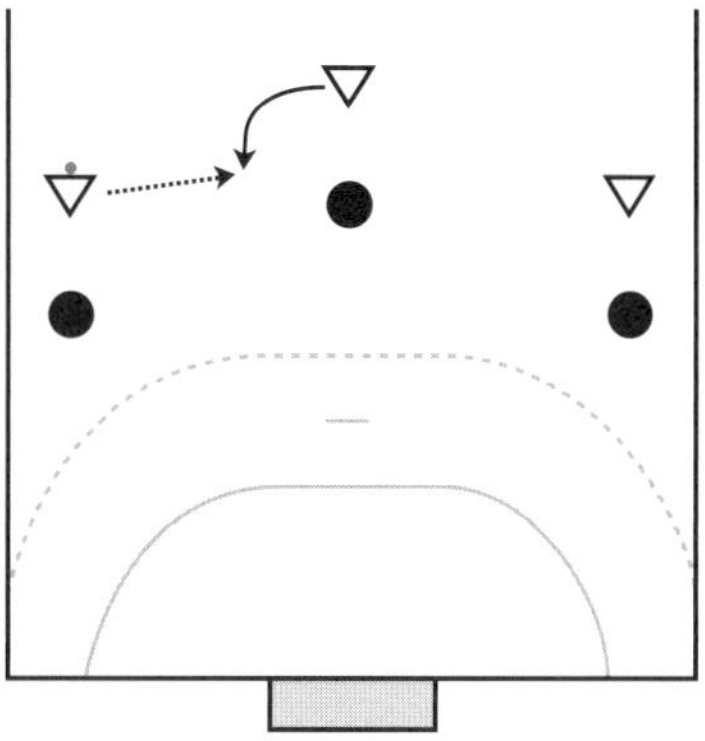

【図14】

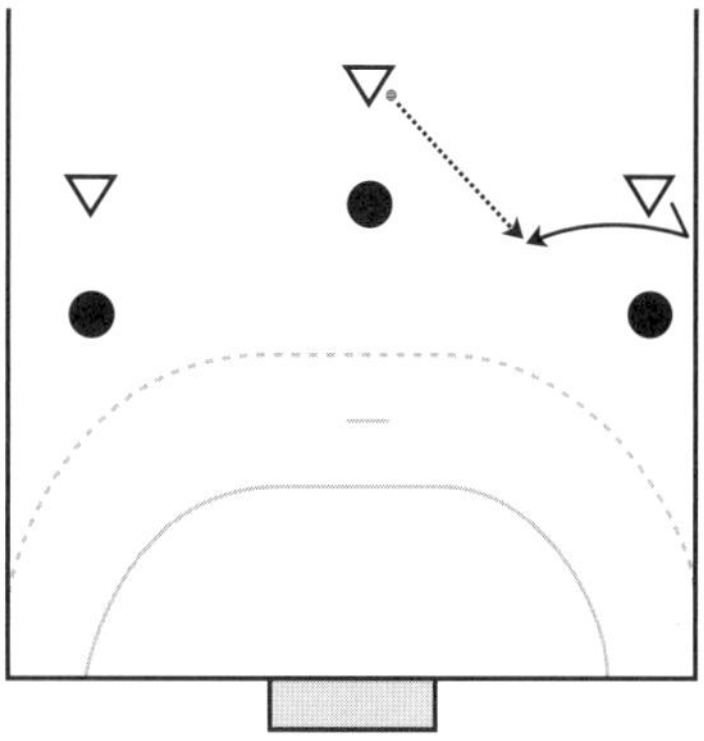

【図15】

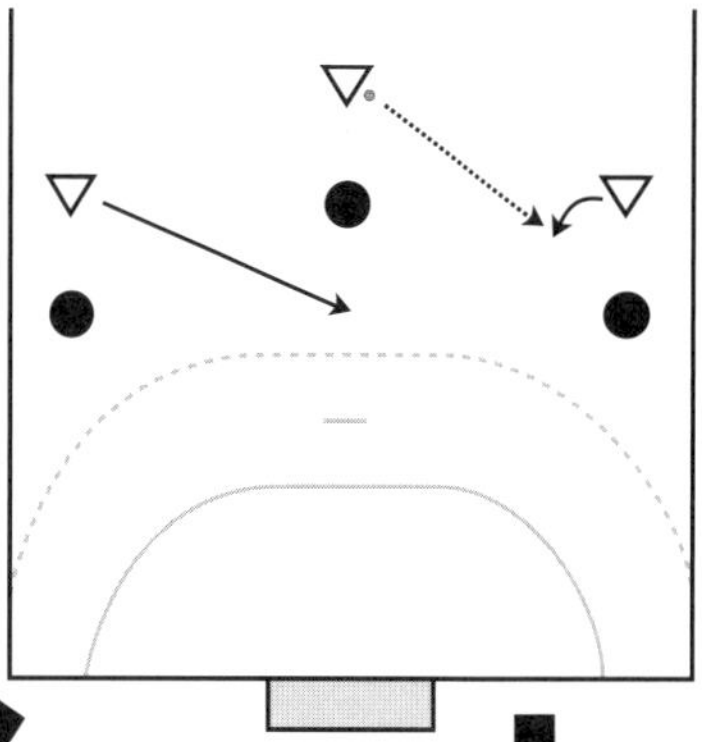

【図16】

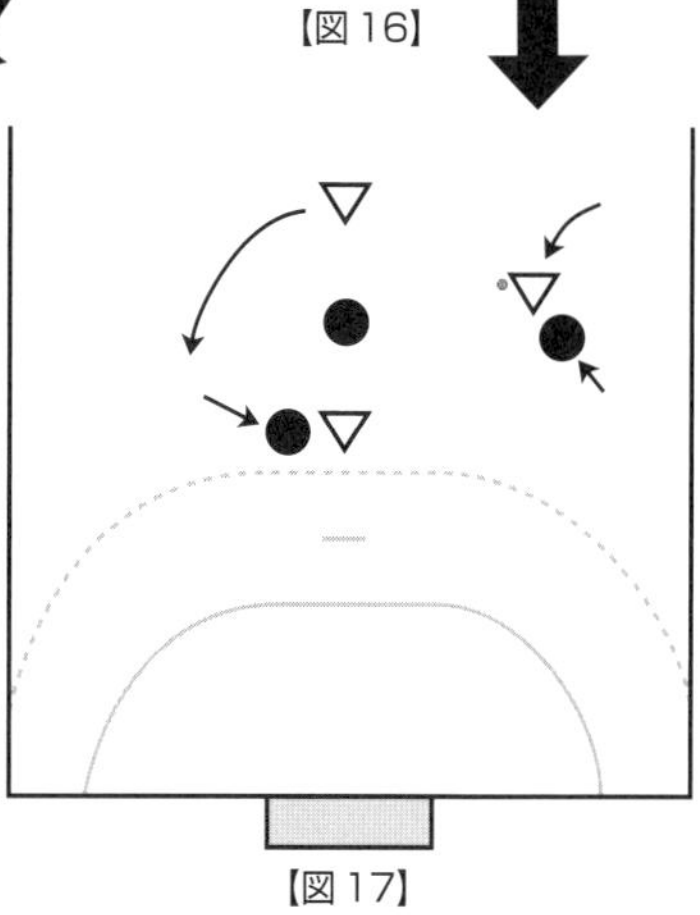

【図17】

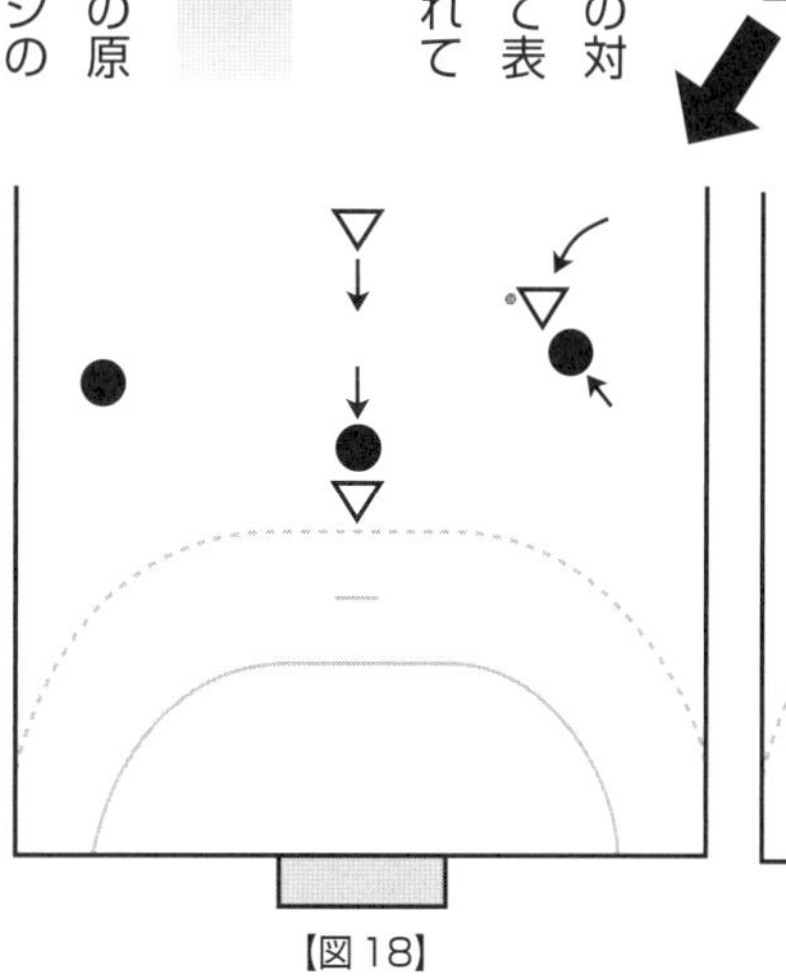

【図18】

効果的な技術も修得を

こうしたプレスDFへの対応の原則を頭に入れたうえで、次ページのDFのスキをついて走り出すチャンスとなるプレー【写真70】や、どんどん前に出てプレッシャーをかけてくるDFをターンしてかわすプレー【写真71】のマスターにもチャレンジしてみましょう。

マークしてきたDFは、OFがシュートや1対1を仕掛けてこない、パスだと判断すれば、視線をパスの方向に移しがち。このスキをついて、DFとDFのスペースへと走り込んでいきます。
　ターンは押してくる相手DFの力を利用してクルッと回転し、DFの背後に回り込んでマークをかわします。ターンしたらすぐに目線はゴールに向け、目が回らないように注意します。
　さらに【写真72】のように、ドリブルを使ったターンもマスターできれば、プレーに幅が広がり、6mラインに近い位置ならばそのままシュートに持ち込むこともできます。下のQRコードからアクセスして、これらの動画を見ながら確認してみてください。

ターンを使ってDFをかわす

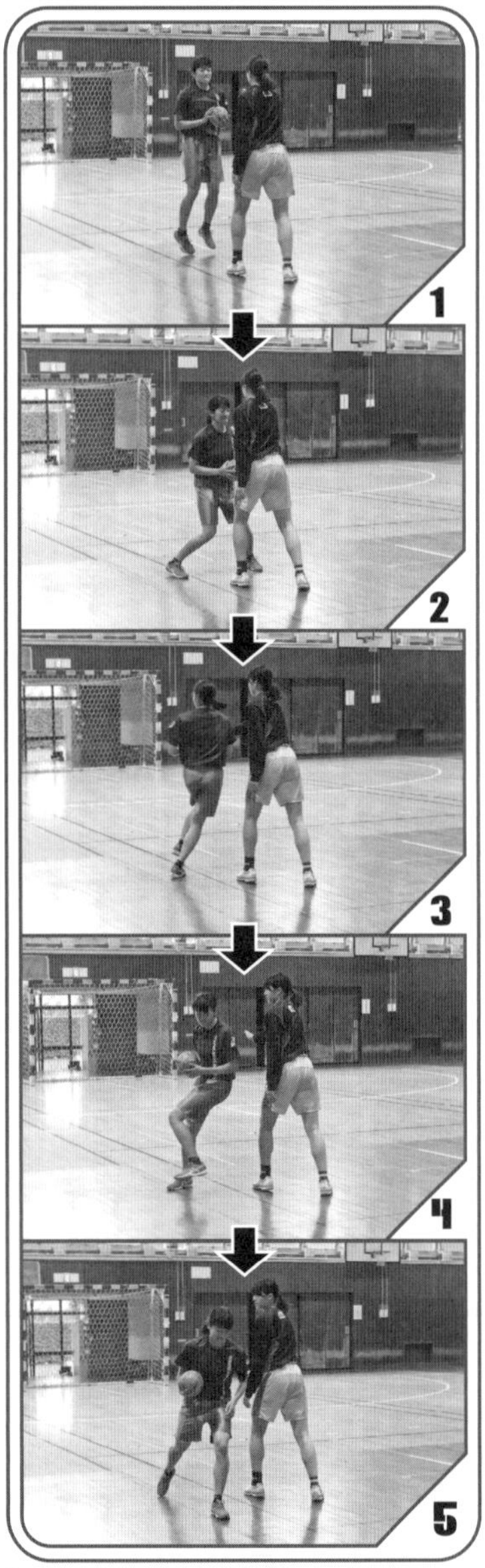

【写真71】

【写真72】

走り込むチャンス

【写真70】

スマホからアクセス！

ノーボールのクロスを使ったプレスDFへの対応の動画をQRコードから見てみよう!!

ターンを使ってDFをかわす動画をQRコードから見てみよう!!

けん制への対応も間合いがポイント

プレスDFとリンクしますが、DFのけん制の動きにも対応する必要があります。

パスをする人ももらう人も動きながら、ということが大事ですが、けん制を仕掛けられると、お互いが止まった状態でパスキャッチをしてしまいがち。また、パスをもらう人が間合いを取ろうとうしろに下がりながらパスをもらっても、OFができません。

間合いも、DFに近すぎればパスをする人も怖いですし、パスがとおったとしてもすぐにDFにつかまってしまいます。

やはり3mぐらいはDFと距離を取り、DFがけん制をしてきたら、すぐに裏を取る【写真73】、けん制を避けて中にボールをもらいにいく【写真74】、といった動きで対応します。

中にボールをもらいにいくのは一番無難な動きですが、OFの動きが中に寄せられ、守られやすくなるので、中にいってボールをもらったあと、52ページのターンを使ってDFをかわす動きを利用してDFの裏を取っていきます。

DFがより高い位置にプレッシャーをかけてくるなら、【写真75】のようにパスをしようとする人がDFの裏に切れ込んでいくプレーも考えられます。

また、けん制を仕掛けられるということは、パスをする人がDFに「パスだ」と思われている、という面もあります。つねにシュートを狙い、ポストも見ながら攻めれば、DFも過度にけん制してこないものです。

けん制への対応の例

1
2
3
4
5
【写真73】

1
2
3
4
5
【写真74】

1
2
3
4
5
【写真75】

スマホからアクセス！

けん制への対応の動画をQRコードから見てみよう!!

まとめ

バックプレーヤーでいい選手、うまい選手と評価され、得点もたくさん取れる選手は、相手のDF、GKに対応でき、シュートもあらかじめの決め打ちをしない選手です。

私からすると、日本代表でもいっしょにプレーした先輩の田中美音子選手（大阪ラヴィッツ）の名前が、真っ先にあがります。

田中選手はシュートを決め打ちすることなく、DF、GKをよく見て、こう攻めていく、このシュートを打つと判断しています。

相手を見る時間を充分に取り、状況判断をして流れるようにプレーしています。

ほかにも、日本女子代表のセンター横嶋彩選手（北國銀行）や、大型ではありませんがひたすらシュートにいくためのプレーに徹しているノルウェーのモルク選手の動きなども注目してほしいと思います。

大型選手に対峙《たいじ》するという意味では、男子選手にもとても参考になるでしょう。

田中選手たちのようになるには、どうしたらいいのでしょうか。

ハンドボールを始めたばかりの小、中学生は、あまり細かいことを考えず、どうやったらシュートを打てるかをベースに、「ここでボールをもらったら、ここからシュートが打てる」といったことを考えながらプレーしてもいいでしょう。

「とにかくスピードで押せ」

「シュートを打てばいい」

こうした目標を設定しての指導も、ある程度の時期まではいいと思いますが、そこから脱皮できずにいると、「相手がこうだったから、私はこうした。だからうまくいった（失敗した）」というストーリーを自分で作り出す能力が欠落したまま時間を過ごすことになります。

48ページでお話しした3パターンのDFに対するシュートトレーニングのように、相手がこう来たら、こうかわせると、考えることがないまま、速さや強さに任せたシュートを打ち続けていると、相手の変化に対応できず、壁にぶつかる時がきます。

そうなってから、自分を変えることは簡単ではありません。

速い、強いだけでも最初の5分間は相手を翻弄《ほんろう》できますが、試合は50分あるいは60分。強い、速いだけでは相手に慣れられてしまいます。

相手の動きに対応して変化できる力をつけていきましょう。

いいバックプレーヤー、強いチームのバックプレーヤーは、シュートを複数のコースに打てます。シュートにいく前は、ゴールだけでなく、ポストも見ています。そして、1対1を仕掛けながら、パスもシュートも狙える準備をしています。

できるだけ早い段階で、相手を観察し、考え、つねに選択肢を残すプレーができるように心がけましょう。

シュートは共同作品

締めくくりに、改めてお伝えしたいのが、シュートはチームメイトとの共同作品という考え方、チームなりのストーリー、ハーモニーの大切

㊧横嶋彩（北國銀行）㊨田中美音子（大阪ラヴィッツ）
※所属は 2016−17 シーズン当時

さです。

私は身長がなく、脚力（走力やジャンプ力）もない選手で、38、39ページのようなDFが本気でブロックに来る1対1のシュート練習が一番嫌いでした。

4対4、6対6の攻防になって、私が対峙するであろうDFを周りの人が引きつけてくれ、私がボールをもらった時、目の前にDFがいないチャンスが生まれるので、ようやくシュートを打てる、という選手でした。

チームメイトのためにシュートチャンスを作る、チームメイトが作ってくれたシュートチャンスは見逃さず、高い確率で決める。

そうした思い、行動がチームを創造していきます。

大型で能力も高いバックプレーヤーが3人揃えば、そのチームは当然、強くなるように思えますが、どの団体スポーツでもオールスターチームが強いとは限りません。

能力が高いがゆえに、1人ひとりがDFを引きつけてもボールを離さない、パスも受ける人のタイミングやシュートを打ちたいポイントを感じずに出してしまう、ということがよくあります。

レベルが上がるほどに相手のDF力もアップし、1人ひとりの力だけで相手DFが築く壁を崩すのは難しくなります。

1人ひとりがバラバラではなく、チームとしてのストーリー、ハーモニーを醸《かも》し出すことをめざしましょう。

すごくスピードがあるけれど、相手DFを見ていない、という選手がいます。

鮮やかに相手DFを突破できても、本人はなぜうまくいったかわかりませんし、逆に明らかにDFにいい位置でマークされているのに止まれない。

そうした選手には「うまくいかなかったら、止まりなさい」と指示するしかなく、そうした選手はチームのハーモニーを乱しがちで、起用しづらいものです。

それでも、その能力は流れを変えたい、相手DFのペースを狂わせたい、といった時には貴重です。50～60分の試合の中では、そうした選手がいてこそストーリー、ハーモニーを醸し出せる局面もあります。

欠点があるからノーチャンスではなく、本人が欠点を充分に理解したうえで、特徴、長所を活かせれば、チームとしてのストーリー、ハーモニーは、よりよいものになるでしょう。

時間をかけて体得を

ここまで、「役割とシュートを極める『バックプレーヤー』をテーマにお話ししてきました。これまで『スポーツイベント・ハンドボール』や書籍『ハンドボールスキルアップシリーズ』など他の解説者の方が紹介されたことと重なることもあり、すべてをお伝えしたわけではありません。

また、シュートにしても、まずはとにかくシュートを狙う、打つ、という姿勢を先決にディスタンスシュートに絞り、トレーニングメニューからもカットインシュートを外しています。

まだまだ、バックプレーヤーとして必要なことはたくさんありますが、この章でお伝えしてきたバックプレーヤーの役割やシュートのコツをもとに、長い時間をかけて失敗を繰り返しながら理解を深め、技術、おもしろさを体得していってほしいと思います。

私は国際ハンドボール連盟（IHF）のプロジェクト『Handball at school』の講師を担当し、そのプロジェクトで発刊された書籍「小学校におけるハンドボールの授業」〈ゲームでまなぶ楽しいハンドボール〉が、日本協会ホームページ上で公開されています。そちらもお読みいただけると幸いです。

『小学校におけるハンドボールの授業』PDF版URL https://handball.or.jp/training/commitee.html

TIME OUT

ポジション名の変遷

時代の流れに沿って変化していくポジション名

ハンドボールは、現在の7人制となる前は、サッカーと同じ11人制で行なわれていました（国内では男子が1963年度、女子が57年度から7人制に移行）。

ポジションの表記もサッカーに近く、英文では、レフトウイング、レフトインサイド、センター、ライトインサイド、ライトウイング（以上の5人がフォワード）、レフトハーフ、センターハーフ、ライトハーフ（以上の3人がハーフバック）、レフトバック、ライトバック（以上の2人がフルバック）、ゴールキーパー。和文では前衛、中衛、後衛、門衛（ゴールキーパー）というように表記されていました。

50年代の7人制導入時、ポジション表記は11人制の名残りでフォワード（FW、3人）、ハーフバック（HB、1人）、フルバック（FB、2人）、ゴールキーパー（GK）とされましたが、11人制とは異なり、導入当初から6人攻撃（防御）だったため、フォワード、ハーフバックといった区別がすぐになくなり、GK以外をFP（フィールドプレーヤー、Field Player）と一括し、FPはやがてCP（コートプレーヤー、Court Player）に変わり、サッカー色も薄れていきます。

7人制でのCP（FP）のポジション表記は、本書で紹介しているように、バックプレーヤー、サイドプレーヤー、ポストプレーヤーに分かれます。

左右のバックプレーヤーを「45度」と呼んだり、センターを含めた3人のバックプレーヤーを総称して「フローター」と呼ぶこともありますが、いずれも日本発祥の「呼称」です。

サイドプレーヤーも世界ではウイングプレーヤーと呼ばれ、IHF（国際ハンドボール連盟）によるベストセブンのポジションは、RW（右ウイング＝右サイド）、LW（左ウイング＝左サイド）とされています。

ポストプレーヤーも世界ではピボット（Pivot）と呼ばれ、バックプレーヤーに対し、6mライン際でプレーすることでラインプレーヤー（Line Player）と呼ばれることもあります。

11人制時代はDF陣の意味が濃かった『バック』という言葉が、現在はレフトバック、センター、ライトバックの〝総称〟と変わるなど、時代の流れを感じさせられます。

また、ポジションを固定し、各ポジションでスペシャリストが活躍した時代から、DFの進化に応じてポジションチェンジが活発になり、どのポジションもこなせるオールラウンドプレーヤーが求められているのが現代。

それに伴い、各ポジションを示す言葉の重み、響きも変化しています。

7人制のポジション名
バックプレーヤー（BP、国内ではフローターとも）
センターバック（CB、センター）
レフトバック（LB、左45度）
ライトバック（RB、右45度）
サイドプレーヤー（WP、海外ではウイングプレーヤー）
レフトサイド（LW、左サイド、正サイド）
ライトサイド（RW、右サイド、逆サイド）
ポストプレーヤー（PV、海外ではピボット、ラインプレーヤー）

第2章

役割とシュートを極める『サイドプレーヤー』

サイドプレーヤーはボールが回ってこなければなかなかチャンスの少ないポジションだが、角度のないところからのシュートや速攻のチャンスを得点につなげられればチームの負担は小さくなる。そんなサイドプレーヤーの役割に迫る。

協力：朝日大学、富士大学ハンドボール部

下川 真良

しもかわ・まさよし、1976年6月23日生まれ、松尾中（京都）でハンドボールを始め、北陽高（現・関西大北陽高、大阪）でセンバツ準優勝、大体大で日本一を2度経験。大学卒業後は湧永製薬、日本代表でサイドのスペシャリストとして活躍した。日本代表としては、アテネ、北京と2度のオリンピックアジア予選を経験し、2008年に引退。同年から朝日大ハンドボール部監督に就任、2010年に全日本インカレ出場を果たすと、2015年の西日本インカレでチームをベスト4に導いた。2016年度から母校・大体大の男子部監督に就任し、18年には全日本インカレで優勝を飾っている。

Masayoshi shimokawa

解説者紹介

佐久川 ひとみ

さくがわ・ひとみ、1977年7月21日生まれ、沢岻小（沖縄）でキャリアをスタートさせ、浦添中、浦添高といずれも全国の大舞台で活躍し、高校卒業後大崎電気に入団。1年目から戦力となった。2000年大崎電気の休部にともないオムロンに移籍。日本代表でキャプテンを務めた経験もあり、視野が広く頼れる左腕サイドとして活躍した。09年から韓国の大邱市庁でプレー。帰国後、12年、富士大に入学し、選手兼コーチとして女子ハンドボール部に所属、卒業後の2016年度から富士大女子部監督に就任。現在は武庫川女大監督。

Hitomi sakugawa

サイドの役割とは

コートの中央にいることが少ないポジションならではの役目を大きく４つお話しします。

中高生ではとくに能力の高い選手はバックプレーヤー、体格のいい選手はポストを任され、サイドはまだ経験の浅い選手や、小柄な選手が任されることが多いのではないでしょうか。

パスが回ってこなければチャンスはありませんし、速攻の機会も1試合をとおしてみれば何度も何度もやってくるわけではありません。チームの戦術によってや、大型エースがいるチームなどにとってはどうしても影の薄いポジションになりがちですが、サイドプレーヤーが担う役割は大きいということを、初めにお話ししていきます。

現在、サイドとしてプレーしている人、指導している立場の人たちにもう一度サイドの働きを見直してもらいましょう。

まずはサイドの役割についてお話ししていきます。

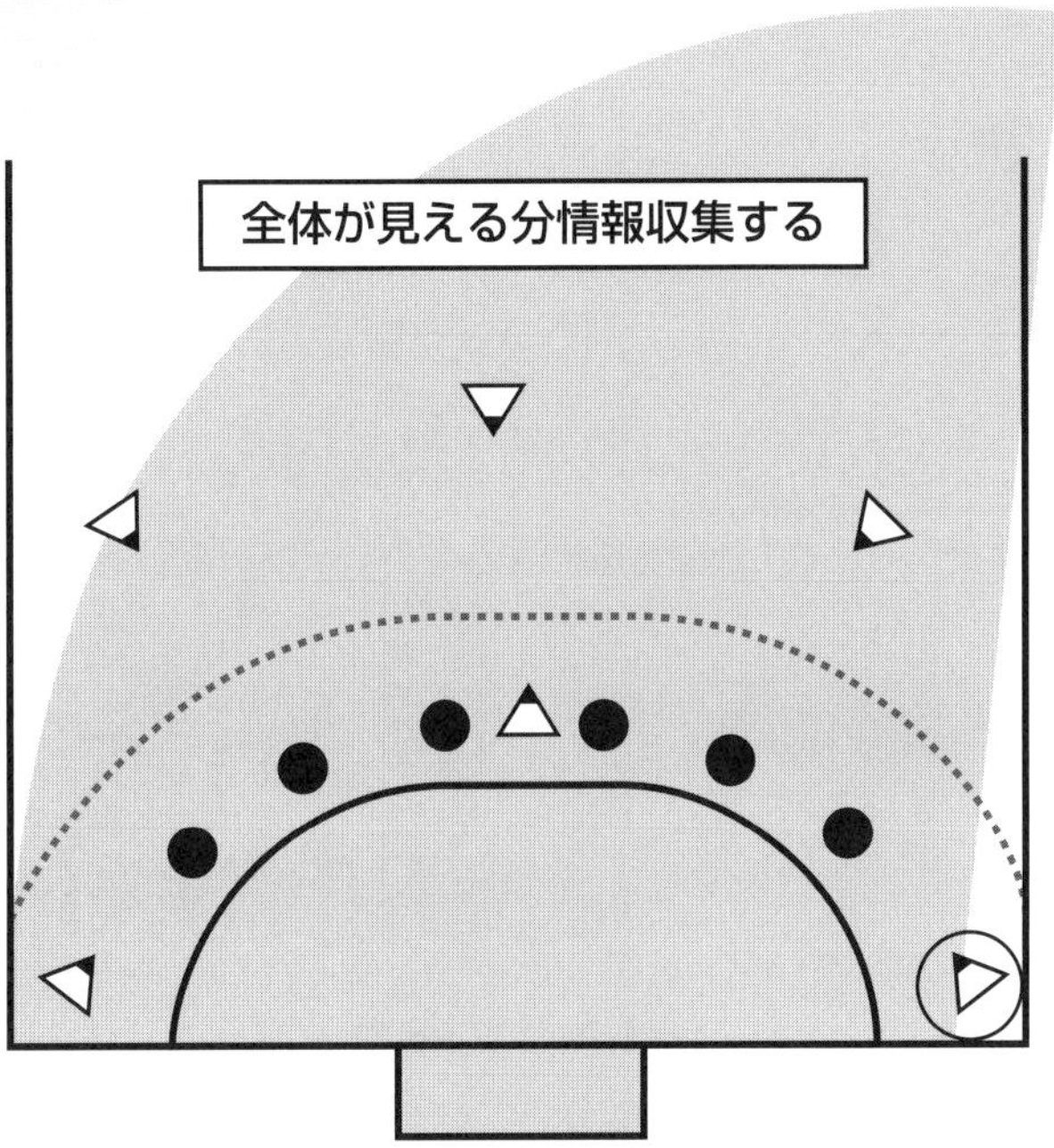

1 全体を把握する

サイドは基本的に『待ち』のポジションです。コートのアウターゴールライン（エンドライン）近くに位置し、バックプレーヤーのようにつねにボールに触れていることはありません。DFがずれて、パスを回してもらってこそ、出番がやってくるポジションなのです。

また、DFでもサイドを守る1枚目のDFは、中央のDFに比べ、出番は少なくフォローの役目が大きいかと思います（この章では、サイドを守る1枚目のDFについてもサイドプレーヤーとみなします。チーム事情によってOFでサイドの選手が、必ずしも1枚目を守るとは言えませんが、サイドプレーヤーのくくりとしてお話ししていきます）。

しかし、その分サイドは全体を見ることができます。パスを回してもらった時こそ、サイドが活躍するチャンスですが、それを待っている間は全体を観察することが重要です。DFが前に出ているのか。どんなシステムなのか。2枚目が積極的にコンタクトしてくるのか、それともサイドDFがしつこいのか。そういった情報をつねに収集する必要があります。

OFだけでなく、1枚目のDFの人もそうです。中央を守るDFに比べ身体接触が少ない分、周りを把握して自分のマークだけでなく、バックプレーヤーやポストがどのような動きをしているのかを気にしておかなければなりません。

両バックの選手がDFを広げよ

うとサイドラインの近くに位置を取っているのか、それとも中央を突破しようと狙っているのか。それをとなりの2枚目に伝えてあげるのです。そういった情報があるだけで、ほかのプレーヤーは数段プレーしやすくなります。

　また、全体が見えている分フォローすることも忘れずに。2枚目が引いたDFをしていたら自分がけん制をかけたり、2枚目がポストの動きを気にしていたらバックプレーヤーがクロスしたり、視野外から攻めてきたら声をかけてあげましょう。守る時には相手のこうしたプレーもしっかり阻止できるぐらい、全体が把握できているからこそ、スティールを狙うことも可能です。

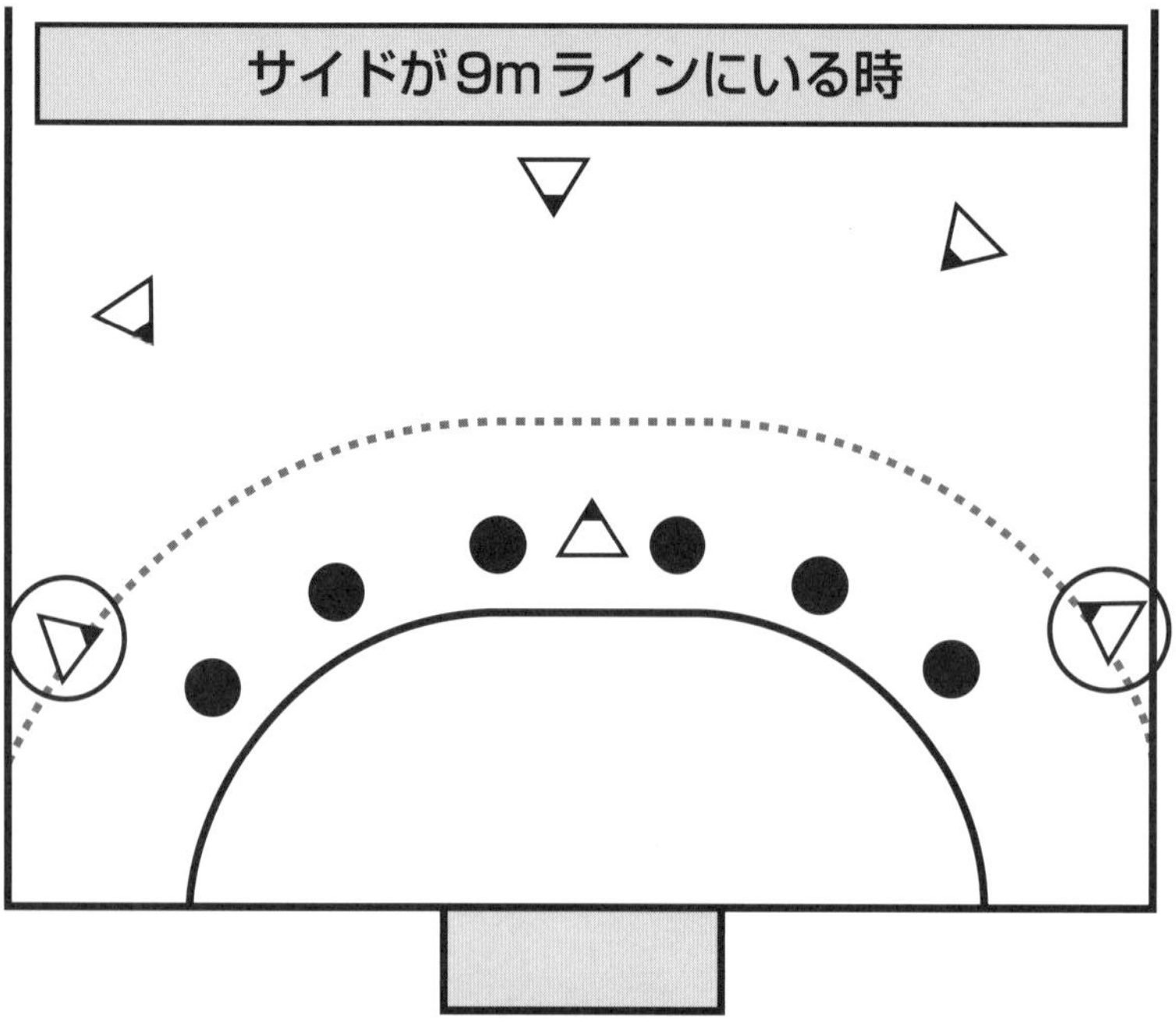
サイドが9mラインにいる時

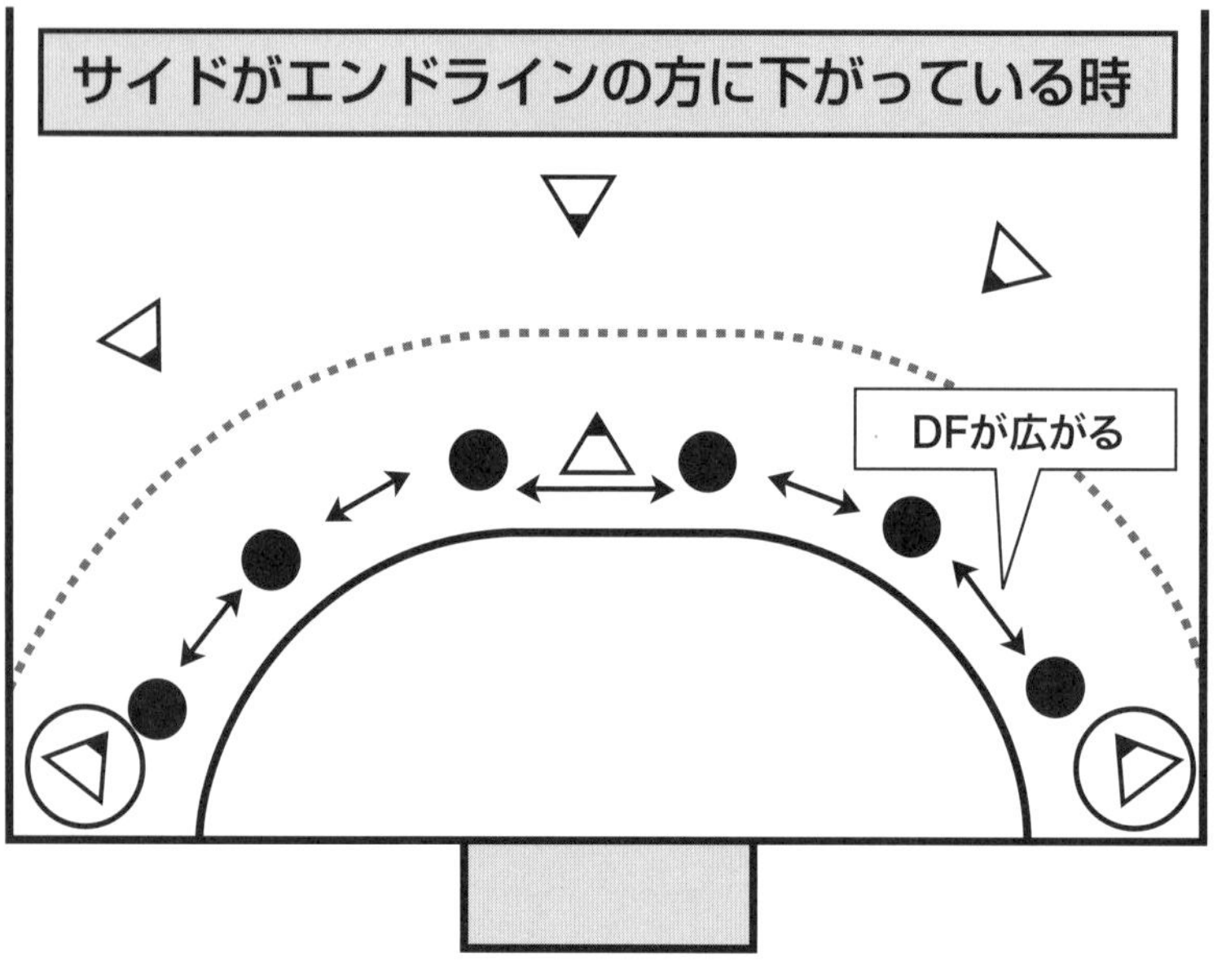
サイドがエンドラインの方に下がっている時
DFが広がる

2 DFを広げる

サイドの大きな役割としてDFを広げる役目があります。

　サイドのポジショニングによってDFの広がり具合は変わってきます。できるだけアウターゴールラインの方に下がっていれば、対するDFは自然と警戒し、となりのDFとの間は広くなるはずです。

　すると、それをカバーしようとして全体の間があいていきます。DFの間が広くなれば、チーム全体として攻めやすくなります。

　しかし、ここで重要なのは、そのサイドがDFにとって警戒すべき存在かどうかです。

　サイドにボールが回っても、すぐにパスを返すだけだったり、シュートにいってもなかなか決まらない選手だったら、DFもそこまで警戒する必要がないはずです。

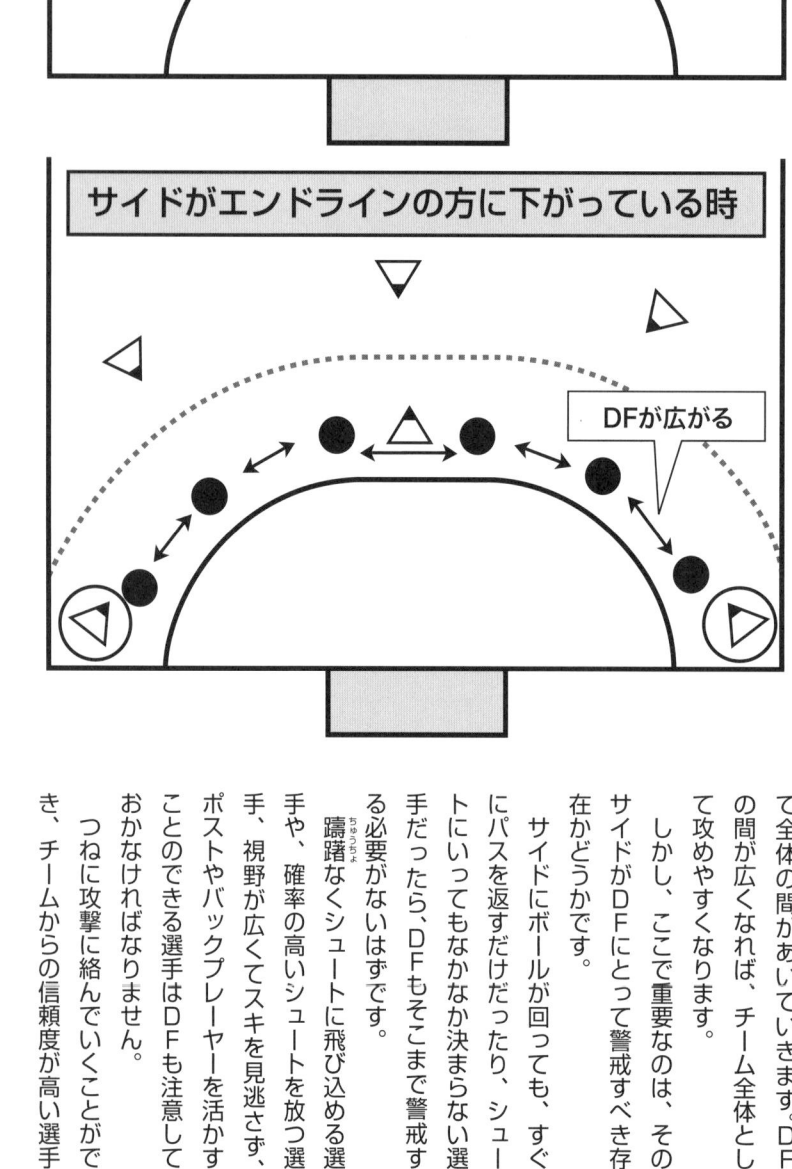

　躊躇《ちゅうちょ》なくシュートに飛び込める選手や、確率の高いシュートを放つ選手、視野が広くてスキを見逃さず、ポストやバックプレーヤーを活かすことのできる選手はDFも注意しておかなければなりません。

　つねに攻撃に絡んでいくことができ、チームからの信頼度が高い選手だからこそ、DFの注意を引き、結果、仲間が攻めやすい状況を作り出すことができるのです。

3 確率の高いシュートを放つ

信頼されるサイドプレーヤーになるためには、シュート決定率を上げることがカギとなります。

バックプレーヤーが苦しくなって、最後の頼みで回したパスをシュート、そして、得点につなげることができればチームの負担はぐっと小さくなります。

ただ、ほかのポジションに比べ角度のないところからゴールを狙わなければならないので、サイドシュートにはテクニックが必要です。サイドシュートのコツについてはおってお話ししていきますが、巡ってきたチャンスをしっかりものにして得点を奪えることがチームの大きな強みとなり、さらに、そのサイドプレーヤーにとっては活躍の機会を増やすことにつながるでしょう。

吉留有紀（北國ハニービー石川）

4 速攻に出る

1枚目のDFに入った選手は、自分のマーク以外の選手がシュートを打つと判断したら、いち早くスタートを切って速攻の準備をします。だれよりも速い飛び出しで速攻に出て走ることで、確率のあがるノーマークシュートに持ち込めば、③でもお話ししたシュートの決定率を高めることにもつながります。

サイドシュートを決めることはもちろんですが、こういった絶好のチャンスを作り出すこともサイドの役目。DFではバックプレーヤーがボールを持つ時間が長かったり、ポストに注意がいき、どうしても中央に近い選手に負担がかかります。その分サイドが素早く飛び出し、DFが戻り切る前にスピードのある展開に持ち込めれば、高確率で得点することができます。

以上の4つが、サイドプレーヤーの大きな役割と言えます。このように見返してみると、なかなかパスが回ってこず、動く場面が少なくても、やるべきことはたくさんあります。これらのことを念頭におきながら、それぞれの役割で必要となる技術や注意すべき点などをお話ししていきます。

中田航太（トヨタ紡織九州レッドトルネードSAGA）

サイドとは…『待ち』のポジション
＊パスを回してもらってこそ活きる

サイドの役割	①全体を把握	②ＤＦを広げる
	③確率の高いシュートを放つ	④速攻に出る

サイドプレーヤーに必要なこと

サイドの役割を果たすために必要な能力にはどういったものがあるのでしょうか。それを明確にすることで、トレーニングもしやすくなるはずです。ここでは私たちが考えるサイドに必要な技能についてお話ししていきます。

1 気持ちの強さ

負けない気持ちを持つということはサイドにとってとても重要になります。

初めにお話ししたように、サイドは『待ち』のポジション。パスが回ってくるまでは我慢し続けなければなりません。コンスタントにボールに触れることのできないポジションですし、同じところを行き来していることが続くと自分のリズムに乗ることも難しくなります。さらに、なかなかパスを回してくれない、自分もシュートに飛び込めないとどうしても気持ちは盛り下がっていってしまいます。

また、チームが苦しくなった時に最後に回されたパスを受け、フィニッシュを任されることは大きなプレッシャーとなります。ただでさえサイドシュートは角度のないシュート。DFのスキをついて飛び込んだあとも、GKが立ちはだかっていて、見えている空いたスペースはごくわずかです。それでも、そこをめがけてシュートをねじ込まなくてはなりません。それは簡単なことではないだけに、「シュートを決めないと」と自分で自分を追い込んでしまいがちです。弱気は相手にも見破られてしまいますし、シュートにも表れてしまいます。

普段から「3本決めるまでは終わらない」といったような状況を設定してシュート練習をすることで、ここぞという時に「シュートを決めるぞ」と強気で立ち向かえる心を鍛えておきましょう。

さらに、ハンドボールはほかのポジションとの連携の中で成り立っています。シュートが入らなかったり、攻め切れなかった時も全員でフォローし合うのがハンドボール。ですから、もしシュートを外してしまっても、そこでショックを受けてDFに戻り遅れるのではなく、いの一番に戻って「次、がんばるぞ」と気持ちを切り替えることも大事になってい

服部沙紀
（ソニーセミコンダクタマニュファクチャリング ブルーサクヤ鹿児島）

サイド
ボール
自分とは逆側でボールが展開されていてもしっかり観察しよう

きます。

2 広い視野を持つ

サイドプレーヤーの役割で、「全体を把握する」というお話をしましたが、そういった点でも役に立つのが視野の広さ。自分に近いところだけでなく、離れたところでなにが起きているのかきちんと理解しておくと、仲間や自分のチャンスに気づくことができます。

自分とは逆のサイドで起きていることから関係ないということはなく、むしろ、その時、自分のマークが甘くなっていたら飛ばしパスを回してもらうことができるかもしれません。つねに、いろいろなところに意識を向けて、視野を広く保てるように意識してみましょう。

3 走力

速攻でも重要な役割を担うことが多いのがサイドプレーヤー。速攻は小柄な選手でも大型選手に立ち向かえるチャンスです。

スピードを活かしたプレーに持ち込んで、DFが整う前に攻め込めれば自分の体勢を崩すことなくシュートに持っていけます。

即座に飛び出して相手コートまで走り切った際に、たとえDFがついてきたとしても、それは『DFを広げる』ことにつながります。にもかかわらず、途中で力尽きてしまっては、DFが戻り切ってしまい、せっかく練習して身につけたシュートやDFに切れ込む力も発揮できません。だからこそ、走れることはサイドプレーヤーにとって欠かせない能力だと言えます。

4 手首の柔軟さ

どのポジションでもそうですが、手首を鍛えて損をすることはないと思います。シュートを放つ時、手首が柔らかいと、よりスナップが利き変幻自在なシュートを生み出すことができます。お風呂の中で手首を使って水かきをしてみたり、チューブを使ってトレーニングするのもいいでしょう。

とくにケガなどがなければ、普通は180°ほど手首は可動します**【写真1】**。トレーニング次第でもっと柔

手首の柔軟さ

通常は前方に90°、
後方に90°いけばいい
【写真1】

指が腕につきそうなほど
柔らかく
【写真2】

手首のストレッチ

逆手で手をつく
【写真3】

ヒジを曲げる
【写真4】

軟にすることもできます**【写真2】**。**【写真3】**のようにヒザをついて、逆手にして床に手をつき、そこから**【写真4】**のようにヒジを曲げるというものです。

道具も必要なく、簡単なものですが、手首が硬いとなかなかヒジが曲がりません。毎日少しずつ取り組んでみることで、手首の柔軟性につながっていきますので試してみてください。

5 多彩なシュート

これはその人の特性によっても違ってきますが、自分の持ち味を見つけて自分に合ったシュートを見つけることが大事です。かつ、さまざまなシュートにチャレンジしてシュートのバリエーションを増やすと選択肢が広がり、どんな状況にも対応できます。

6 オールマイティーな選手をめざす

海外でも最近はリイドのスター選手が多く出てきました。それはプロフェッショナルなサイドというわけではなくオールマイティーなサイドが増えたためではないかと考えます。

　ダブルポストに入ってポストの働きをしたり、切り上がって（回り込んで）ミドルを放ったり、1対1を仕掛けたりと、『待ち』のポジションだからといってただ待っているだけではなく、自分から仕掛けていくことが、自らの可能性も広げていくはずです。

　もちろんサイドとしての役割をまずはきちんと理解してから、いろいろなことにチャレンジしてみてください。

元・ドイツ代表キャプテンのゲンスハイマーはオールマイティな動きを見せるサイドプレーヤー

　そして、ほかのポジションでプレーする機会があれば、ぜひやってみましょう。そうすることで、各ポジション特有の攻め方や守り方が見えてきます。バックプレーヤーやポストの位置からの見え方を知ることができれば、パスの出し方や走り方、また、走り込んだり飛び込んだりするタイミングも合わせやすくなることでしょう。

　そういったメリットも含めて、サイドでじっと待ち続けるだけでなく、さまざまなことに挑戦してみてください。

サイドプレーヤーに必要な技能	
強い心	広い視野
走　力	柔軟な手首
多彩なシュート	オールマイティーであること

自分の目線とボールの位置の違いを知ろう

サイドシュートは角度のないところから飛び込んでシュートを打たなければなりません。そのため、飛び込んだ時にGKがきちんと位置取りをしていると、ゴールの空いているところがごくわずかで、「どこにシュートを打ったらいいんだろう」と迷ってしまうことも多くあります。

しかし、自分の目線からボールを持った腕を遠くにやることで、大きなスペースが生まれてきます。

【写真5、6】のようにリリースポイントからゴールをのぞいてみると自分が見ているゴールよりも位置がずれ、打てるところが多くなっていることがわかります。ここでは、目線とボールの位置の違いについて理解しましょう。この違いを知ることでぐっとチャンスをものにできる確率が上がるはずです。

シューターの目線とボールの位置の違い

実際はスペースがある
ボール目線

ゴールに空いているところがないように見える
シューター目線

【写真5】

GKの目線とボールの位置の違い

【写真6】

投げ方のトレーニング

ここではサイドシューターの投げ方のトレーニングについてお話しします。まずは基本の投げ方を徹底的に練習して、実際のシュートに入っていきましょう。

私が紹介するトレーニングは、的を決めてひたすらそこを狙う練習です。最初は6mラインより内側に入ってゴールと近い距離からやってみるといいでしょう。ちょうど45度のところから遠めのゴールバーの真ん中を狙います。しっかりと手首を外から中に入れるようなイメージで動かしながら同じ場所を狙います。

手首のスナップが効いていないとシュートは入らないので、きちんと意識しましょう。地味な練習ですが、この練習を繰り返していくことで、サイドシュートのコツをつかめますので続けてみてください。

Points!!

手首を使って外から中にボールを押し込むようにしましょう。

スマホからアクセス！

「基本の投げ方のトレーニング」の動画をQRコードから見てみよう!!

【写真7】基本の投球トレーニング

実際のサイドシュートをイメージできる投げ方のトレーニングを紹介します。

【写真8】のように、投げる人はエンドラインに立ち、ゴールの前にGKを立たせた状態（アウターゴールラインの外）でゴールを狙います。

自分の目線とボールの目線(位置)の違いを意識でき、角度のない位置での対GKの感覚もイメージしやすい練習です。

しっかりと身体をひねることも意識して、ボールをゴールインさせることをめざします。

上半身をひねる感覚をつかむために、**【写真9】**のように、長座の姿勢からゴールにボールを投げ込む練習もあります。立った状態からのトレーニングに慣れたら、ぜひ取り入れてみてください。

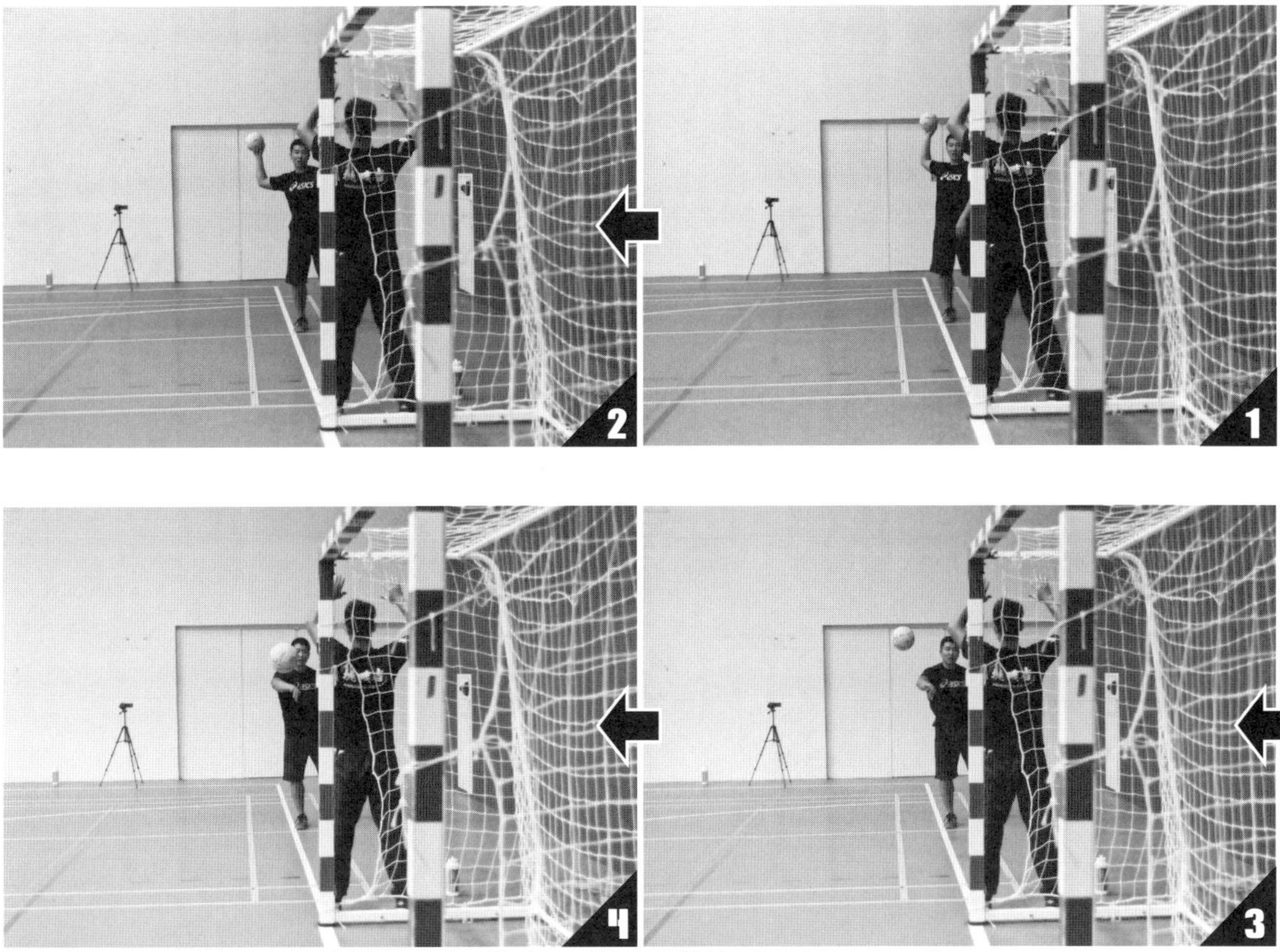

【写真8】自分の目線とボールの目線（位置）の違いがわかり、対GKの感覚もつかめるトレーニング

Points!!

上体が倒れるクセがつくとGKにコースを読まれやすくなるので、上体をできるだけまっすぐに保つようにしましょう。

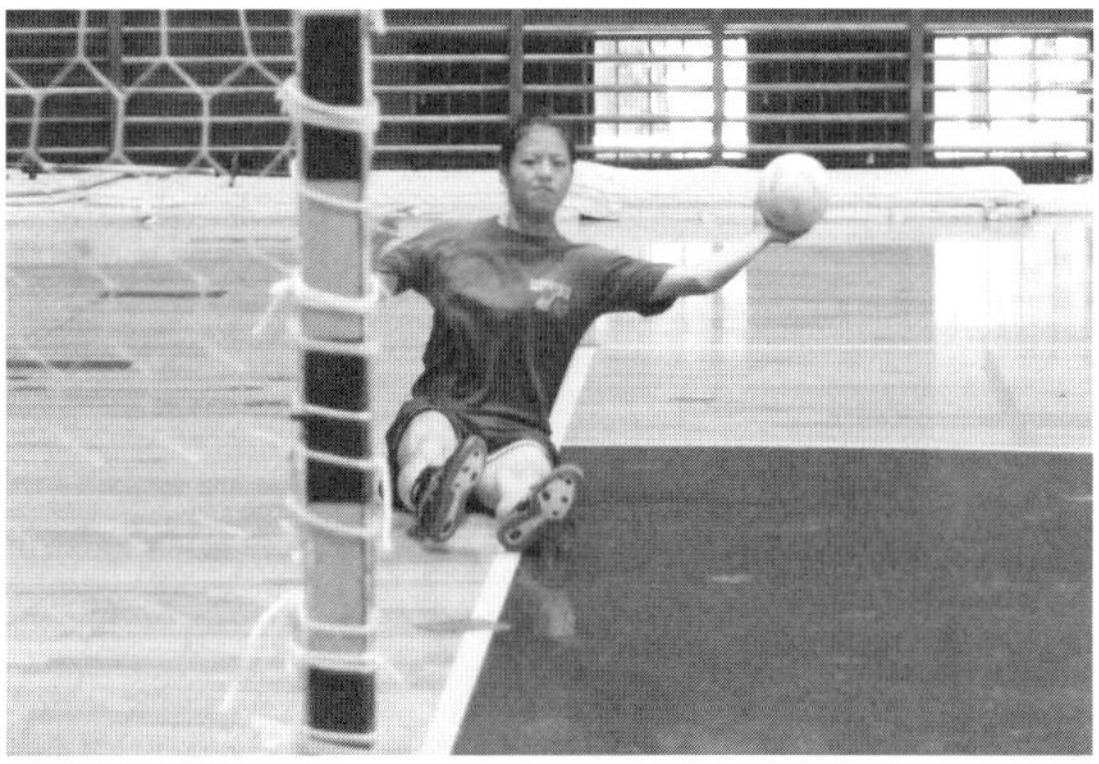

【写真9】上半身をひねる感覚をつかむためのトレーニング

自らボールをもらいにいく

前述したようにサイドプレーヤーは『待ち』のポジションですが、チャンスがあればただ待つだけでなく、相手DFを揺さぶったりノーマークを作り出すためにも積極的にボールをもらいにいきましょう。

とくに自分と逆側のサイドからバックプレーヤーにパスが出た時がボールをもらいにいくチャンス。逆側のバックプレーヤーと対角の位置にいるサイドは視界に入りやすく、パスをもらいやすくなるからです。

パスのもらい方は、まだボールを持つ前で、歩数を何歩使ってもいいのでいくつもありますが、ここでは5パターンを紹介します【写真10〜14】。身体をくるりと1回転させたり、自分の肩を入れてDFを抜いたりと、やってみながら自分独自のものを探してみてください。

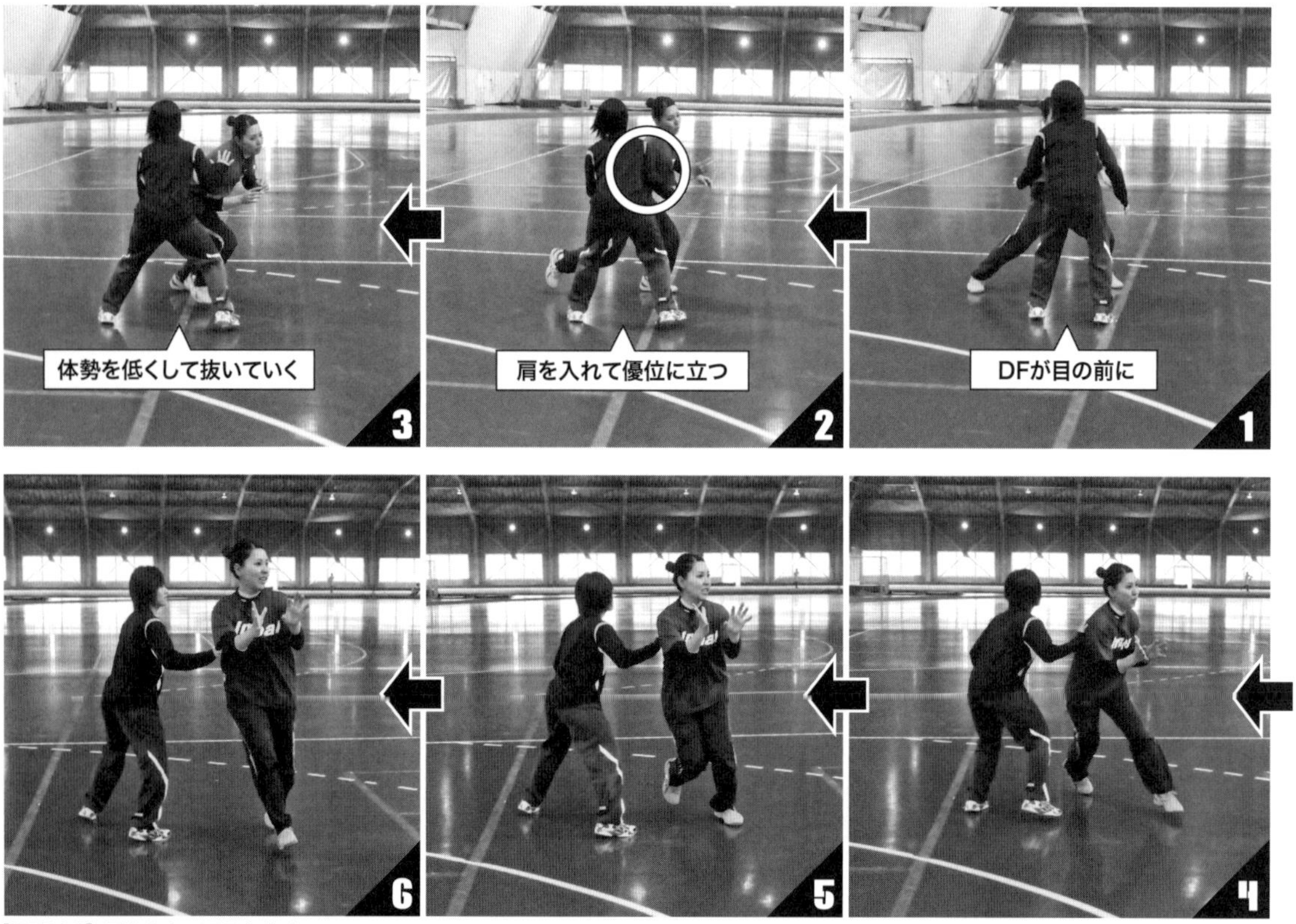
DFが目の前に
1
肩を入れて優位に立つ
2
体勢を低くして抜いていく
3
4
5
6

【写真10】肩を入れてDFを抜く

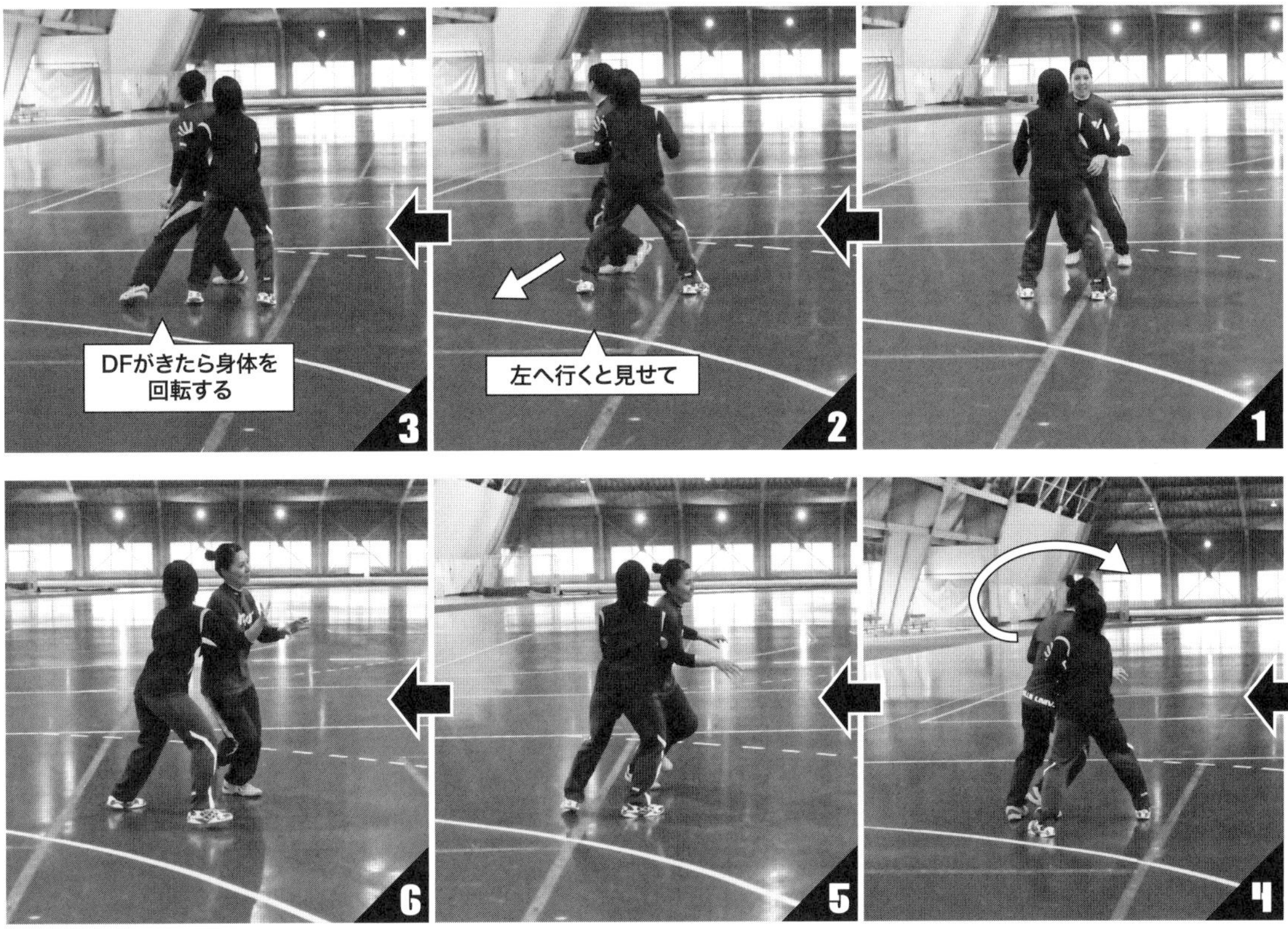

【写真11】身体を回転させてDFを抜く①

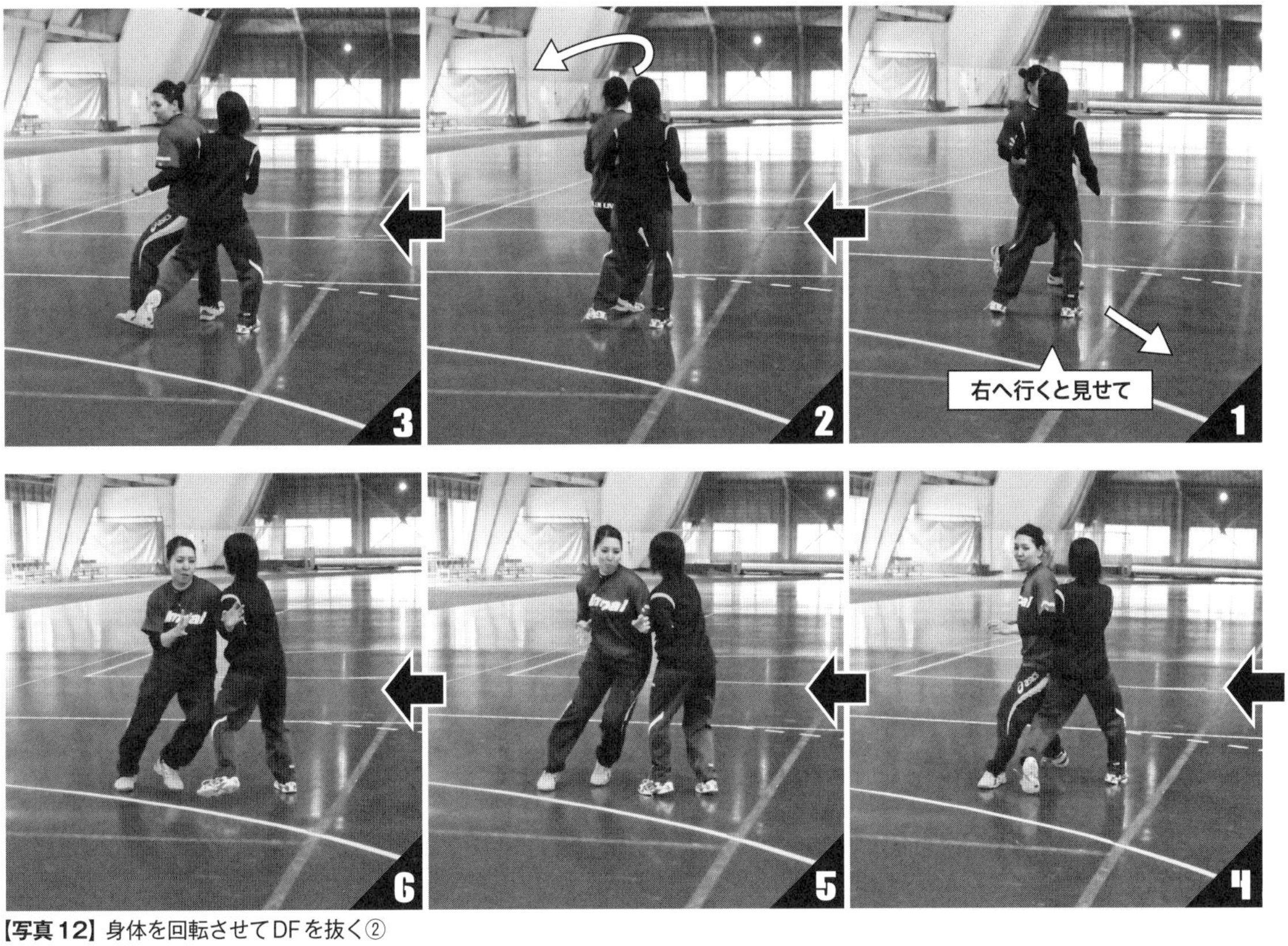

【写真12】身体を回転させてDFを抜く②

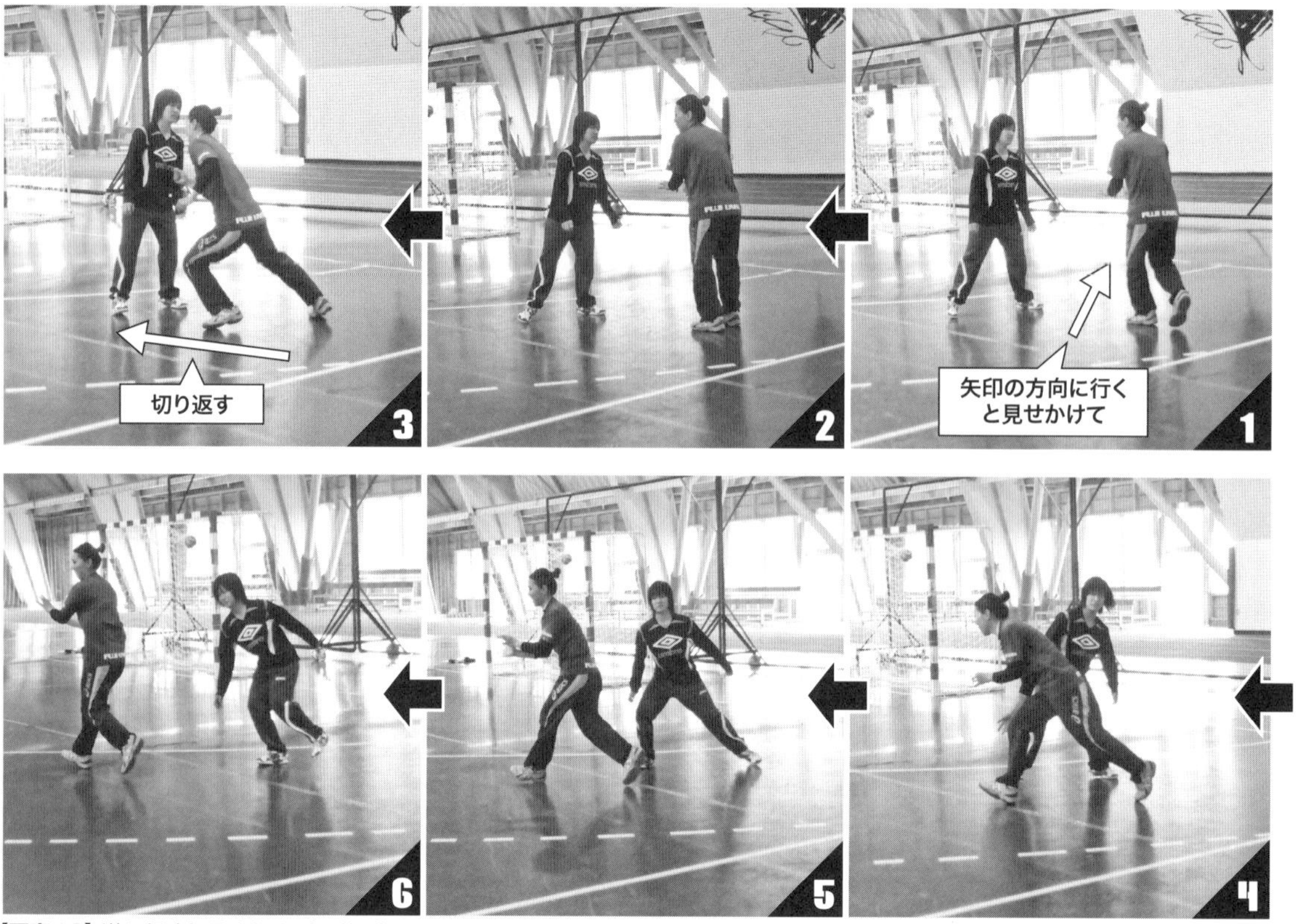
矢印の方向に行く
と見せかけて
切り返す
1
2
3
4
5
6
【写真13】 逆に行くと見せかけて切り返す

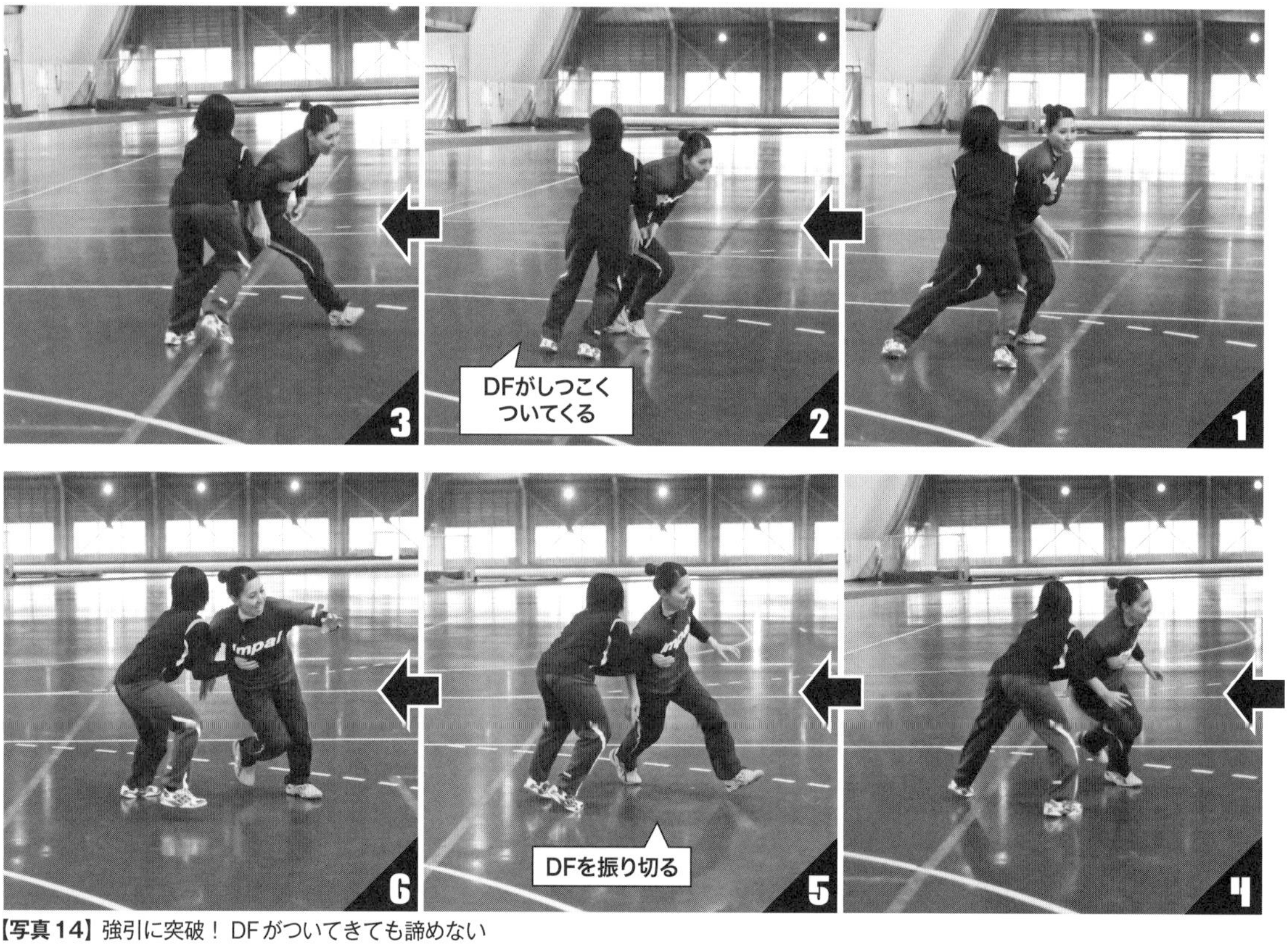
DFがしつこく
ついてくる
DFを振り切る
1
2
3
4
5
6
【写真14】 強引に突破！ DFがついてきても諦めない

こんなパスがほしい!

なかなかめぐってこないサイドシュートのチャンス。ほかのポジションとタイミングを合わせて、できるだけいい状態でパスをもらいシュートにいきたいものです。

基本的に、バックプレーヤーはシュートのチャンスを残せるオーバーハンドパスを使ったり、DFを引きつけて即座に出すラテラルパスを使うことが多いと思います。

ただ、サイドと充分な距離がとれ、サイドからDFのマークが外れている時は、バウンドパスもサイドとしてはタイミングを合わせやすくシュートに行きやすいパスと言えます。バックプレーヤーとの連携が大事です。もちろんどんなパスにも飛び込んでいければいいですが、「DFが寄る前の早いパスがほしい」など、普段の練習から要望を伝えて、お互いの信頼関係を高めておきましょう。

オーバーハンドパス

ラテラルパス

バウンドパス

可能性を信じて能力を伸ばそう

1試合をとおしてみるとどうしてもサイドの得点は少ないものになるかもしれません。しかし、サイドが活躍できるチームはチーム全体の負担を減らすことができます。

『待ち』のポジションであるために、ほかのポジションがDFをずらして、チャンスが生まれるまでじっと耐えなければなりません。そして、いざチャンスが回ってきた時にはチームみんなの「最後を頼んだ」という思いを感じながら、角度のない難しいシュートを決める必要があります。一番プレッシャーを感じるポジションでもあるかもしれません。

ここまで見てきたように、確率のいいシュートを決めることができれば、チームからの信頼度は高くなります。シュートだけでなく、DFを引きつけてDFの間を広くしたり、速攻に一番最初に飛び出したりと役割はたくさんあります。

全体を把握して、となりの選手やチーム全体に情報を提供することも重要な役割の1つ。ボールに触れる時間が少なくても、いかに試合中に多くの仕事ができるかはあなた次第です。

自分に合ったプレースタイルを見つけよう

中高生のみなさんの中には、小柄な体格だったり、豪快なシュートが打てずに、サイドを任されているという人もいるかもしれません。チャンスが少ない、同じポジションを行き来すればいいということばかりを考えるのではなく、自分に合った動きをマスターして能力を高めていくことが必要です。

走るのがそれほど速くなくても、速攻で相手に走り勝つために、いかに早くスタートを切るか考えたり、逆に人よりも身体能力にたけていたら、さまざまなシュートにチャレンジしたり、自分に合わせたプレーを選択していければ、活躍の幅を広げていけることでしょう。

実際に、サイドプレーヤーは走れたり、狭いところから飛び込んでシュートが打てたりと、さまざまな技能が必要なポジションです。

得点力のあるエースがいると、中高生チームはエース中心の戦術になり、サイドプレーヤーは速攻に走るのみと役割を限定してしまいがちですが、それぞれの選手の特徴を活かしながら、サイドプレーヤーの役割が多くなっていけばチーム力もアップするはずです。

杉岡尚樹（トヨタ車体ブレイヴキングス刈谷）はリーグでも屈指の得点力を誇るサイドプレーヤー

サイドシュートの決定率を上げてチームに貢献しよう

次に、「サイドプレーヤーの役割」の1つ、「確率の高いシュートを放つ」というところに注目し、サイドシュートについてお話ししていきます。

サイドプレーヤーには、ほかのプレーヤーがしっかりとDFをずらしたあとにチャンスが訪れます。DFがきちんとずれて広いスペースでシュートできる時と、ほかのプレーヤーがなかなか攻め切れず苦しい時にパスが出され、狭い角度からシュートを放たなければいけない状況があります。

どちらにしても、最後のシュートを任されたわけですから、しっかりと決め切って、チームから信頼を得られるサイドプレーヤーをめざしましょう。

DFを広げる役目も忘れずに

シュートが決まらなければ、パスが回ってくる回数も少なくなり、相手のDFからもマークされなかったり、あのサイドプレーヤーはシュートを打っても決まらないからと、「打たされる」状況を作られてしまいます。そうすると、DFはサイドへの警戒を緩め、中央へのマークを厚くしていきます。それでは、サイドプレーヤーの役割で重要になる「DFを広げる」という役目も果たせなくなってしまいます。

DFが中央に寄って間が狭くなると、バックプレーヤーやポストは攻めづらくなります。チームにとって、シュート決定率の高いサイドプレーヤーはとても心強い存在なのです。

また、積極的にシュートを狙いにいく姿勢も重要です。とくにサイドプレーヤーになったばかりの人は、角度がない位置からシュートに飛び込む勇気が出なかったり、タイミングを迷うことも多いかと思います。積極的にゴールを狙う姿勢を見せるだけでも、DFにとっては大きなプレッシャーとなります。

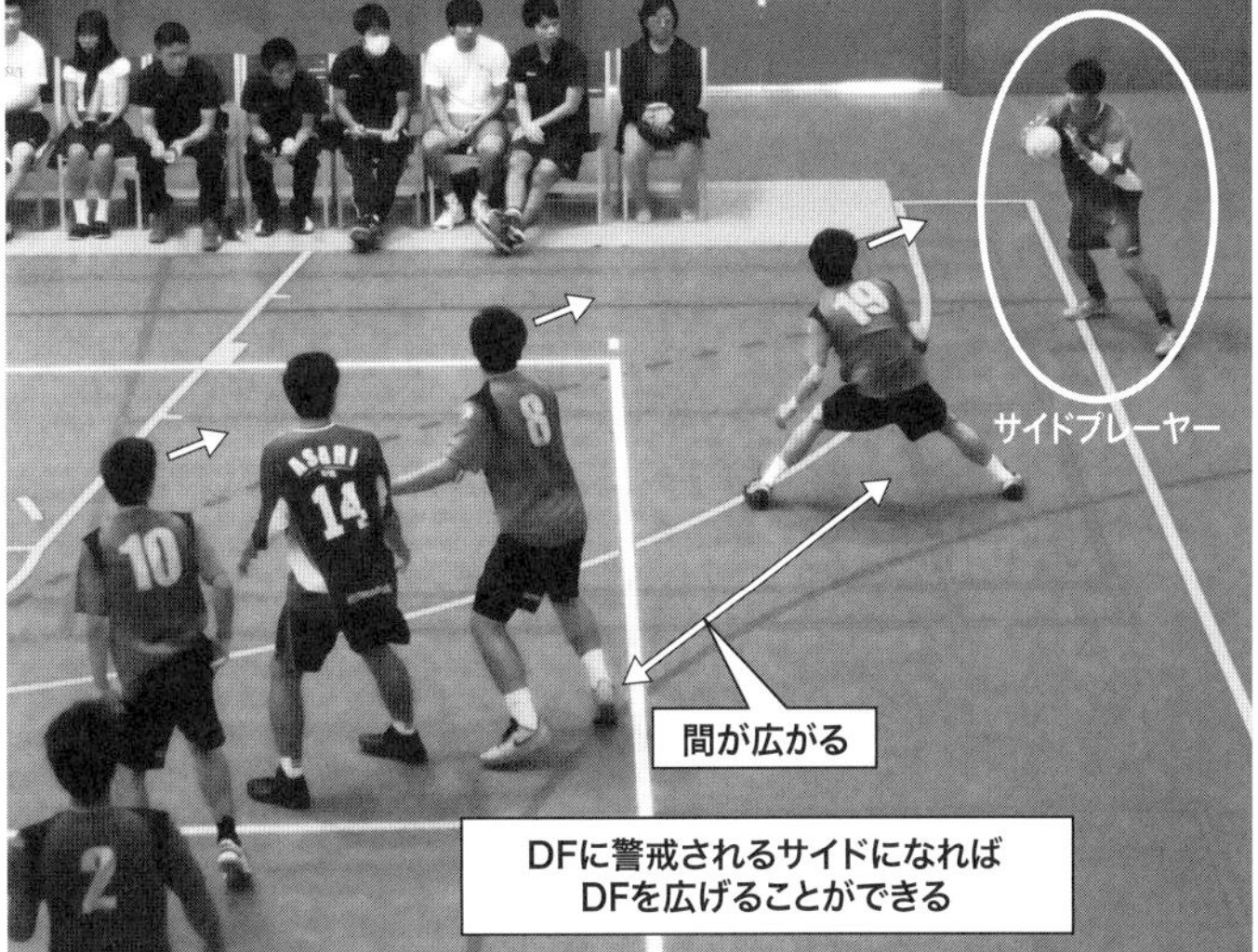
サイドプレーヤー
間が広がる
DFに警戒されるサイドになれば
DFを広げることができる

ただパスをもらって返すだけの時でも、しっかりと前を見てシュートを狙ったり、実際にシュートに行く時は、躊躇《ちゅうちょ》なく飛び込んでいきましょう。

シュートを打つ時のポイント

また、シュートを放つ時にはしっかりとGKを観察することが必要です。できるだけ高くジャンプをし、空中でためながら着地ギリギリまで、GKがどのような動きをするか見極めたり、最高打点に達する前にクイックシュートを放ったり、高いところを狙ってGKの意識を上に向けさせて下を打ったり、逆に下を狙いながら上を打ったりと、さまざまシュートを打ち分けてみましょう。

サイドシュートを打つことに慣れてきたらGKの動きを見極めるだけでなく、自分でGKを動かすことにも挑戦していきましょう。自分の打ちたいところに打つために、腕の位置や視線、身体の向きなどでGKを惑わし、先に動かすことができれば、自分が決めたところに打つこともできます。

GKの動きを観察をしながらシュートコースを見極めたり、GKのタイミングを狂わせたりと工夫をすることも大切ですが、GKを意識しすぎてシュートフォームを崩してはいいシュートを打つことはできません。正しいシュートフォームを維持することを忘れないようにしましょう。

身体が倒れていたり、ボールを持った腕が下がっていたりするとシュートを打てる範囲が狭まり、GKにコースを読まれやすくなります。そのため、きちんとした体勢を維持する必要があります【写真15】。

また、腕だけでシュートを打つのではなく、身体をひねるということも重要になります。

ボールを持っていない方の肩をGKに向けて、ボールを持っている方の腕をしっかり引いて打点を高くします。そこから、しっかりと腰をひねることでボールにも勢いがつきますし、ボールを持っている腕がGKからすると一瞬見えなくなるので、どこにシュートを打ってくるのか、判断することが難しくなります【写真16】。

最初から身体を開いた状態で飛び込むのではなく、身体のひねりを利用することで、よりよいシュートにつながるはずです。

打点を高くしどこにでも打てるよう準備する
身体を倒さずまっすぐに
【写真15】理想のシュートフォーム

しっかりと腕を引くことで、GKから腕が一瞬見えなくなりシュートコースを読みづらくする
1
2
しっかりと腰をひねる
3
最後は手首を使ってシュート
4
【写真16】

サイドシュートの腕の上げ方

まずはシュート体勢に入るまでの動作を確認してみましょう。

シュートに行く時は、どうしても腕をうしろに引いてぐるりと腕を高く上げたくなってしまうと思います【写真17】。しかし、そうするとシュート体勢に入るまでに時間がかかってしまい、さらに飛び込む時にDFに引っかかりやすくなってしまいます。角度のないところから飛び込む時、DFに接触されるといい体勢を維持することが難しく、シュートが打ちづらくなってしまいます。

速いスピード、かつコンパクトな動作でシュート体勢に入るためにも、腕はボールを持った位置から、【写真18】のようにまっすぐ高く腕を上げるイメージを持ってみましょう。

×
腕の上げ方　悪い例
ひっかかりやすくなる
1
2
3
4
5

【写真17】

○
腕の上げ方　いい例
1
2
3
4
5

【写真18】

最も重要な「飛び込み」

サイドシュートで最も重要になるのが、飛び込みです。速く、うまく飛び込むことができれば、GKからずれた位置を取れたり、DFに触れられずに自分の体勢を維持して、シュートを打ちやすくすることができます。

　まだハンドボールを始めたばかりの人や、サイドプレーヤーの経験が浅い人は、角度のないところに飛び込んでいくことに恐怖を感じたり、DFが寄ってくるタイミング、バックプレーヤーからパスをもらうタイミングがわからないことがあります。

　速く飛び込むためには、まず歩数を少なくしましょう。0歩や1歩で飛び込むことが理想です。また跳ぶ時の基本としては7mTラインをめがけて跳ぶようなイメージをしましょう。【写真19】のように、まずは自分がここまで飛びたいというところに印をつけて練習してみましょう。

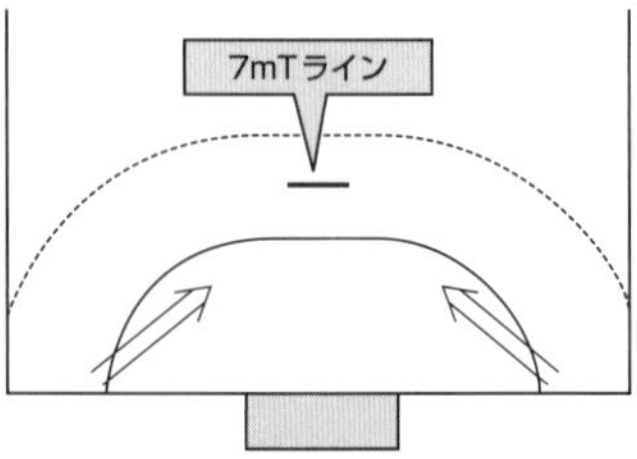
7mTライン

基本の飛び込みの練習

準備
ラインテープなどで
跳びたい位置に目印をつける
1
2
3
4
5
印をつけたところに
着地することをめざす

【写真19】

DFの裏に走り込んで跳ぶことでより幅を持つことができ、その間に角度を広げることができます。

【写真20】は真上に跳ぶ方法です。真上に飛ぶとGKとずれずに見える空いたスペースが少なく打ちにくいですが、高く跳べる選手や、GKとの駆け引きができるようになったら、こういった飛び込み方をしてみると変化をつけることができます。その分しっかりとGKと1対1の勝負が必要になります。

次は、GKに向かって跳ぶという方法です。

本来、経験の浅い選手はどうしても斜めに飛び込むよりも、まっすぐGKに向かって跳んでコースを限定しまいがちで、あまりいい飛び込み方とは言えません。しかし、ある程度シュートを打ち分けられるようになってきたら、わざと前に飛び込んで、GKを身構えさせ、動きが止まったスキをついてゴールを狙います【写真21】。

基本は、斜めにできるだけ遠くに跳ぶことを意識して、徐々にレベルアップしていきましょう。

真上に跳ぶ

1
2
3
4
5
真上に高く跳ぶ
6
高く跳んだことで上を狙いやすくしたり、滞空時間を利用してシュートを打ち分けよう

【写真20】

GKに向かって跳ぶ

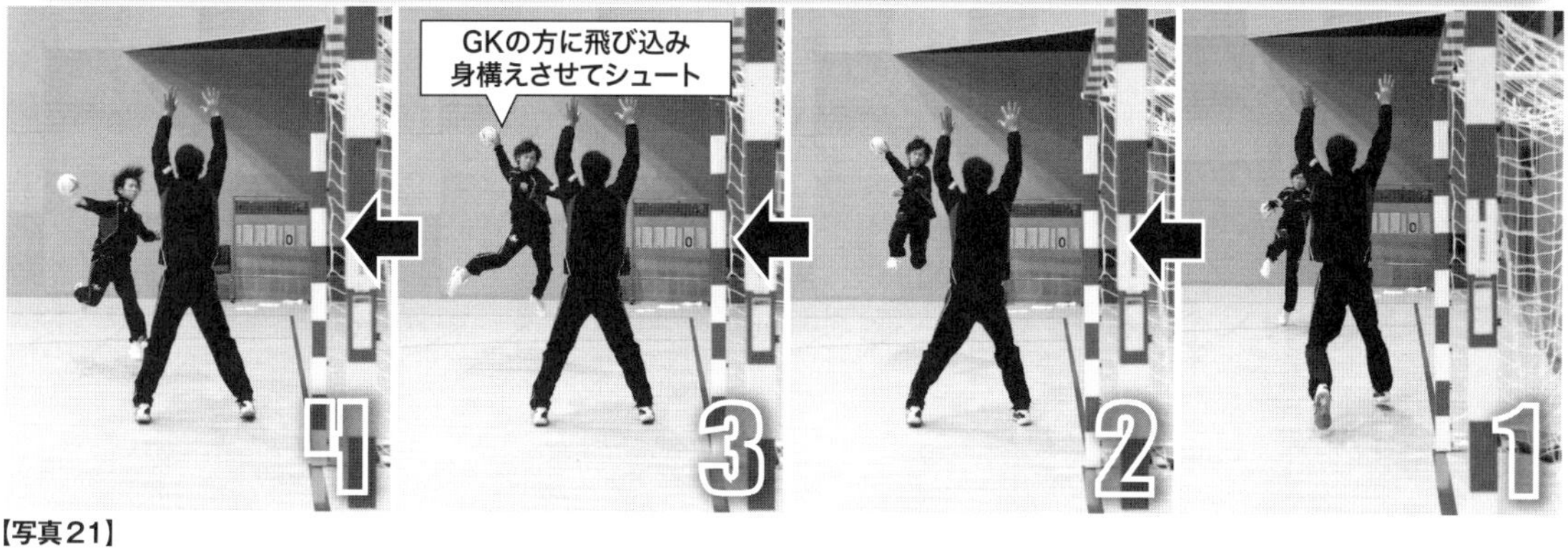
1
2
3
GKの方に飛び込み身構えさせてシュート
4

【写真21】

利き足と逆の足で踏み切る

角度のないところから飛び込むサイドシュートでは、いかにDFが寄ってくる前に飛び込むかが重要になります。

しかし、少ない歩数で、かつ自分の跳びやすい足でいつも踏み切れるとは限りません。ですから、逆足(右利きの選手ならば右足、左利きの選手なら左足)で踏み切る練習にも積極的に取り組みましょう。

無意識に1歩目を踏み出している足を、逆の足から入ることで、自然と踏み切る足もいつもと逆になります。踏み切っている足側でDFと接触するため、バランスを崩さずにシュートにいくことができ、エンドライン側からシュートにいくと、6mラインから遠い方の足で踏み切るため、ラインクロスを防ぐこともできます。

逆足で踏み切るシュート

1
2
3
4
ラインクロスしにくい

スマホからアクセス！

逆足で踏み切るシュートの動画をQRコードから見てみよう!!

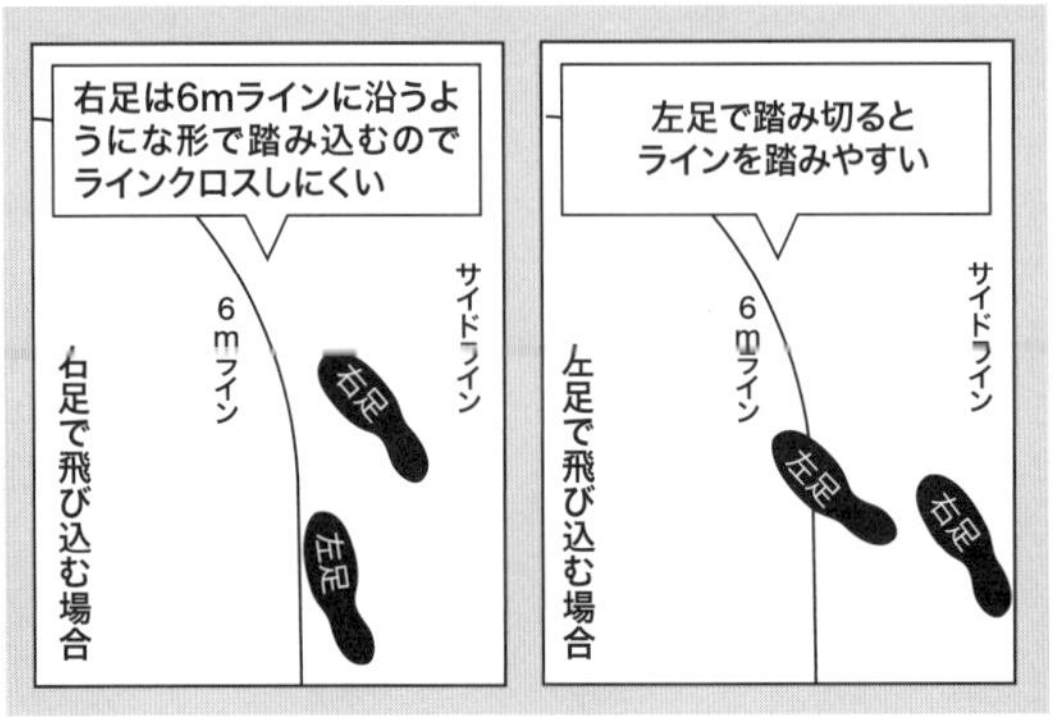
左足で踏み切るとラインを踏みやすい
左足で飛び込む場合
6mライン
サイドライン
左足
右足
右足は6mラインに沿うようにな形で踏み込むのでラインクロスしにくい
右足で飛び込む場合
6mライン
サイドライン
右足
左足

5

【写真22】

逆足で踏み切るとDFをかわしやすくなる

1
2
3
4

スマホからアクセス！

逆足で踏み切るシュートの動画をQRコードから見てみよう!!

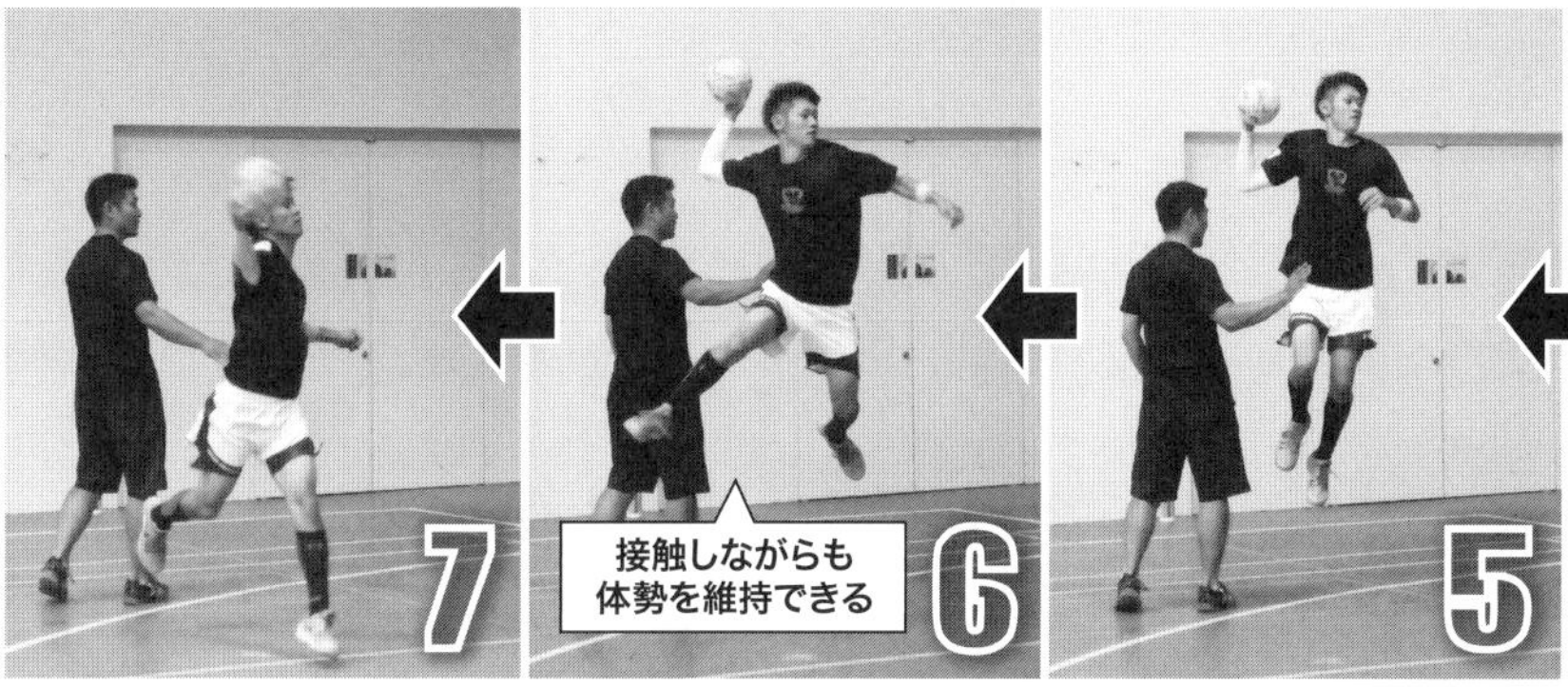
5
6
接触しながらも
体勢を維持できる
7

【写真23】

左足で踏み切るとDFに引っかかりやすくなる（右利きの場合）

1
2
3
ラインを踏みやすい
4
右足が邪魔でよける
動作が必要になる

スマホからアクセス！

左足で踏み切るシュートの動画をQRコードから見てみよう!!

5
6
7
体勢が崩れる

【写真24】

GKの脇横を抜くシュート

ここからは実際にさまざまなシュートを紹介していきます。

一番打ちやすく決まりやすいシュートとしては、しっかりと高く跳んで遠目の上を狙うシュートです。

しかし、そればかりではGKにコースを読まれてしまうので、発展したシュートも習得していきましょう。まずはGKの脇横を抜くシュートです。68、69ページの投げ方のトレーニングを思い出してみてください。遠目の中段を狙うイメージで投球練習をしましたが、このシュートでは同じような動きが必要になります。

飛び込む時にはしっかりとジャンプして、打点を高くし、GKの腕を上げさせることが重要です。

GKは脇横のシュートを取ろうすると手と足を近づけようとして、身体を「く」の字に曲げなければならず、ボールが通りやすくなります。GKの動きをしっかりと見極め、遠めの中段を狙うイメージで、GKの脇横をとおしましょう。GKの身体により近いところをとおすことができれば、GKにとって取りにくいシュートになります。

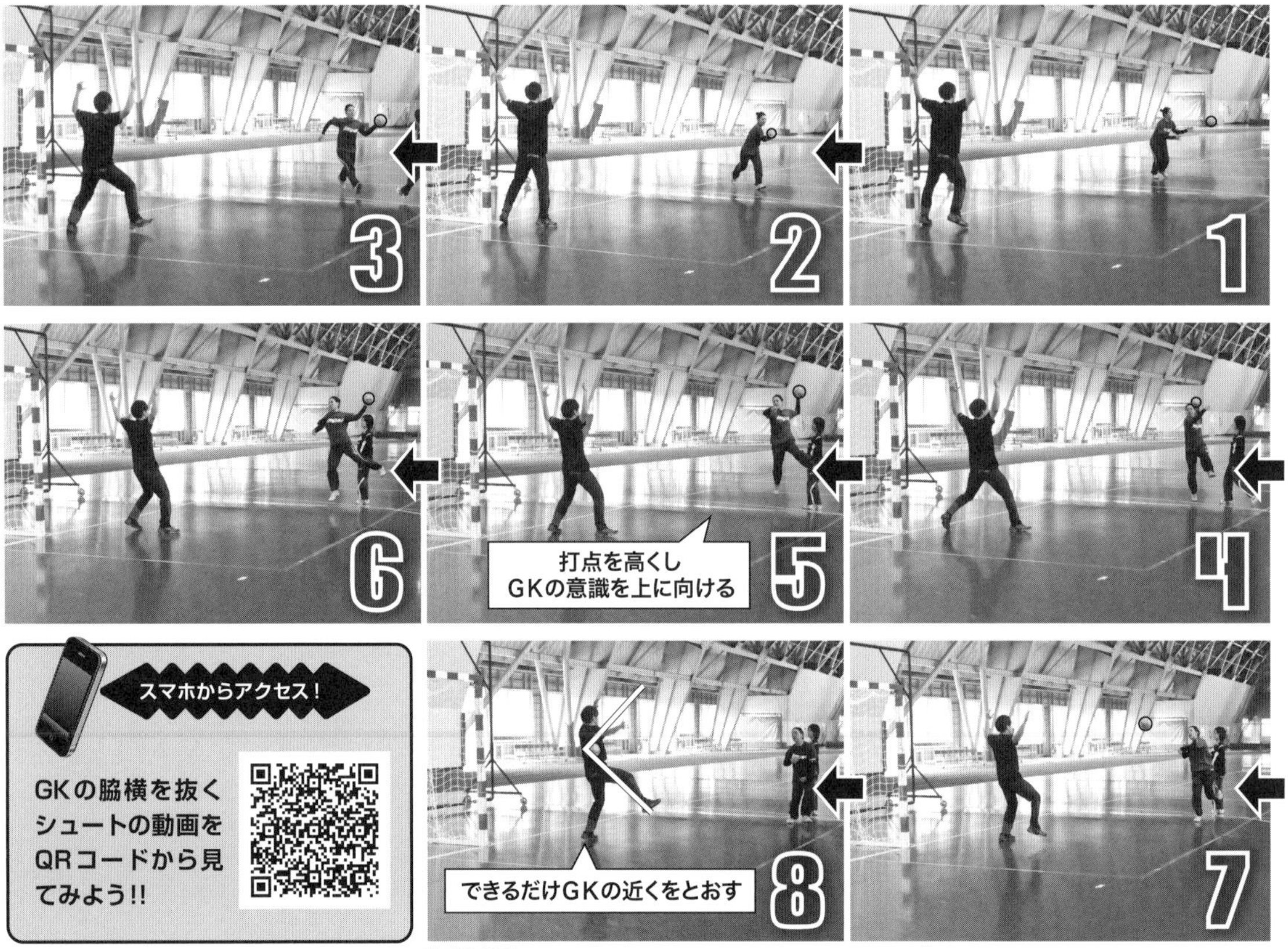

1
2
3
4
5
打点を高くし
GKの意識を上に向ける
6
7
8
できるだけGKの近くをとおす

【写真25】

スマホからアクセス！

GKの脇横を抜くシュートの動画をQRコードから見てみよう!!

GKの股下を抜くシュート

次はGKの股下を抜くシュートです。脇横を抜くシュートよりも少し難易度がアップします。

脇横を抜くシュートと同じように、まずは高く跳び、打点を高く維持してどこにでもシュートを打てる体勢で飛び込みます。そこからGKの脇横を抜くようなイメージで腕を下げた時、GKが脇横のシュートを警戒し足を上げたらチャンスです。すかさず股下を狙ってバウンドシュートを放ちましょう。普通は空いていないコースなので、何度かGKと勝負したあとに、GKの反応を観察してシュートを狙いましょう。

限られたスペースに打ち込み、うまくバウンドさせるためにも何度も繰り返し練習して、コツをつかむ必要があります。

このシュートはGKをよく観察し、さらに、1度GKを惑わす動きも必要になります。GKを見て駆け引きをすると、打つコースが見えてくるはずです。また、力まかせにボールをバウンドさせると、うまくゴールインできないので力の加減を考えながらシュートを放ちましょう。

1
2
3
4
5
打点を高くしてどこでも打てる体勢をキープ
6

7
8
GKが脇横を警戒して足を上げた時がチャンス

【写真26】

スマホからアクセス！
GKの股下を抜くシュートの動画をQRコードから見てみよう!!

GKの顔周りを狙うシュート

次はGKの顔周りを狙うシュートです。このシュートも股下のシュート同様、最初からそこを狙いにいくのではなく、しっかりとGKを惑わし、観察しながら挑戦していきたいシュートです。

ただ、まだシュートコントロールがうまくできない段階では、GKの顔にぶつけないようにすることがとても難しく、難易度の高いコースの1つと言えるでしょう。

しかし、少しずつコントロールに自信がついてきた時、打つ場所が限られた場面では有効なシュートとなります。

なぜなら、GKとしては腕で反応しようとしても取りづらい場所で、さらに顔の近くに飛んできたボールに対してはどうしても恐怖心が出てくるコースだからです。

シューターにとっては絶好のポイントではありますが、相手の顔には当てないように、際どい位置をとおすのはかなり難しいことです。

しっかりとコントロールを身につけて、自分のものにしておくと、いざという時に役に立つはずです。

ONE POINT ADVICE
顔周りはGKにとって反応しづらい
1
打点を高くしてどこでも打てる体勢をキープ
2
3
4
5

6
7

スマホからアクセス！

GKの顔周りを狙うシュートの動画をQRコードから見てみよう!!

【写真27】

GKの前をとおすシュート

サイドプレーヤーが角度のないところから飛び込んでくると、GKは近めのゴールを警戒して位置取りをします。

そうするとシューターはボールを持った腕を横に広げて、脇横を抜くシュートや、遠目のシュートを狙いがちだと思います。

しかし、いつもそこばかり打っていると、GKもシューターの動作に対応して、反応してくるようになります。

そんな時は、あえてGKの前をとおして、近めを狙うのも効果的です。とくに小柄な選手など腕があまり長くない選手に取り組んでほしいシュートです。腕が長いとなかなかGKの前をとおす軌道を作りづらく、GKの顔や身体にボールをぶつけてしまうことになるからです。

できるだけヒジを曲げてコンパクトな動作で、GKの目の前を切り裂くイメージを持ってシュートを放ってみましょう。遠目のシュート、近めのシュート両方を打てるようにして、GKの動きに対応することが重要です。

1
GKは近めを警戒
2
3
4
5
6
ヒジを曲げる

7
GKが遠目を警戒した瞬間に
GKの前をとおすイメージでゴール
8

【写真28】

スマホからアクセス！

GKの前をとおすシュートの動画をQRコードから見てみよう!!

ループシュート

次は、GKが前に出てきてシュートを打つ場所を制限してきた時のシュートを紹介します。

GKが前に出てきて視界を狭められると「打つ場所がない！」と弱気になってしまいがちですが、ここで紹介するループシュートを使ってみるといいでしょう。

これまで力を込めて打っていたシュートと違って、ふわっと浮かすイメージのシュートです。GKが前に出てきた分、打つスペースは少なくなりますが、GKの後方には広い空間が生まれます。そこを狙って、GKが腕を伸ばしても取れない高さの山なりのシュートを投げ入れるのです。

ただふわりと浮かせばいいというわけではなく、力の加減を調節しながら、ゴールバーの中央をとおすイメージで、ゴールの奥にボールを弾ませる軌道を描くように投げ入れましょう。

山なりが大きすぎるとゴールの上に乗ってしまったり、ゴールに入る前にGKに対応されてしまうので気をつけなければいけません。

1
2
打点を高くしてどこでも打てる体勢をキープ
3
4
ふわっと浮かすイメージでボールを離す
5
GKの届かない高さをボールがとおるように
6
ゴールバーの中央をとおすイメージ
7
8

【写真29】

スマホからアクセス！

ループシュートの動画をQRコードから見てみよう!!

しゃくり上げるシュート

次は難易度の高いシュートを紹介していきます。

GKに下を打つように見せかけてから、上へしゃくり上げるシュートです。

しっかりとした握力や腕、手首の力が必要になるシュートです。経験を積み、筋力もついてきたら、どんどん挑戦してみてください。

まずはしっかりと腕を上げ、どこにでもシュートを打てる体勢で飛び込みます。

そして、その姿勢からヒジを下げると、GKはシューターが中段や下を打ってくると判断。GKの意識が下に向いたところで、ボールをしゃくり上げるイメージでシュートを打ちます。

GKの動きをしっかりと観察すること、そして、自分からGKを動かして打ちたいところを狙うということも大事になります。

いろいろなシュートを打てるように、ボールを持った腕をしっかりと高く上げることで、さまざまなシュートへ展開できるので、飛び込む時の姿勢は意識しましょう。

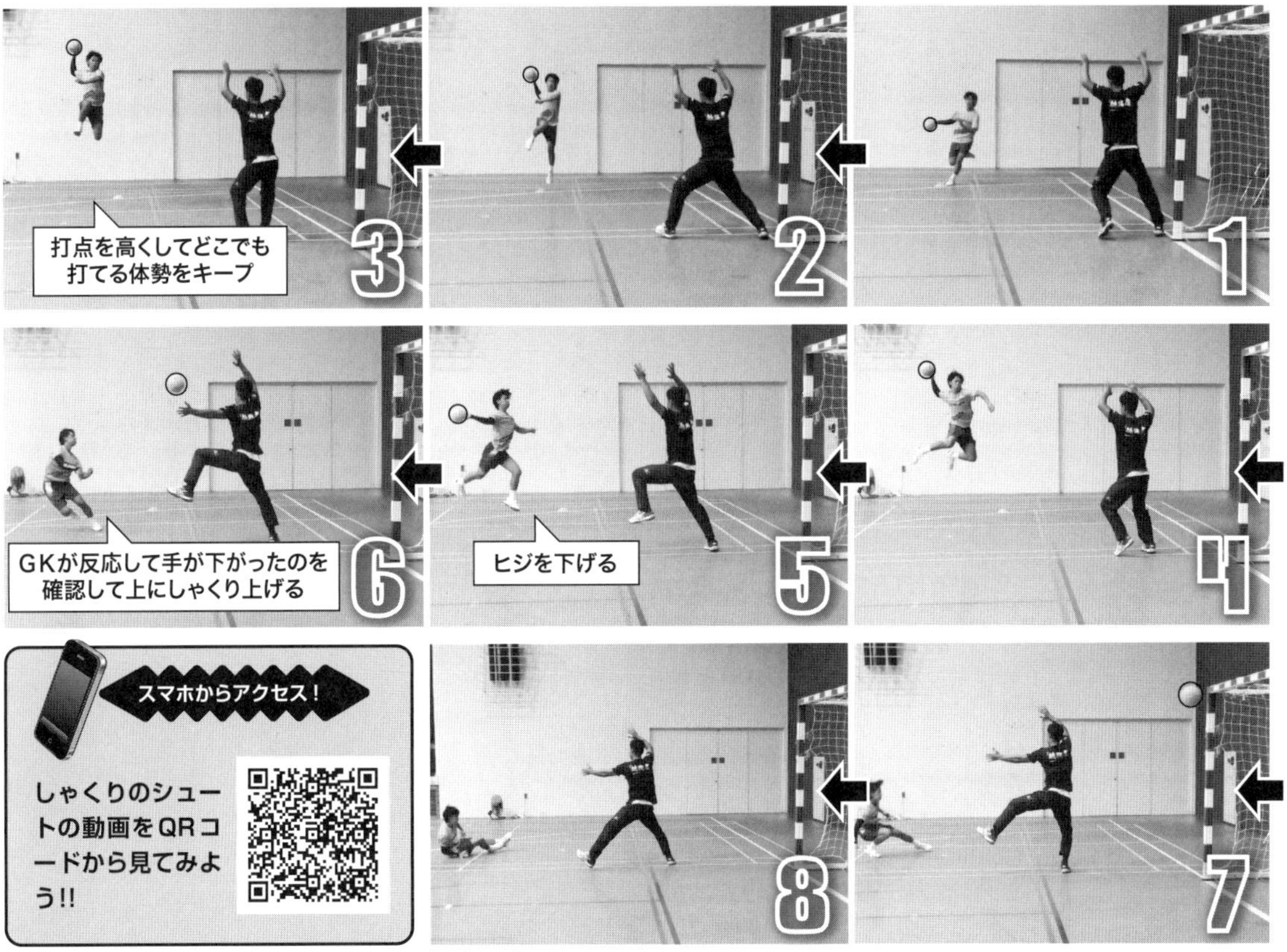
1
2
3
打点を高くしてどこでも打てる体勢をキープ
4
5
ヒジを下げる
6
GKが反応して手が下がったのを確認して上にしゃくり上げる
7
8

スマホからアクセス！
しゃくりのシュートの動画をQRコードから見てみよう!!

【写真30】

スピンシュート

次はボールの回転を利用し、GKの手や足が届かないところにバウンドさせてゴールの方向に曲げるスピンシュートです。

手首を内側にひねってボールを回転させるスピンシュートは、【写真31】のようにGKがゴールの遠めをマークしてきて、ゴールの近めが空いた時や、【写真32】のように右利きの右サイド（または左利きの左サイド）からのシュートの時に使います。写真ではボールが軌道を変えてゴールに向かっていることがわかると思います。

【写真33】は、【写真31、32】とは違い、手首を外側にひねってボールを回転させています。手首を逆にひねるので、逆スピンシュートとも呼ばれています。

高い打点からの逆スピンシュートもありますが、【写真33】のように腕を下から出した時の方が大きな曲がりを出せます。

【写真34】は逆スピンシュートの応用形で、GKが逆スピンシュートと読んで重心を下げた時に、GKの肩口や頭上を狙っていきます。

スマホからアクセス！

スピンシュートの動画をQRコードから見てみよう!!

【写真31】

【写真32】右利きの右サイドのスピンシュート

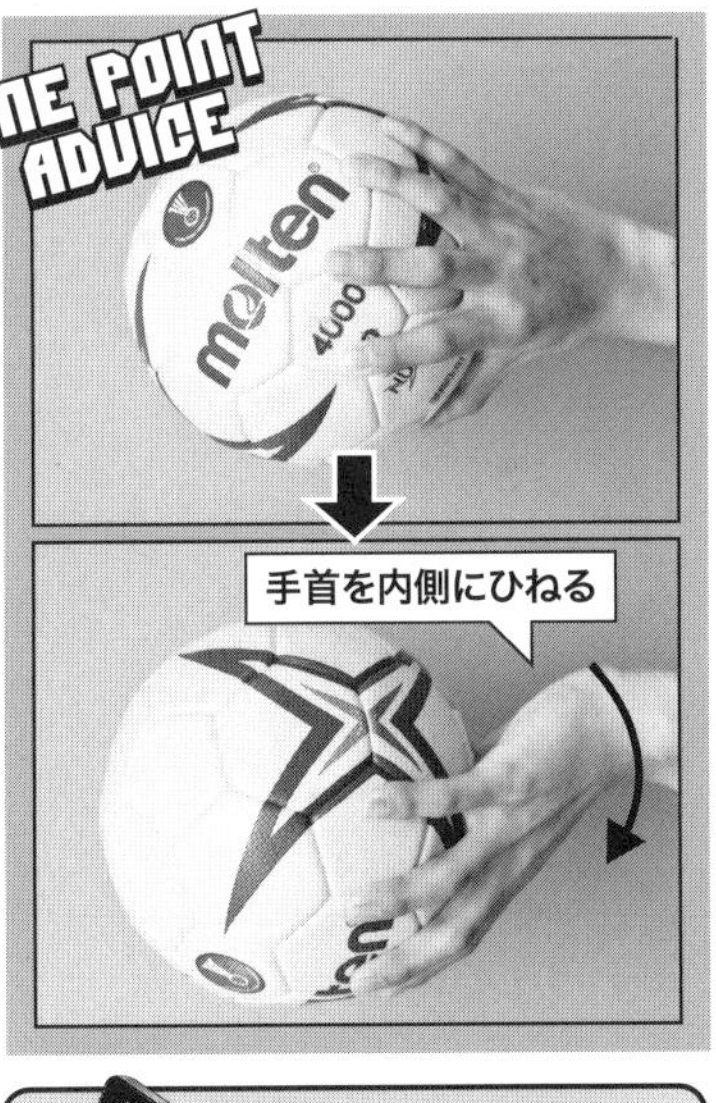
ONE POINT ADVICE
手首を内側にひねる

【写真33】逆スピンシュート

スマホからアクセス！

逆スピンシュートの動画をQRコードから見てみよう!!

GKが手を下げたら
浮かせてシュート

【写真34】逆スピンシュートと見せかけて浮かせるシュート

速攻のシュート

DFもそのままサイドに入ることの多いサイドプレーヤーにとって重要になるのが速攻。素早い飛び出しから、戻ってくる相手のマークをかわしてノーマークシュートに持ち込みます。1試合をとおして、何回も訪れるチャンスではないだけに、しっかりとものにしたいところ。

ワンマン速攻のようにノーマークの状況を作ることができれば、まずは自分の自信がある得意なシュートを思い切って打つということが大事です。ただ、ノーマークになるとDFからのプレッシャーがなくて気の緩みが出たり、逆に状況によっては絶対に決めなければいけないという責任を感じ、打ち急いでしまいGKにコースを読まれるケースもあります。速攻のシュートでも、基本の腕を上げてどこにでも打てる体勢を維持しながら、GKの観察や、GKを惑わせる工夫を怠らないようにしましょう。

基本的にはGKの真正面には飛び込まないこと。そのうえでGKの動きに対応したり、自らGKを動かしてシュートにつなげましょう。

1
2
3
GKの正面からではなく
左から走り込む
4
5
6

ONE POINT ADVICE
GKの真正面ではなく少しずれたところからシュートへ

7

【写真35】

スマホからアクセス！

速攻のシュートの動画をQRコードから見てみよう!!

右利きの右サイドシュート

右サイドには左利きの選手が起用されることが理想ですが、チームによっては左利きの選手がおらず、右利きの選手が右サイドを務めることも多いと思います。ここでは、そんな右利きの右サイドが放つシュートについてお話ししていきます。

プロンジョンシュートのように、(逆側に)身体を大きく倒して打つシュートもありますが、高く跳んで打点を高くする点は、ほかのサイドシュートと同じです。少しでも角度を取ろうと身体を倒してしまいがちですが、身体を倒すとGKにコースを読まれやすくなってしまうので、姿勢を維持するようにしましょう。

ポイントとしては、DFのうしろ側を通り、DFの背中と自分の背中が向き合うイメージで飛び込むと体勢を維持することができます。また、【写真36】のようにアウターゴールラインから飛び込むシュートだけでなく、9mラインとサイドラインがぶつかるところから、アウトカットインのようなイメージで飛び込むとよりシュートが打ちやすくなります【写真37】。

エンドライン側からのシュート

【写真36】

9mライン側からのシュート

【写真37】

サイドプレーヤーの原点を踏まえ コンビプレーへと進んでいこう

ここからはサイドプレーヤーを有効に活用し、サイドシュートへとつながったり、サイドプレーヤーがバックプレーヤーやポストプレーヤーのノーマークシュートチャンスを生み出すコンビネーションをお伝えしていきます。

サイドプレーヤーは基本的に『待ち』のポジションとはいえ、コーナーの奥でチャンスを待ってじっとしているだけではダメです。

バックプレーヤーとポジションチェンジをしたり、コート中央へと回り込み、味方のブロックプレーなどを利用して、ディスタンスシュートを狙うといったアクセントも必要になります。

そうした多くの役割の中で、一番サイドプレーヤーとしての存在感を示すことができるのが、【写真38】のようにバックプレーヤーが自分（サイド）をマークするDFを引きつけながら送ってくれたパスに、タイミングよく合わせて0歩または1歩で踏み切り、果敢にゴールエリア内に飛び込んでサイドシュートを放つプレー。このプレーがサイドプレーヤーの基本、原点と言ってもいいでしょう。

せっかくバックプレーヤーがサイドのDFを引きつけながらパスを送ってくれたのに、準備不足でスタートが遅れたり、角度がないからと飛び込むのに消極的になってしまってはいけません。

また、バックプレーヤーもサイドのDFが自分にマークを移しかけた瞬間を見逃したり、ボールを持ちすぎてしまうと、サイドシュートにつながるチャンスを活かせません。

そうしたことを防ぎ、チャンスを確実にものにするために、サイドプレーヤーとバックプレーヤーは、手での合図やアイコンタクトで、つねに「チャンスがあればパスを出すぞ!!」（バックプレーヤー）、「いつでも準備OKだぞ!!」（サイドプレーヤー）といった、心の中でかわし合うコミュニケーションが大切になります。

こうしたプレーヤー同士の声を使

【写真38】パスにタイミングよく合わせて飛び込む

対角にボールがある時など、DFからのマークが薄れがちなタイミングを逃がさず合図を送り合おう

わないコンタクトは、1点を争う試合終盤の緊迫した場面や、声がとおらないほどのスタンドの熱気に包まれた試合でも欠かせません。
　バックプレーヤーがサイドのDFを引きつけながら、スピーディーなパスをサイドプレーヤーに送って、サイドプレーヤーが飛び込むというベーシックなプレーでも、サイドのDFの動きやサイドのDFとの間合いはつねに変わってきますが、サイドプレーヤーは「この間合い、タイミングならば、必ず飛び込んで、サイドシュートに持ち込める」といった域に達することができるよう、練習を重ねていきましょう。

コンマ数秒にもこだわろう

　バックプレーヤーとのあうんの呼吸で飛び込み、サイドシュートを放つために、頭に入れておきたいのが、直線と4分の1円が組み合わさったハンドボールコートの特性です。

　左図のように、コート中央へと寄っていたサイドのDFが、サイドプレーヤーをマークするためには、直線ではなく6mラインに沿って、弧を描いて動かなくてはなりません。

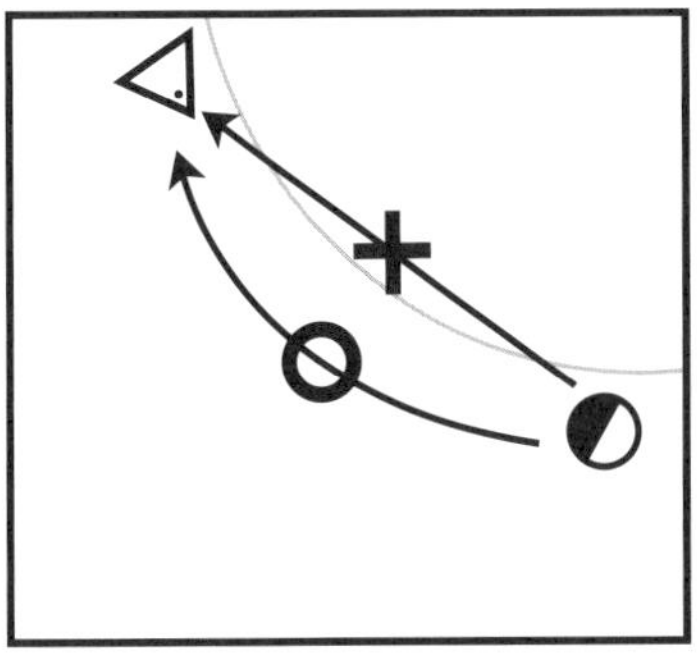
ハンドボールコートの特性上、サイドDFは直線に動くとエリア内防御になる

　直線を動く時と、歩数が変わるといった大きな違いがあるわけではありませんが、図の直線のように動いてはエリア内防御になってしまいますから、弧を描き、ラインも気にしながら動くことで、直線の動きとはコンマ数秒の違いが出てきます。

　このわずかな時間の差がポイントで、直線のコートならばDFにマークされる間合いでも、曲線部分のサイドではチャンスが生まれてくることを頭に入れて、DFにマークされそうだと思えるタイミングでも、積極的に飛び込んでサイドシュートを狙うよう、心がけてください。

　コンマ数秒の違いは、サイドシュートの場面に限らず、いろいろな場面で当てはまります。

　たとえば、DFでサイドから中央へ回り込もうとしているプレーヤーを、そのまま無警戒に通過させていませんか?

　ほんの少しコンタクトして、コンマ数秒、動きを遅らせるだけでも、あとの展開が違ってきます。コンマ数秒にもこだわって、ハンドボールを極めていってほしいと思います。

　このように、コンビプレーを深めていく前に、サイドプレーヤーの原点をお伝えしました。

　この原点を踏まえ、94ページで紹介する、となりのバックプレーヤーからスピーディーなパスを受けて、サイドシュートに持ち込む基本のプレーからスタートし、ポストやセンター、対角のバックプレーヤーも絡めたコンビプレーへと進んでいきますが、大事なことをもう1点。

　紹介するコンビプレーはあくまで攻撃のきっかけ、たくさん持ちたい引き出しの1つ、と考えてください。

　自信を持ってプレーしたり、ここ一番の局面で得点を取るために「これ!!」というコンビプレーをマスターすることは大切ですが、実戦では相手がオールコートのマン・ツー・マンDFにきたり、マークするはずのプレーヤーをマークしないといった想定外の動きをしてくることも珍しくありません。それでなにもできずに終わりました、というのでは困ります。

　相手がこうきたら、こうする、あれもある、という選択肢をたくさん持つことをめざしましょう。

基本はバックプレーヤーの素早いパス！

バックプレーヤーが
シュートを狙う
1

2

3

2人のDFを引きつけて
サイドにパス
4

バックプレーヤーからのパスに
タイミングよく合わせる
5

6

7

【写真39】

スマホからアクセス！

「コンビプレーの基本」動画を
QRコードから見てみよう!!

1 サイドプレーヤーが回り込んでカットイン

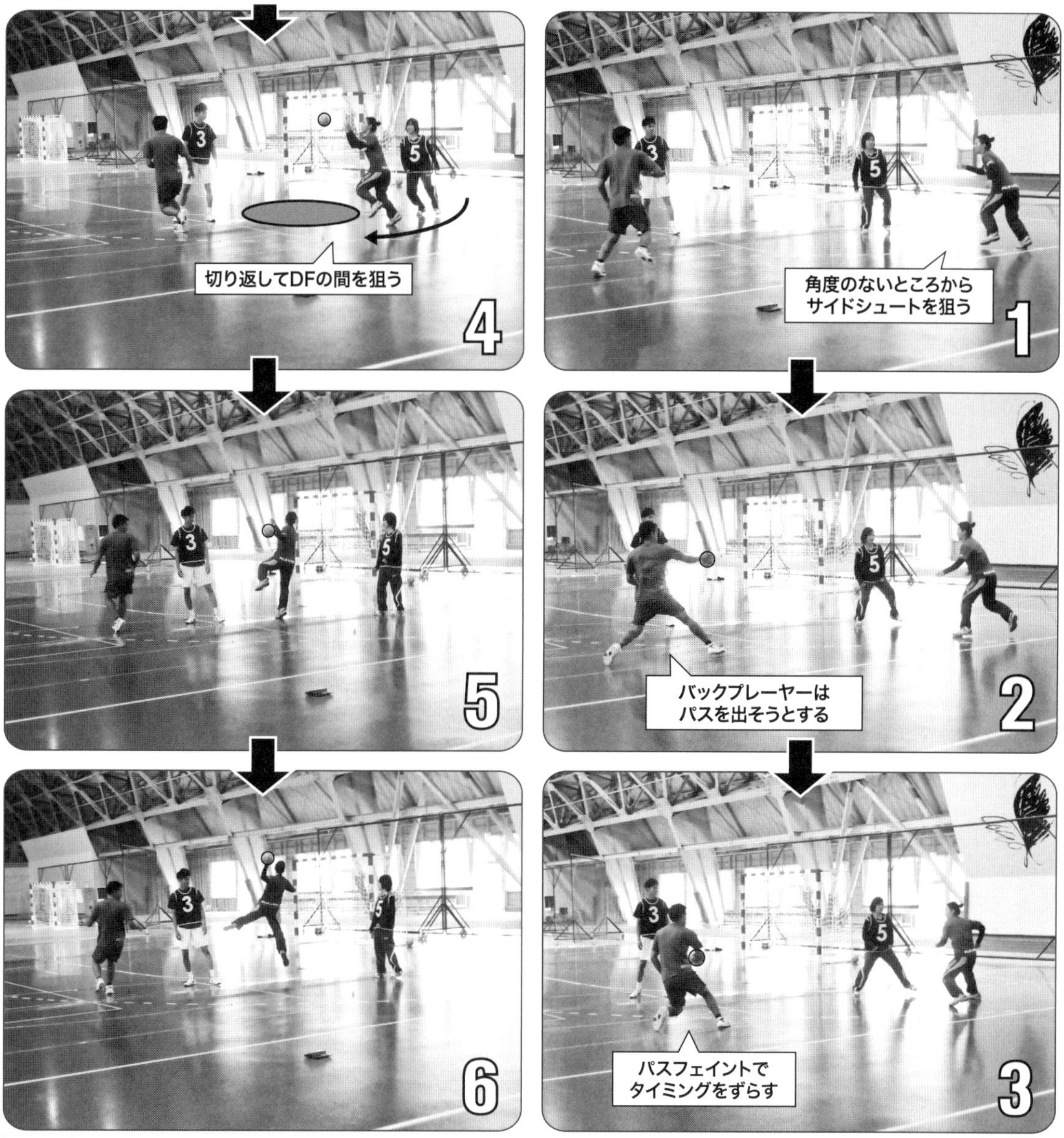
1
角度のないところから
サイドシュートを狙う
2
バックプレーヤーは
パスを出そうとする
3
パスフェイントで
タイミングをずらす
4
切り返してDFの間を狙う
5
6

【写真40】

スマホからアクセス！

「サイドプレーヤーが回り込んでカットイン」の動画をQRコードから見てみよう!!

サイドプレーヤーはサイドシュートを狙い、バックプレーヤーはパスを出すふりをします。そこでサイドプレーヤーはサイドＤＦを引きつけたその時、一瞬のスキをついて切り返し、回り込んで、２枚目とサイドＤＦの間をカットインで切れ込みシュートを放ちましょう。サイドプレーヤー、バックプレーヤーともに、つねに前を狙うことでＤＦを引きつけることができます。

② バックプレーヤーの飛ばしパスからシュート

バックプレーヤーは
ポストとの2対2を狙う
1
サイドDFの視野外から
素早く走り込む
2
シュートに行くと見せかけ
DFを引きつけたところでパス
3
空いたスペースを突き
シュートへ
4
5
6

【写真41】

スマホからアクセス！

「バックプレーヤーの飛ばしパスからシュート」の動画をQRコードから見てみよう!!

95ページのコンビネーションの発展形です。バックプレーヤーがポストのブロックも利用しながらディスタンスシュートを狙います。この動きにサイドＤＦが気を取られているようならば、サイドプレーヤーはサイドＤＦの視野外からＤＦが引きつけられて空いたスペースに走り込み、バックプレーヤーのシュートモーションからのパスを受けてカットインシュートを狙います。

3 バックプレーヤーのスカイパスからシュート

シュートに行くと見せかけて
DFを引きつけたところで
ゴールエリア内にパスを出す
DFの背後から
跳び込む
空中でキャッチし
そのままシュート

【写真42】

スマホからアクセス！

「バックプレーヤーのスカイパスからシュート」の動画をQRコードから見てみよう!!

95、96ページのコンビネーションの応用です。バックプレーヤーがポストのブロックを利用してディスタンスシュートを狙うところまでは同じ。サイドプレーヤーはサイドＤＦがバックプレーヤーのシュートを狙う動きに気を取られているのを確認したうえで、今度はサイドＤＦの外側（ゴールライン側）からゴールエリア内に跳び、バックプレーヤーからのスカイパスを受けてシュートします。

4 バックプレーヤーがパスと見せかけてスカイパス

1
2
DFはバウンドパスを
警戒している
バックプレーヤーは
サイドDFも引きつけられるように
3
サイドプレーヤーにパスを出すと
見せかける
4
DFの頭上をとおすように
スカイパス
5
6

【写真43】

スマホからアクセス！

「バックプレーヤーがパスと見せかけてスカイパス」の動画をQRコードから見てみよう!!

このコンビプレーは、94ページのベーシックなコンビプレーの応用です。バックプレーヤーが自分をマークするＤＦとサイドＤＦを引きつけ、サイドプレーヤーへのパス、と見せかけ、そこから手首を逆に返すイメージで素早いパスを警戒してきたサイドＤＦの頭越しにスカイパス。サイドプレーヤーは素早いパス、スカイパスいずれにも対応できる準備が必要です。

バックプレーヤーへのアドバイス

さらにコンビネーションを深めていく前に、バックプレーヤーへのアドバイスもお伝えしておきます。

バックプレーヤーにとって、サイドプレーヤーをうまく活用することができれば、チームのためになるのはもちろん、自分が活きるスペース、チャンスも広がります。自分のプレーにいっぱいいっぱいではなく、サイドプレーヤーをはじめ周りを活かせる広い視野、余裕を持ってプレーすることをめざしましょう。

また、2人のDFを引きつけ、サイドにパス。サイドプレーヤーを信頼して「任せたぞ!!」と心の中で思うのは大切ですが、サイドシュートと決めつけ、その場で身体の動きを止めるのはNGです。

サイドプレーヤーとのタイミングがわずかにずれたり、サイドプレーヤーがボールをファンブルした、足を滑らせた、といった状況も想定し、サイドプレーヤーからのリターンパスを受けるためのバックステップを忘れないよう心がけてください。**【写真44】**のようにサイドプレーヤーからのリターンパスも受けられる準備を整えるまでがバックプレーヤーの役目です。

サイドプレーヤーを活かすとともに、自身のプレーの幅を広げるために、多彩なパスも身につけましょう。**【写真45】**は98ページのコンビプレーで使ったサイドDFの頭越しに出すパスをGK側からクローズアップしたものです。素早く、DFの下を狙うパス（バウンドパス）と見せかけてから、手首を逆に返してパスをしています。相手の裏をかく、相手をだますことも、ハンドボールの大きな魅力の1つです。

1
2
3
次の動きに備え
つねにバックステップ
【写真44】

【写真45】

※撮影会場の事情で、実際のコートの大きさよりも狭くラインが引かれているため、プレーヤーがサイドラインを踏み越えているシーンがあります（以下のページも同様）

5 スカイプレー

サイドプレーヤーがシュートする

DFを引きつける
1
2
3

【写真47】

サイドプレーヤーがパスをする

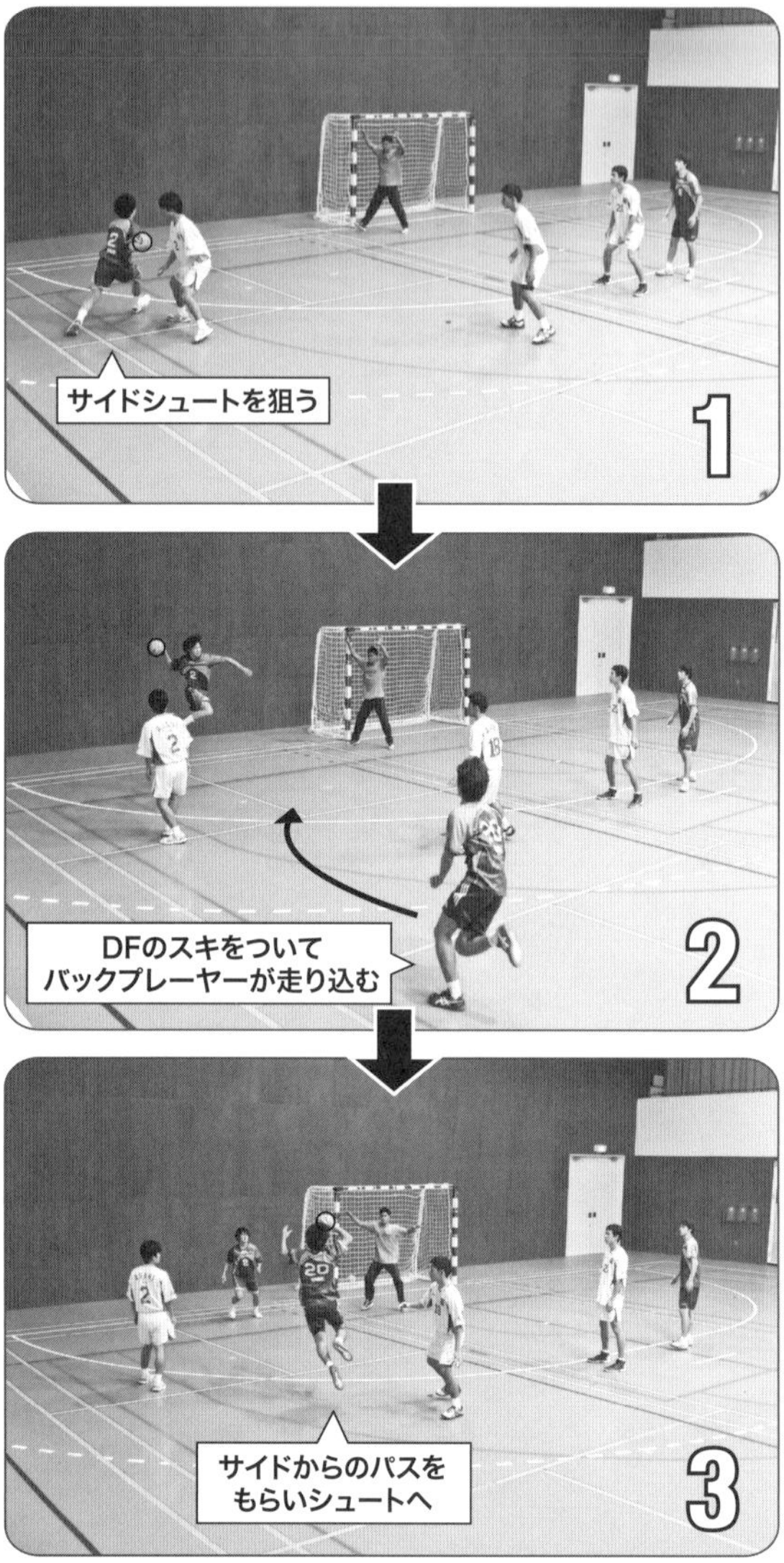
サイドシュートを狙う
1
DFのスキをついて
バックプレーヤーが走り込む
2
サイドからのパスを
もらいシュートへ
3

【写真46】

スマホからアクセス！

スカイプレーの動画をQRコードから見てみよう!!

スカイプレーとは、ゴールエリア上の空間に出されたボールを、ジャンプした選手が着地するまでの間に捕球からシュートまでするプレーのことです。サイドプレーヤーがシュートに飛び込んだ時にバックプレーヤーが飛び込んだり**【写真46】**、逆にバックプレーヤーがＤＦを引きつけ、サイドプレーヤーが飛び込むこともできます**【写真47】**。タイミングのよいパス、飛び込みが肝心です。

6 バックプレーヤーとのクロスプレー

バックプレーヤーがシュート

1
2
3
バックプレーヤーはサイドDFのアウトを割ってシュート

【写真49】

スマホからアクセス！

「バックプレーヤーとのクロスプレー」の動画をQRコードから見てみよう!!

サイドプレーヤーがシュート

1
ＤＦが下がってきたら思い切りよくＤＦの間へ
2
3

【写真48】

サイドプレーヤーとバックプレーヤーがクロスするコンビプレーです。**【写真48】**はクロスからＤＦがマークの受け渡しをする前にサイドプレーヤーが回り込んでシュートを狙い、**【写真49】**はサイドプレーヤーがサイドＤＦととなりのＤＦの間を攻め込み、２人のＤＦを引きつけながらバックプレーヤーとクロスし、バックプレーヤーがサイドにできたスペースからシュートを狙います。

7 クロスプレーからスカイプレーへ

1

相手DFをかわして
DFの間をつく
2

サイドプレーヤーとクロスする
3

シュートにいくように
飛び込む
4

5

走り込んだ逆側の
バックプレーヤーにスカイパス
6

【写真50】

スマホからアクセス！

「クロスプレーからスカイプレー」の動画をQRコードから見てみよう!!

このコンビプレーは、101ページの【写真49】を発展させたもので、サイドプレーヤーとバックプレーヤーのクロスでサイドにできたスペースから、バックプレーヤーがシュートを放つと見せて、センター、対角のバックプレーヤー、サイドプレーヤーにスカイパスを送ります。バックプレーヤーがギリギリのタイミングまで相手に「シュートだ！」と思わせられるかどうかがポイントになります。

8 ポストを絡めたスカイプレー

サイドはタイミングよく
パスをもらいDFの間をつく
前を狙いながらサイドにパス
1

ポストが回り込む
2

3

シュートを狙う
4

GKの気を引いたところで
走り込んだバックプレーヤーにパス
5

6

【写真51】

スマホからアクセス！

ポストを絡めたスカイプレーの動画をQRコードから見てみよう!!

ポストプレーヤーも加えたコンビプレーです。バックプレーヤーの前を狙って攻める動きと連動して、サイドプレーヤーが回り込みつつバックプレーヤーからのパスを受け、サイドＤＦとそのとなりのＤＦの間に攻め込みます。そのサイドプレーヤーとポストプレーヤーがクロスして、ポストプレーヤーがサイドにできたスペースから飛び込んでシュート、あるいは、スカイパスを送ります。

9 ダブルスカイプレー

バックプレーヤー
サイド
バックプレーヤーが前を狙う
1
DFの気を引いたところでスカイパス
2
3
シュートに行かずさらにスカイパス
4
中央のプレーヤーが走り込み
スカイパスを受ける
5
6

【写真52】

スマホからアクセス！

ダブルスカイプレーの動画を
QRコードから見てみよう!!

まず45度の位置にいるバックプレーヤーがＤＦを引きつけると、サイドプレーヤーがスカイプレーを狙って飛び込みます。そこで今度は違う方向からバックプレーヤーがゴールエリア内に飛び込んでくるので、サイドプレーヤーは着地前にパスを出してスカイプレーにつなげます。１度でも難しいスカイプレーが2度行なわれるこのプレーは、いっそう仲間と息を合わせることが重要になります。

10 バックプレーヤーのクロスプレーからサイドシュート

1

バックプレーヤー同士でクロス
2

2枚目のDFの外側を狙う
3

DFを引きつけてパス
4

パスに合わせて
タイミングよく飛び込む
5

6

【写真53】

スマホからアクセス！

「バックプレーヤーのクロスプレーからサイドシュート」の動画をQRコードから見てみよう!!

２人のバックプレーヤーを絡めたコンビプレーです。ポストプレーヤーのブロックも利用して攻め込んだ左側のバックプレーヤー（左バック）が、右側のバックプレーヤー（センター）とクロス。パスを受けたセンターが、サイドＤＦととなりのＤＦの間を攻め込み、サイドＤＦも引きつけたところでコーナー奥に位置を取っていたサイドプレーヤーにパスをしてサイドシュート、という流れです。

11 バックプレーヤーへのパスと見せかけてポストにパス

ポスト
バックプレーヤーにパスを出そうとする
1
バックプレーヤーはしっかり前を狙ってDFの注意を引きつける
2
ゴールエリア内をとおしてポストパス
3
4
5
6
【写真54】

スマホからアクセス！

「バックプレーヤーへのパスと見せかけてポストにパス」の動画をQRコードから見てみよう!!

サイドプレーヤーが前を狙いながら走り込もうとするバックプレーヤーにパスを出すと見せかけ、バックプレーヤーの動きに備えようとしたＤＦのスキをつく形で、マークの甘くなったポストプレーヤーにバウンドパスを送ります。サイドプレーヤーのノールックパス（相手を見ないで出すパス）や、バックプレーヤーの「前を狙うぞ」という姿勢がポイントのトリックプレーです。

12 サイドから回り込んでシュート

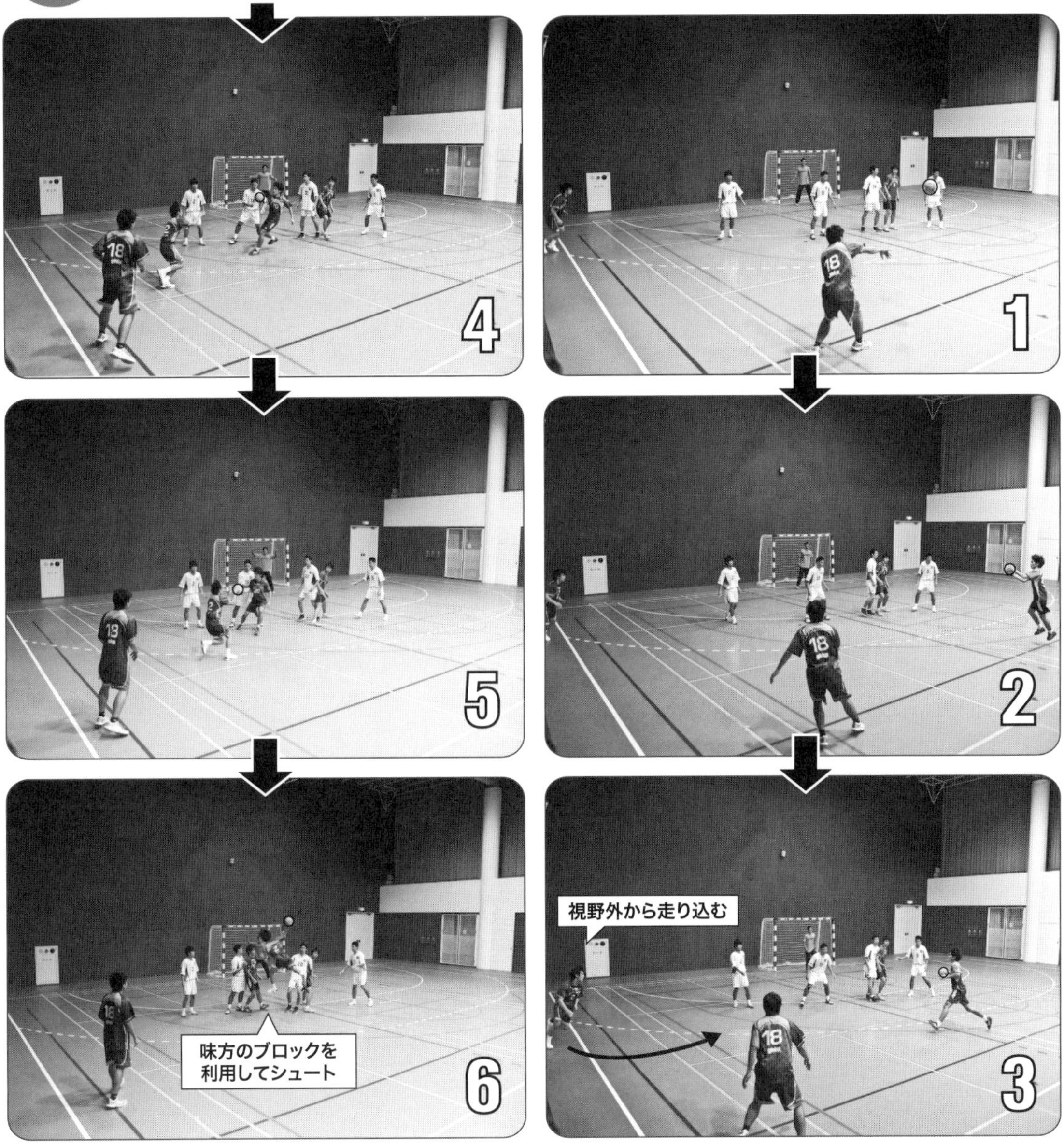
1
2
視野外から走り込む
3
4
5
味方のブロックを
利用してシュート
6

【写真55】

スマホからアクセス！

「サイドから回り込んでシュート」の動画をQRコードから見てみよう!!

ポストプレーヤーとともにポストに入ったバックプレーヤーのブロックを利用し、回り込んだサイドプレーヤーがコート中央付近からディスタンスシュートを狙います。背が高くないサイドプレーヤーも、ブロックを利用して果敢にシュートを狙いましょう。シュートが決まらなくても、チャレンジすること。シュートを狙う姿勢を見せるだけでも、DFにプレッシャーを与えることができます。

13 サイドの回り込みからの展開

1

2

シュートを打つと見せかけて…
3

走り込んでくる
バックプレーヤーにパス
4

5

6

【写真56】

スマホからアクセス！

「サイドの回り込みからの展開」の動画をQRコードから見てみよう!!

107ページのように、果敢にシュートを打つ姿勢を示せば、ＤＦもバックプレーヤーやポストプレーヤーのブロックを外して前に詰めてきます。すると、その裏のスペースが空きますから、シュートと見せてポストにパス。ポストがマークされているなら対角のバックプレーヤーにパスを送り、ＤＦの注意が移った瞬間、バックプレーヤーがポストへリターンパスを送る、といったプレーもあります。

14 ユーゴを利用したコンビプレー

パスを出す
1

サイドプレーヤーとバックプレーヤーが
ボールを持たずにポジションチェンジ
2

3

パスをもらう
4

5

【写真57】

スマホからアクセス！

「ユーゴを利用したコンビプレー」の動画をQRコードから見てみよう!!

ユーゴ（ボールを持っていないプレーヤー同士によるポジションチェンジ）の動きを取り入れ、サイドプレーヤーがバックプレーヤーの役割を演じ、ＤＦを引きつけたり、マークのずれを作って、味方のシュートへと導きます。サイドプレーヤーの役割、持ち場を極める姿勢は大切ですが、ポジションにこだわりすぎるのではなく、いろいろな役割を果たせる力をつけていきましょう。

94ページから、14個のコンビネーションを紹介してきました。93ページでもお話ししたように、こうしたコンビネーションを「これしかない」という決め事としてではなく、攻撃のきっかけ、数ある選択肢の1つと考えるとともに、みなさんなりのオリジナルを創り出すことにもチャレンジしてみてください。

次ページからはサイドプレーヤーの役割を再確認しながら、さらにコンビプレーを深めていきます。

「切り」の動きをマスターして積極的にチャンスメイクを!!

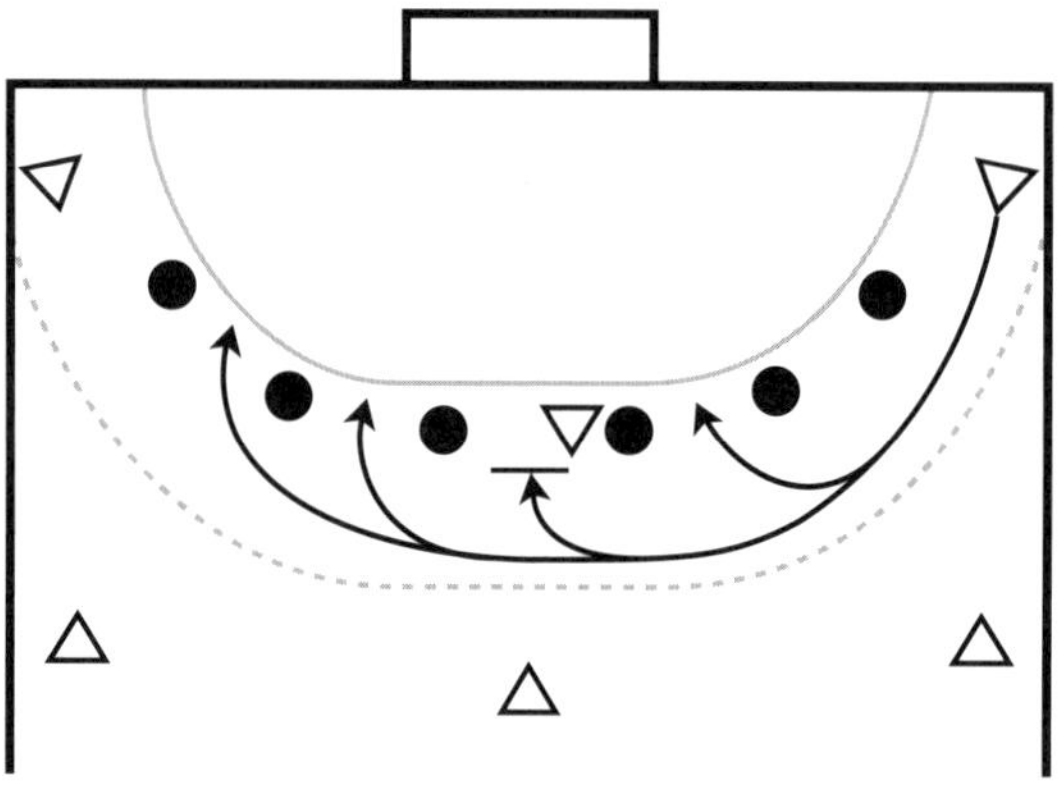

【図1】DFが6mライン際に立ち並んでいる場合の「切り」の動き

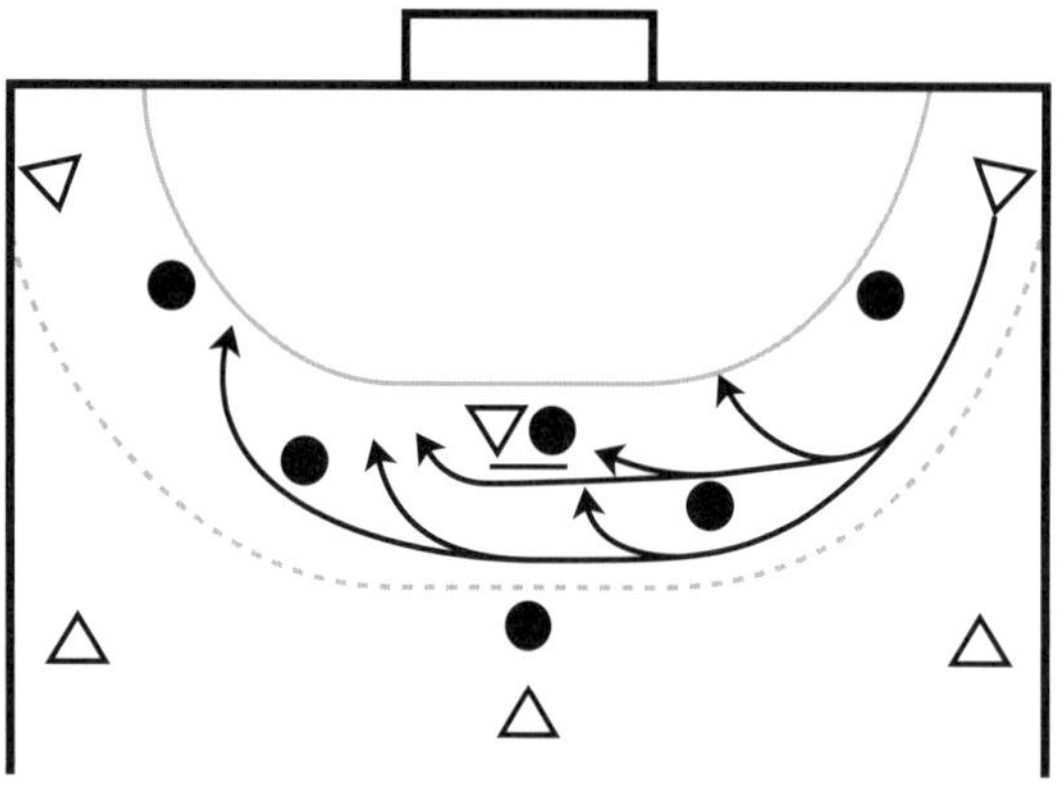

【図2】高い位置でマークするDFがいる場合の「切り」の動き

まずは、サイドプレーヤーの「切り」の動きから展開していくコンビネーションをお伝えしていきます。「切り」の動きは、世界的には「トランジション」と言われています。現在のハンドボールでは、とても重要な動きです。

「トランジション」については、吉村晃さん（富山ドリームス監督）が『スポーツイベント・ハンドボール』の連載『AY-COPENHAGEN Z』の2012年12月号、13年1月号で世界最先端の戦術、考え方とともに詳しく解説されているので、この機会に読み返してみてください。ここでは「切り」として解説を進めていきます。

サイドプレーヤーがDFの前、あるいはうしろを走って移動することで、瞬間的に生まれるDFのマークミスを逃がさず、味方、あるいは自分のシュートにつなげていく、というのが切りの狙いです。

【図1、2】で示したように、サイドプレーヤーの切りは、DF隊形に応じてDFの前やうしろを走り、最長で反対側のサイドDF（1枚目）とそのとなり（2枚目）のDFの間への移動になります。味方が作ってくれるシュートチャンスを『待つ』ことが多いサイドプレーヤーが、自ら積極的に、かつ、大きく動くプレーになります。

DFが自分のマークするプレーヤーに集中している時、サイドプレーヤーが突然現われたかのように走り込んでいきます。普通ならばそこにいるはずのないサイドプレーヤーにDFが気を取られているスキに、DFからのマークが甘くなったバックプレーヤーや反対側のサイドプレーヤー、ポストプレーヤーへとパスをつなげていきます。

DFとDFの間に走り込み、DFを引きつけてシュートチャンスを生み出そうとするだけでなく、高めに浮いているDFや6mライン際に立ち並んでいるDFに対してブロックに入り、チャンスメイクすることもあります。

サイドプレーヤーの切りに対し、DFのマークが遅れたり、ポストがDFをブロックしてくれたことで、

「切り」の動きからの展開

ＤＦのマークが遅れて前が空いていたり、ＤＦとＤＦの間に素早く飛び込めるスペースがあれば、パスやブロックにこだわらず、積極的にシュートを狙う。

高い位置に出てきているＤＦに意識的に、または、走り込む途中でＤＦにマークされても瞬時に体勢を入れ替えてブロックをかけ、味方のシュートやカットインをフォローする。

ＤＦを引きつけてから、あるいは、ＤＦがマークの受け渡しをする前に、ノーマークになっている味方にパスを送り、確率の高いシュートへとつなげていく。

ＤＦとＤＦのスペースが広くなっていれば、パスにこだわることはありません。前が空いている、そのままパスを受けて飛び込める、というタイミングならば、積極的にシュートを狙っていきましょう。

ＤＦに対して先手を取ろう

切りの動きで大切なのは、ＤＦに対して先手を取ることです。

そのために、スタートがポイントになります。

効果的な切りの動きをするためには、112ページの【写真58】のようにサイドＤＦの視野外から背後に近づき、サイドＤＦに6mライン際を走り抜けようとする気配を感じさせながら外側を走り抜けたり、【写真59】のようにサイドＤＦと駆け引きをして、そのマークをかわして走り出すといったひと工夫が必要です。

【写真60】のように「これから切りますよ」というように動きがサイドＤＦに察知されてしまったり、動作が緩慢では効果的な切りの動きをすることができません。

また、コーナー奥からスタートすれば、20m近い距離を走ることになります。切りの動きに気づいたＤＦがコンタクトしたり、けん制してきたりしますが、それを避けてＤＦから遠い位置を走ったり、スピードを落としてしまっては、一瞬のマークミスを誘うことができません。

走る位置やスピードに注意したり、相手のコンタクトやけん制に対応することも大切です。

使い方は臨機応変に

冒頭で切りの動きは現在のハンドボールでは重要な動きとお伝えしましたが、絶対に使わなければいけない、というわけではもちろんありません。

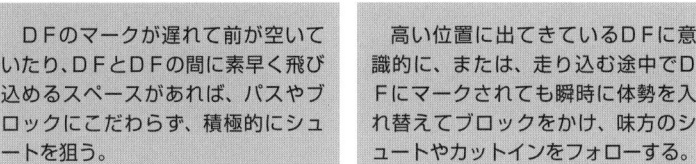

脚力充分ですばしっこい両サイドプレーヤーが縦横無尽に切りの動きで走り回り、ＤＦをかき回すというのも戦術ですし、サイドプレーヤーの切りの動きからの攻撃パターンをたくさん身につけて戦うチームがあっていいと思います。

逆に、展開力のあるバックプレーヤーと機動力豊かなポストプレーヤーでよくボールが回り、サイドプレ

スタートでの工夫がポイント

6ｍライン際を走り抜けようという気配を感じさせてサイドＤＦに近づき、ＤＦがライン際に寄った瞬間、外側からＤＦをかわして走ります。

【写真58】

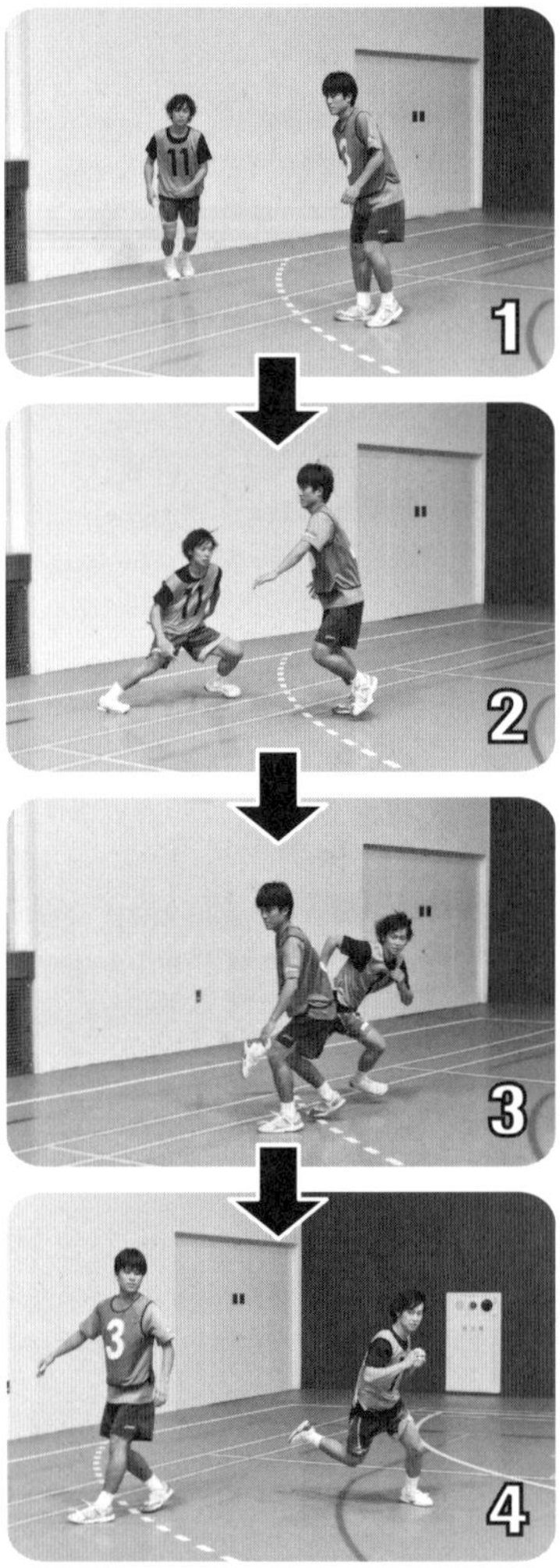

【写真58】とは反対に、外側（ＤＦの前）を走り抜けようと見せかけ、ＤＦが前に出ようとしたら、素早く切り返してＤＦの背後を走り抜けます。

【写真59】

スタートでサイドＤＦをかわせないと、そのまま対応されてしまい、となりのＤＦにマークを受け渡されて動きを止められてしまいます。

【写真60】

ーヤーはコーナー奥でチャンスを待っていた方がテンポよく攻撃できる、というチームが、サイドプレーヤーが切りの動きをしないで戦う、というのも戦術ですし、チャンスメイクするための切りの動きが、ボールの流れやチーム主体のテンポある動きを妨げてしまうというチームは、切りの動きにこだわる必要はないでしょう。

対戦相手の力量やＤＦシステムなどによって、切りの動きの有効度も変わってくるものです。

すでにご紹介したコンビプレーと同じく、切りの動きもあくまで攻撃のきっかけ、チームとしてたくさん持っている引き出しの1つ。そうしたスタンスで、次ページからの４つのパターンを見ていってください。

スマホからアクセス！

「スタートの工夫」の動画を
QRコードから見てみよう!!

逆のサイドやポストをノーマークにして展開

サイド
1

サイド
パスをもらいながらバックプレーヤーの位置まで走り込む
2

サイド
3

サイド
DFの裏をついて空いてるスペースに走り込む
4

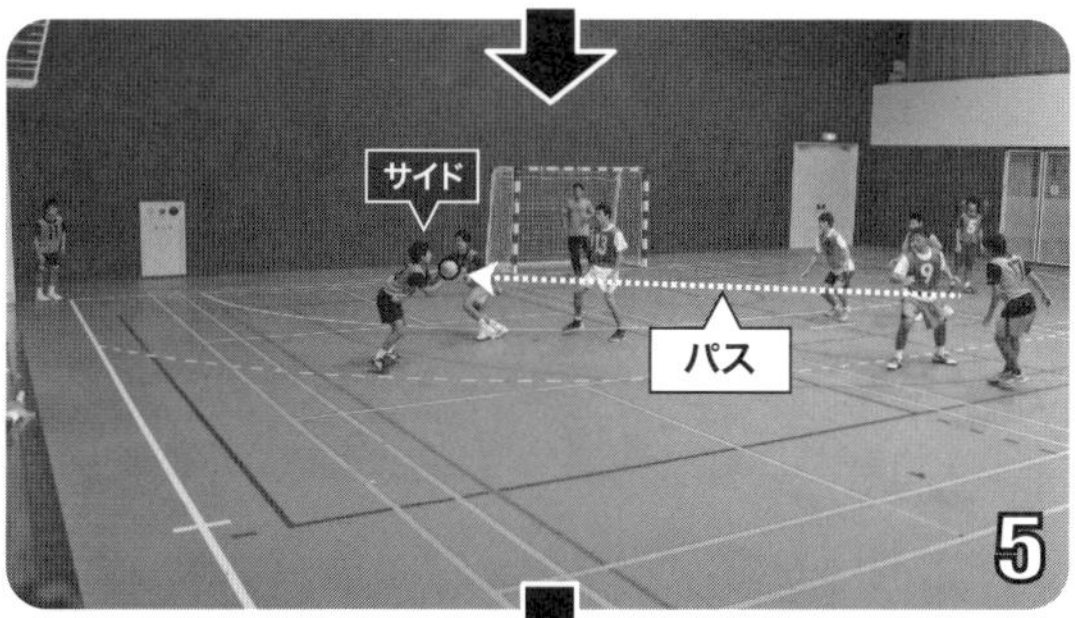
サイド
パス
5

DFを引き寄せてポストやもう1人のサイドをノーマークにしてパスを出す
6

7

【写真61】

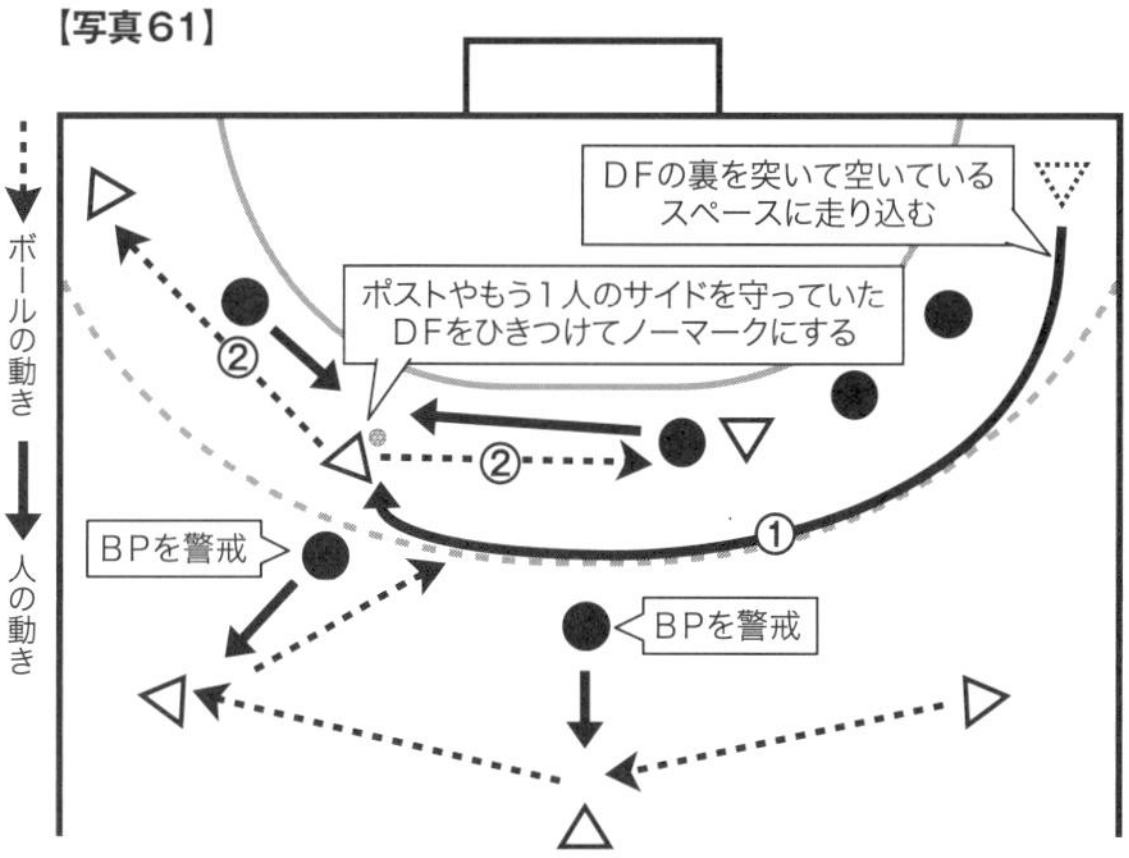
ボールの動き
人の動き
DFの裏を突いて空いているスペースに走り込む
ポストやもう1人のサイドを守っていたDFをひきつけてノーマークにする
①
②
②
BPを警戒
BPを警戒

スマホからアクセス!

「逆のサイドやポストをノーマークにして展開」の動画をQRコードから見てみよう!!

バックプレーヤーを警戒して高い位置にいるDFの背後を走り、バックプレーヤーからのパスを受けてサイドDF、フルバック、バックプレーヤーを警戒するDF(左側)の中間点をめざします。写真のようにDF2人が寄ってくれば、ポスト、逆のサイドどちらにもパスを出せますし、DFが1人だけ寄ってくれば、寄ってきたDF側にパス。DFがマークにこなければ、そのままシュートです。

1対1でサイドDFを抜いてシュート

サイド
1

サイド
2

サイド
パスをもらいながら
バックプレーヤーの
位置まで走り込む
3

DFの裏をついて
空いてるスペースに走り込む
4

5

サイドDFを引きつけて
1対1で勝負しシュートへ
6

7

【写真62】

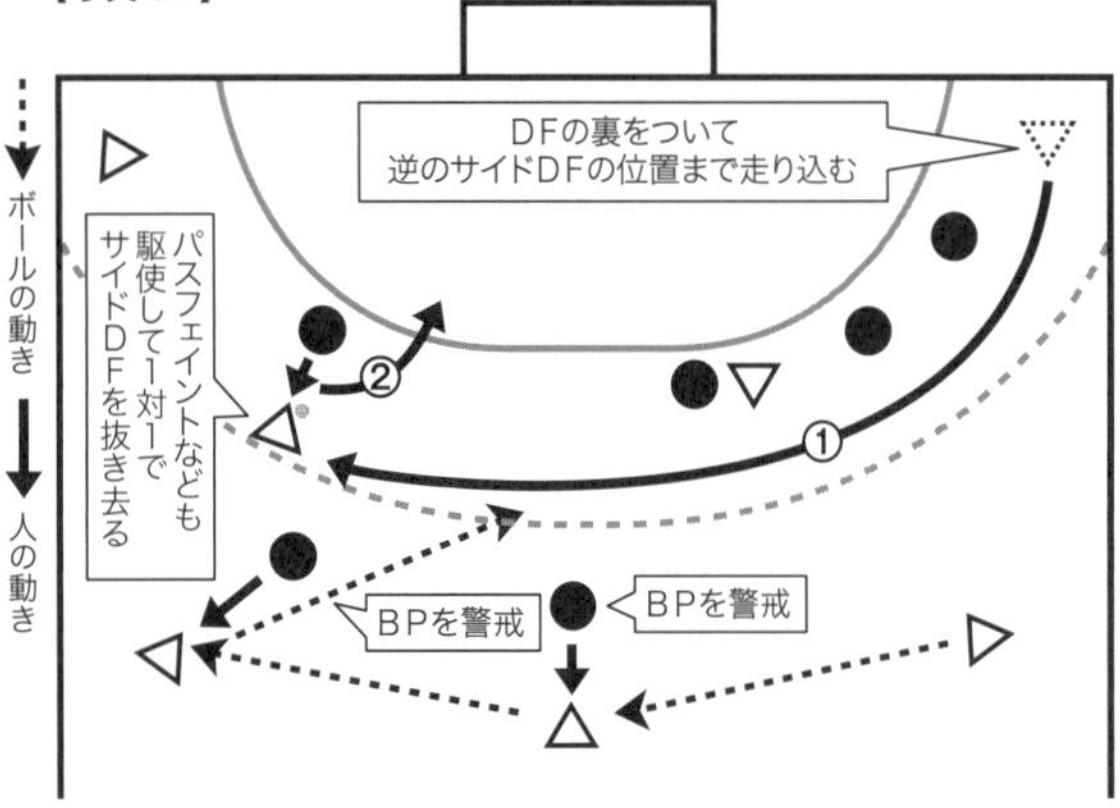
ボールの動き
人の動き
DFの裏をついて
逆のサイドDFの位置まで走り込む
パスフェイントなども
駆使して1対1で
サイドDFを抜き去る
②
①
BPを警戒
BPを警戒

右サイドから走り込み、バックプレーヤーからのパスを受けてサイドDF、フルバック、バックプレーヤーを警戒するDF（左側）の中間点をめざすまでは右ページの動きと同じ。ここではマークにきたサイドDFとのマッチアップをかわしてシュートに持ち込んでいます。1対1からシュートを狙うと見せ、サイドDFを充分に引きつけてから逆サイドにパスを送るプレーも有効です。

スマホからアクセス！

「1対1でサイドDFを抜いてシュート」の動画をQRコードから見てみよう!!

DFをブロックしてチャンスメイク

サイド
1

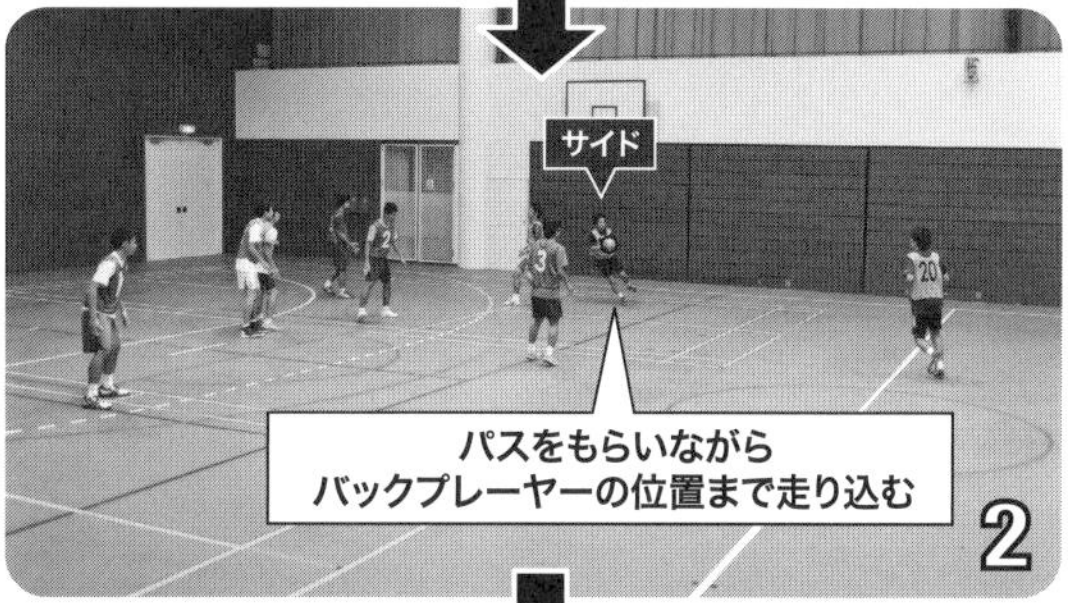
サイド
パスをもらいながら
バックプレーヤーの位置まで走り込む
2

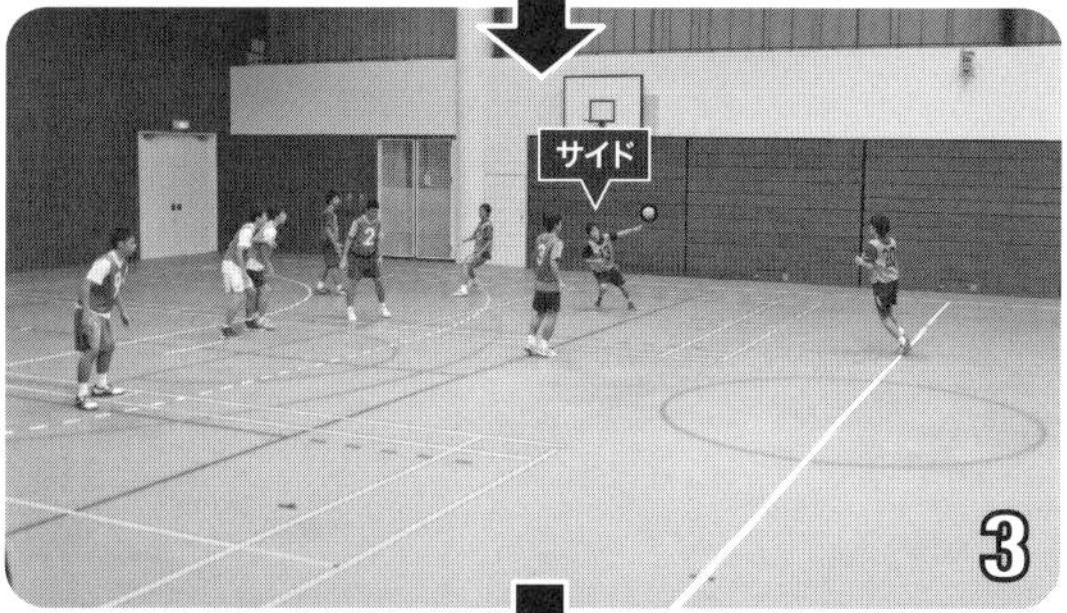
サイド
3

サイド
4

サイド
BPをマークしているDFに
ブロックを仕掛けて
BPをフリーにする
5

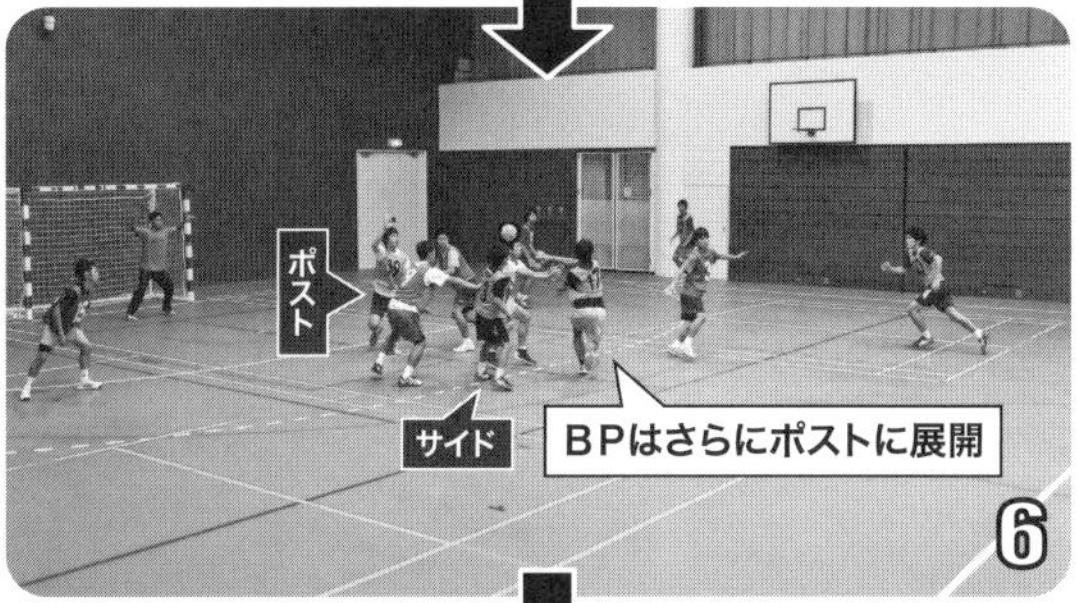
ポスト
サイド
BPはさらにポストに展開
6

シュートへ
サイド
7

【写真63】

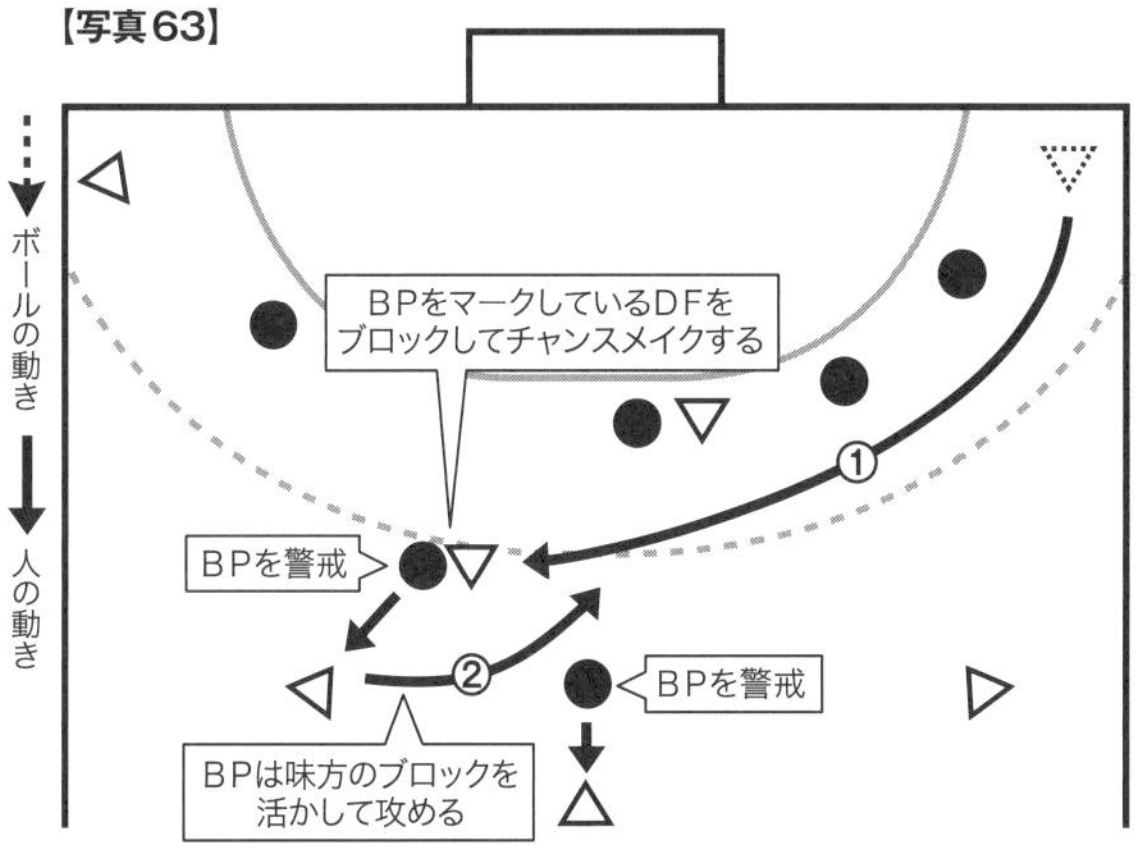
ボールの動き
人の動き
BPをマークしているDFを
ブロックしてチャンスメイクする
①
BPを警戒
②
BPを警戒
BPは味方のブロックを
活かして攻める

スマホからアクセス！

「DFをブロックしてチャンスメイク」の動画をQRコードから見てみよう!!

今度はバックプレーヤーを警戒して高い位置にいるＤＦをブロックします。上の写真では、マークが緩くなった（左側の）バックプレーヤーが前を狙い、ポストをマークしていたＤＦがマークしにきたことでノーマークになったポストにパスをしています。ブロックを利用してディスタンスシュートを放ったり、ポストをマークしているＤＦが出てこなければカットインに持ち込みます。

ポストの中継プレーに連動して展開

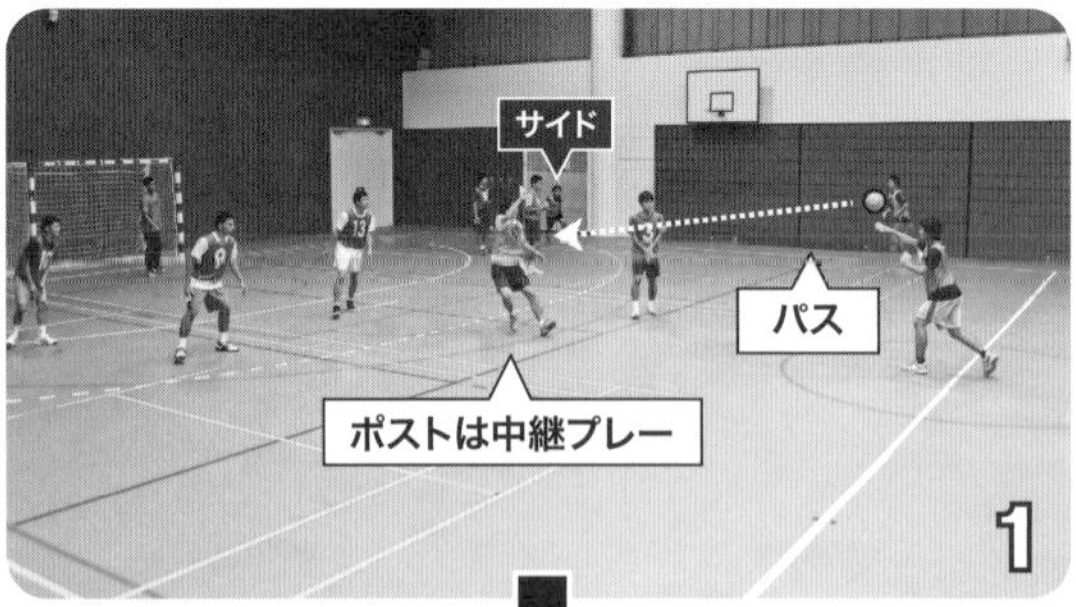
サイド
パス
ポストは中継プレー
1

サイド
2

サイド
パス
ポストがＤＦの気を
引いている間に走り込む
3

サイド
空いてるスペースに
走り込む
4

5

ノーマークになったところで
パスをもらってシュートまで
6

7

【写真64】

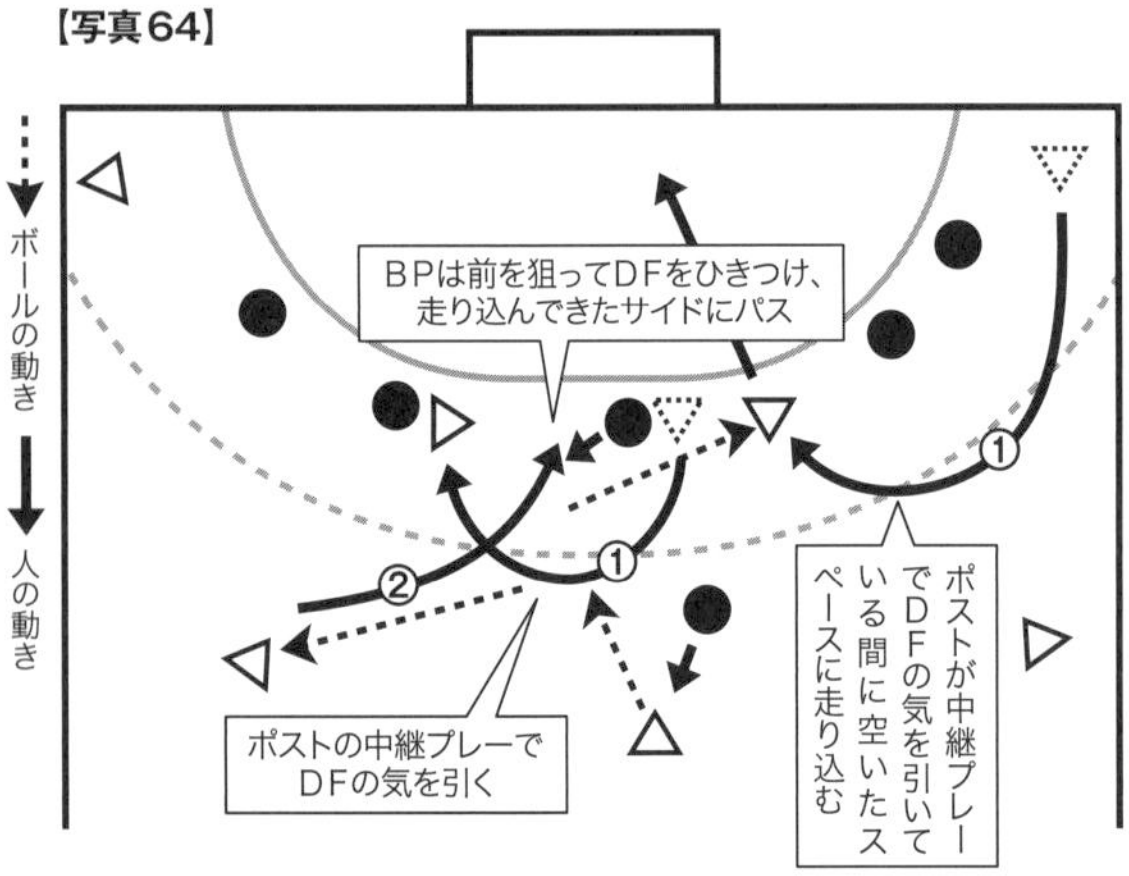
ボールの動き
人の動き
BPは前を狙ってDFをひきつけ、
走り込んできたサイドにパス
ポストの中継プレーで
DFの気を引く
ポストが中継プレーでDFの気を引いている間に空いたスペースに走り込む
①
②

スマホからアクセス！

「ポストの中継プレーに連動して展開」の動画をQRコードから見てみよう!!

これはポストが高く浮いての中継プレーと連動した動きになります。ポストをマークしていたＤＦが、高く浮いて中継プレーに出たポストや、ポストとクロスして前を狙ってくるバックプレーヤーを警戒して動くことで生まれたエリア際のスペースをサイドプレーヤーは見逃さずに走り込み、ＤＦを引きつけたバックプレーヤーからのパスを受けてシュートに持ち込みます。

数的有利なケースでのサイドプレーヤーの役割

数的有利の場合は味方が協力して作ってくれるチャンスをコーナー奥で「待つ」のが基本

試合ではOFが6人に対し、DFが退場者を出して5人になるケースがあります。

GKの得意、不得意なシュートに合わせるなど、チームによって守り方は変わってきますが、多くのチームが相手OFをインではなくアウトに抜かせるようにして守り、たとえノーマークができたとしてもサイドからシュートを打たせるようにしてきます。数的不利なDF側が「サイド勝負!!」と守り方を確認し合っているのを耳にしたことがあるでしょう。

こうしたケースで、味方が確実にDFをずらし、作ってくれたチャンスを活かし、いかに高確率でシュートを決められるか。サイドプレーヤーとしての真価が問われる場面、と言ってもいいでしょう。

サイドプレーヤーにとっての見せ場でシュートを決め切れないと、相手DFは中央付近を固め、いっそうサイドシュートを打たせるように守ってきます。

その結果、サイドプレーヤーの負担が大きくなり、シュートが決めづらくなる悪循環に陥って、せっかくの数的有利のチャンスを活かせずに終わってしまいます。

そうならないために、このサイドプレーヤーの章をよく読んで、役立ててください。

「待ち」ながら前を攻める!!

93ページから、サイドプレーヤーが積極的に動き、展開の中に絡んでいくことをお伝えしてきましたが、数的有利な場面は原点に返り、コーナー奥で「待ち」の状態で味方からのパスに備えることになります。

そこから、いかに味方からのパスとのタイミングを合わせ、思い切りよくシュートへと飛び込めるかがポイントです。

ただし、コーナー奥でひたすら「待ち」の状態でいればいいわけではありません。

ボール回しの中で、ただ機械的にとなりのバックプレーヤーにボールを返すのではなく、自ら前を狙う姿勢を持ち続け、自分の前のDFのみならず、そのとなりのDFの注意も引きつけることが大切です。
サイドプレーヤーが自分の前のDFに加えて、そのとなりのDFを少しでも動かすことができれば、自然にノーマークチャンスを作りやすくなります。

【写真65】と【写真66】を見比べてください。
注目してほしいのは、サイドプレーヤーをマークするDFのとなりのDFの動きです。
サイドプレーヤーがしっかりと前を狙っている【写真65】と、受けたパスをただとなりのバックプレーヤーに返しているだけの【写真66】を比べると、サイドプレーヤーをマークするDFのとなりのDFの動きが大きく異なっているのがわかるでしょう。
数的有利の時は、「待ち」の姿勢から着実にシュートを決めるとともに、味方のノーマークチャンスを作るための前を狙う姿勢も忘れずにいてください。

前を狙う姿勢を忘れずに!!

サイドプレーヤーに前を狙う姿勢がないと、それぞれのDFが自分の目の前のOFへのマークに集中できてしまい守りやすい

このDFの動きに注目!!
1
2
3
DFの位置はほとんど変わっていない
4

【写真66】

サイドプレーヤーが前を狙うことで、目の前のDFだけでなく、そのとなりのDFが大きく振られていることに注目しよう

このDFの動きに注目!!
1
2
3
4
5
左側に大きく動いている
6

【写真65】

スマホからアクセス!

前を狙う姿勢の大切さがわかる動画をQRコードから見てみよう!!

BP同士のユーゴからのサイドシュート

パス
1

センターと左バックがポジションチェンジ
2

3

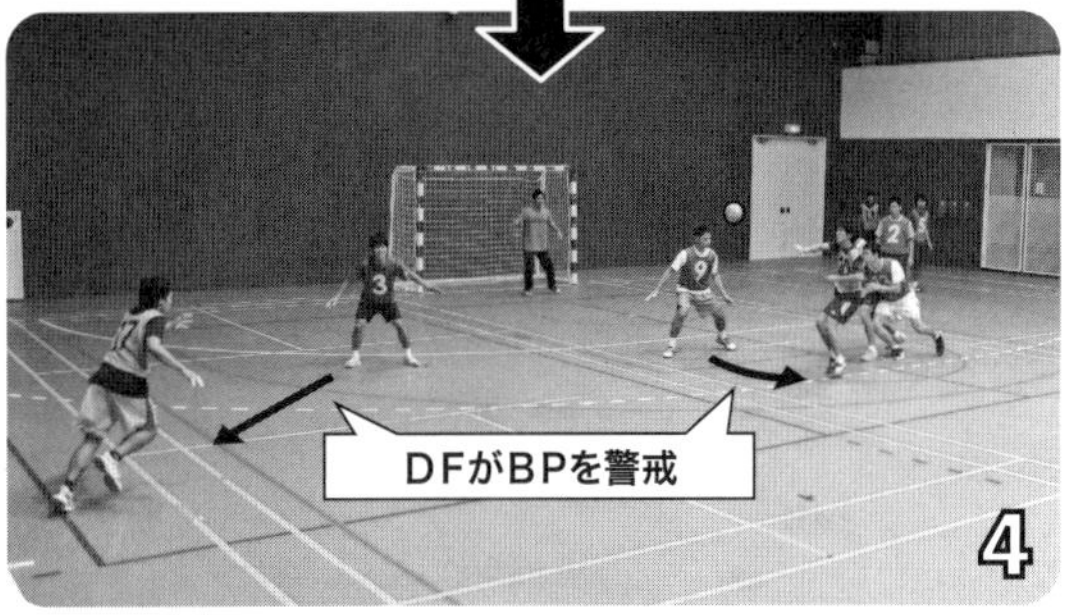
DFがBPを警戒
4

サイド
5

サイド
さらにBPがDFを引きつけ
サイドにパス
6

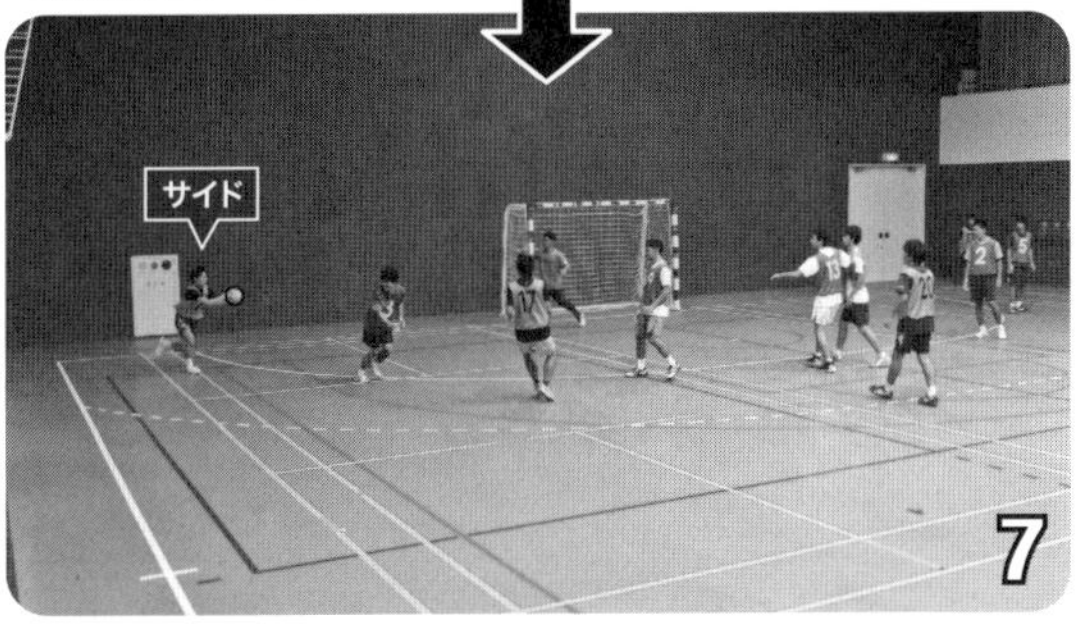
サイド
7

【写真67】

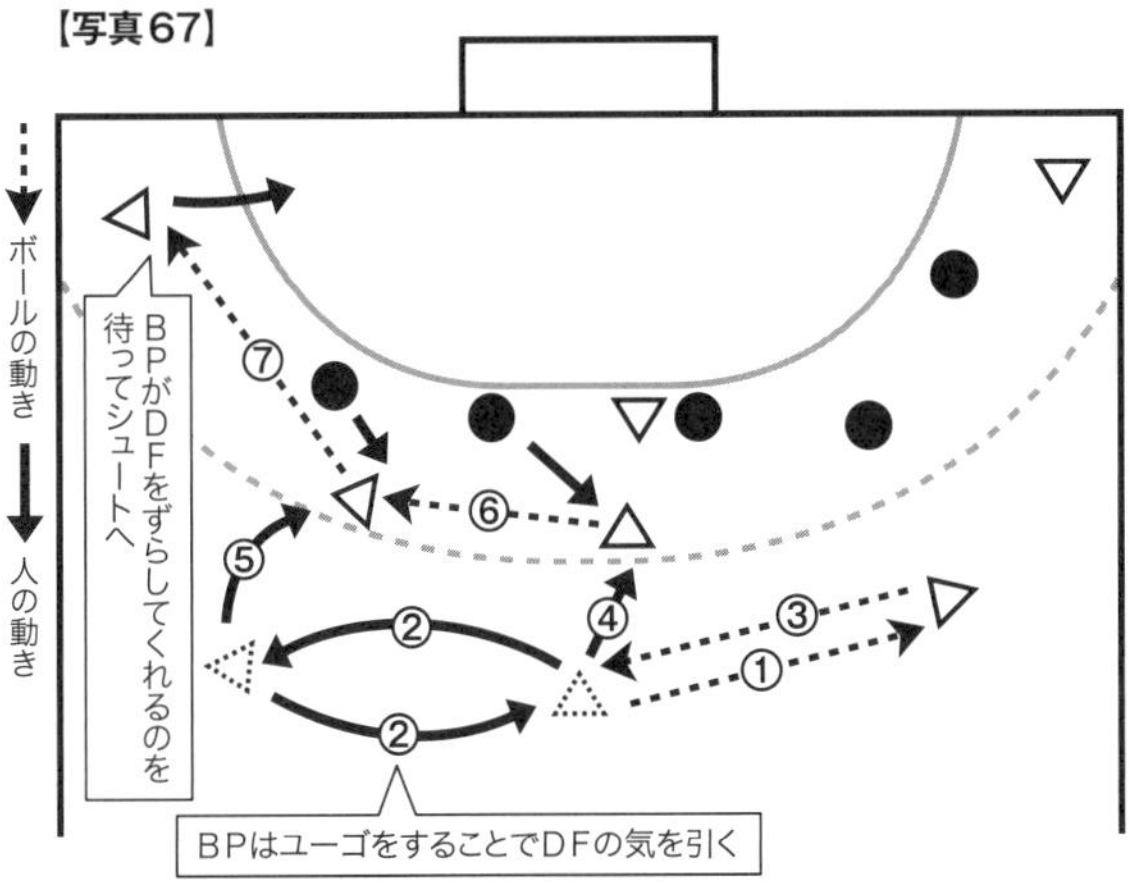
ボールの動き
人の動き
BPがDFをずらしてくれるのを待ってシュートへ
BPはユーゴをすることでDFの気を引く
①
②
③
④
⑤
⑥
⑦

バックプレーヤー同士のユーゴの動き（ボールを持たないプレーヤー同士のポジションチェンジ）でＤＦがバックプレーヤーの動きを警戒したところで、さらにバックプレーヤーがイン（コート中央）へと切り込もうとする動きでＤＦを引きつけ、コーナー奥で待っていたサイドプレーヤーにパスを送ります。バックプレーヤーはチャンスがあれば前、シュートを狙う姿勢を忘れずに。

スマホからアクセス！

BP同士のユーゴからのサイドシュートの動画をQRコードから見てみよう!!

ポストの中継プレーでＤＦをずらしてサイドシュート

パス
1

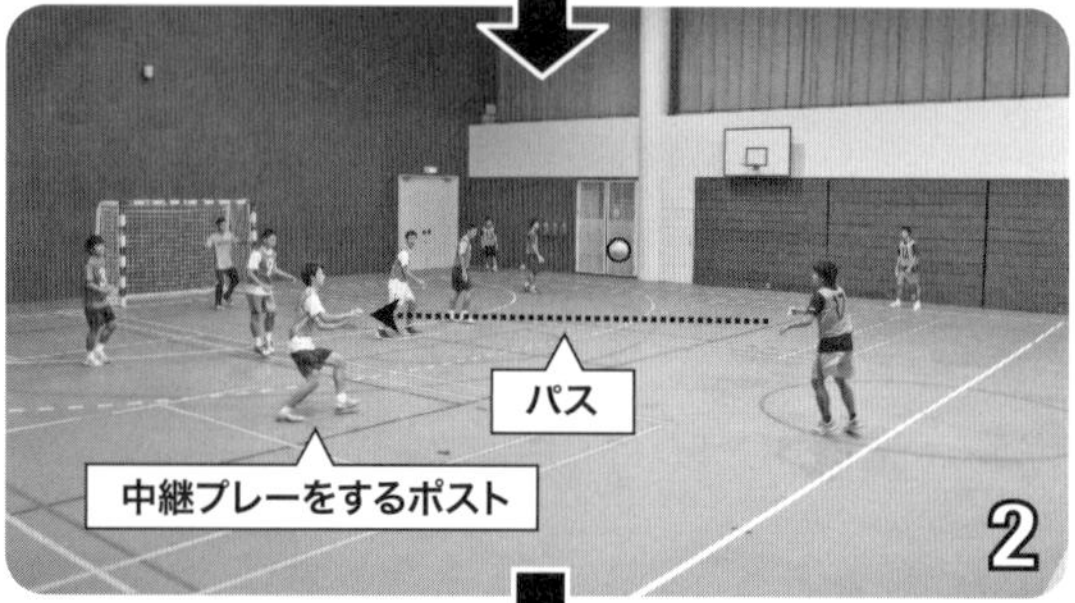
パス
中継プレーをするポスト
2

パス
3

パス
4

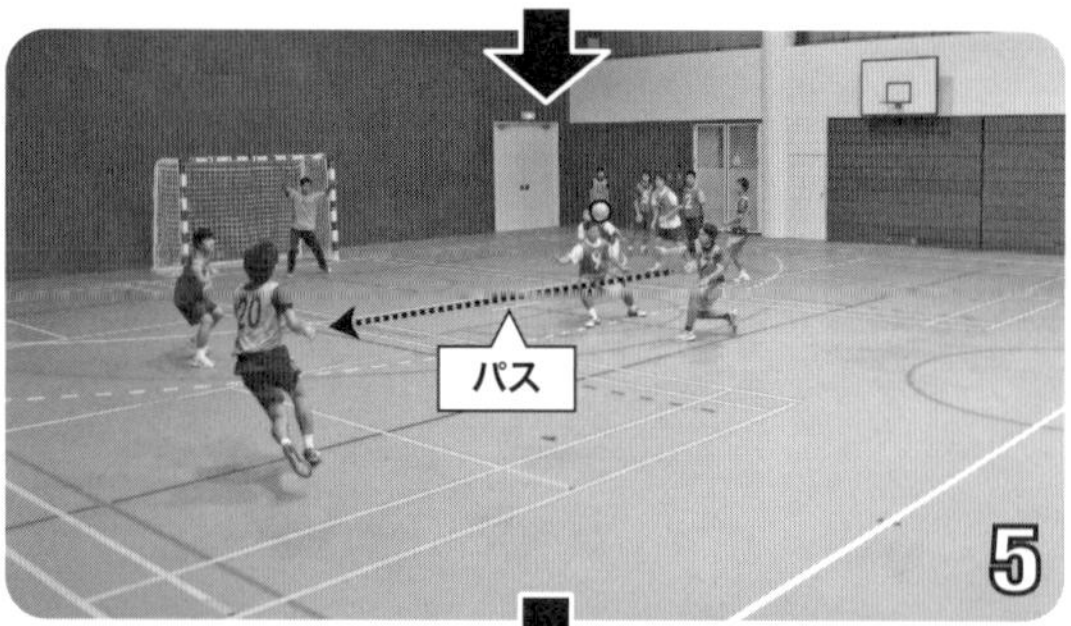
パス
5

DFを引きつけてずれたところで
サイドにパス
6

7

【写真68】

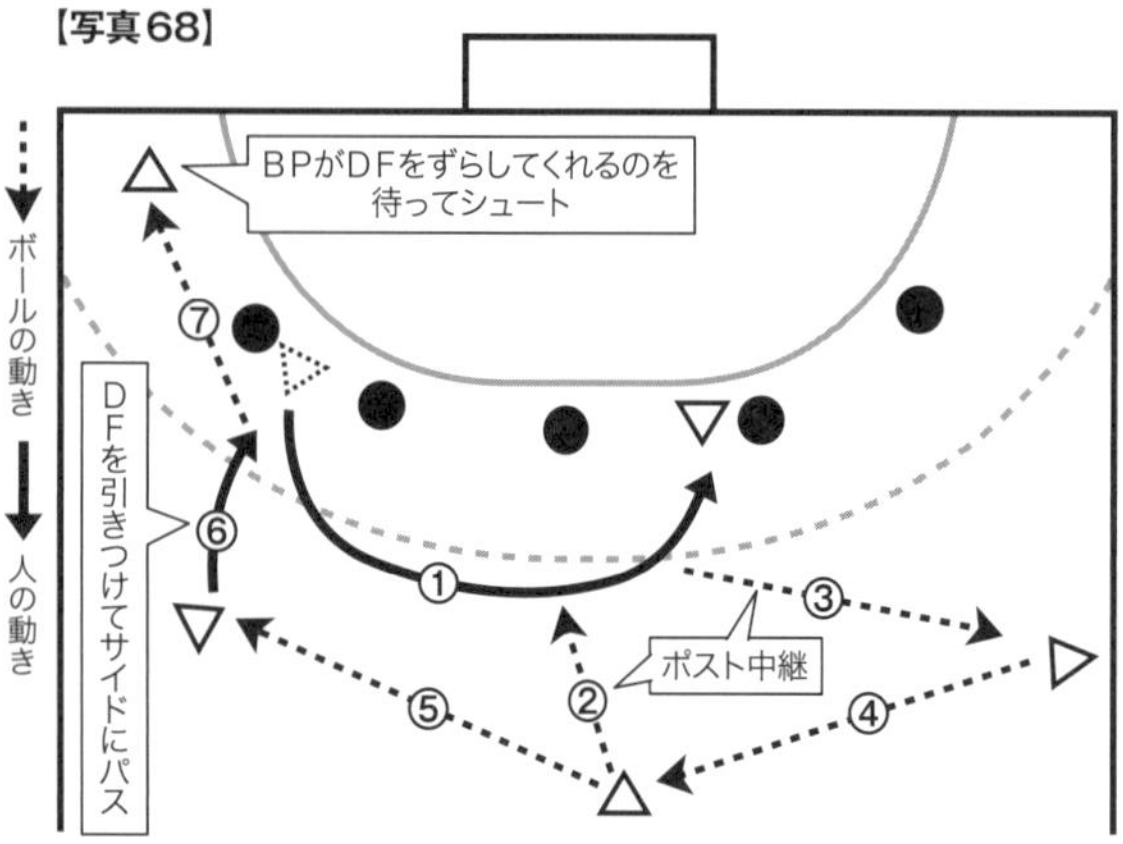
ボールの動き
人の動き
BPがDFをずらしてくれるのを
待ってシュート
DFを引きつけてサイドにパス
ポスト中継
①
②
③
④
⑤
⑥
⑦

今度はポストが中継プレーをすることでＤＦ全体をずらし、その結果、生まれたスペースを利用してサイドシュートに持ち込みます。どのコンビネーションにも共通しますが、フィニッシュはサイドシュートと凝り固まって考えてしまうとうまくいきません。１人ひとりが前、シュートを狙う姿勢を持つからこそＤＦが引きつけられ、その結果としてサイドにスペースができるのです。

スマホからアクセス！

ポストの中継プレーでDFをずらす動画をQRコードから見てみよう!!

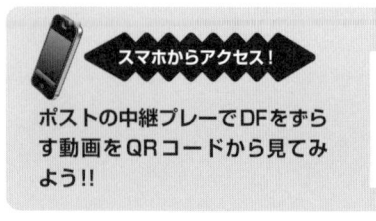

頼れるサイドプレーヤーになるために

57ページから、サイドプレーヤーの「役割とシュートを極める」ことをテーマにお話ししてきました。

これまでお伝えしてきたことも思い返しながら、締めくくりに入っていきましょう。

サイドプレーヤーの役割を再確認しよう

初めに、サイドプレーヤーには①全体の把握②DFを広げる③確率の高いシュートを放つ④速攻に出る、という4つの役割があるとお話ししました。1つひとつの役割は独立しているわけではなく、深く結びついています。

例えば、サイドシュートのチャンスがめぐってきた時、思い切ってシュートへと飛び込む勇気はあるけれど、投げる力が不充分で、それをカバーできるテクニックも身につけていないとなれば、シュートコースが限られるサイドシュートを決めることは難しいでしょう。

このようなシュートを決める力に乏しいサイドプレーヤーを、サイドDFは大きなエネルギーを注いで守ろうとするでしょうか?

サイドDFの注意を引きつけることができなければ、DFを広げる、という役割を果たすことができません。

また、先のプレーを読んだり、判断よく飛び出したり、足の速さを活かして速攻からノーマークシュートのチャンスを得ても、サイドシュートを決め切れないプレーヤーが、高い確率でシュートを決めることは難しいでしょう。

逆に、シュートを決める力を持っていても、攻守の切り替えの判断が遅かったり、スピードに欠け、戻ってくるDFに追いつかれてしまっては、シュート力を活かす前に守られてしまいます。

シュート力があっても相手DFの状況を把握せず、角度のないところから飛び込んでもシュート確率は高まりませんし、速攻への意識が強すぎるあまりに、早く飛び出しすぎて、相手にチャンスを与えてしまっては意味がありません。

このように、4つの役割は結びつき、連動しています。1つの役割を極めるのではなく、すべての役割を少しずつマスターしていくことを心がけましょう。

自らチャンスをつかみに行くことも大切

サイドプレーヤーは『待ち』のポジションともお話ししました。

確かにチームメイトがDFを引きつけ、作ってくれたチャンスをいかに活かして得点に結びつけられるかが、サイドプレーヤーの存在価値の示しどころですが、時には自ら動き出すことも必要です。

70〜72ページで紹介したように、自ら動いてボールをもらいにいったり、ボールが回ってきた時に積極的に1対1で突破を狙うこともサイドプレーヤーの役割です**【写真69】**。

チームとして試合に勝つことが大きな目標で、個人の得点よりもチームの勝利が大切なのはもちろんですが、同じやるからには、自らシュートを打ち、1点でも多く得点できた方が、よりおもしろさ、やりがいを感じられるでしょう。

例えば、サイドプレーヤーも1試

1対1を仕掛けよう！

右足に体重をかけ
DFを引き寄せる

②とは逆側にドリブルをついて
DFを引き寄せる

右足を大きく出して
切り返す

【写真69】

スマホからアクセス！

「1対1を仕掛ける」動画を
QRコードから見てみよう!!

合に4、5点は絶対に取るぞと意識してみてください。

実際に、試合中に仲間が作ってくれた速攻やサイドシュートの機会をものにして3点取ることができたとします。

しかし、チャンスを待っているだけでは、仲間が作ってくれたチャンスが3回だったら3点で終わり。

また、仲間が作ってくれた貴重な場面で1回でもミスをしたら、どこで取り返しますか？

チームメイトがDFをずらして作

One Point ADVICE
写真69-6の場面では肩をしっかりと内側にひねることでDFをかわしやすくなる。

準備をして速攻へ飛び出そう

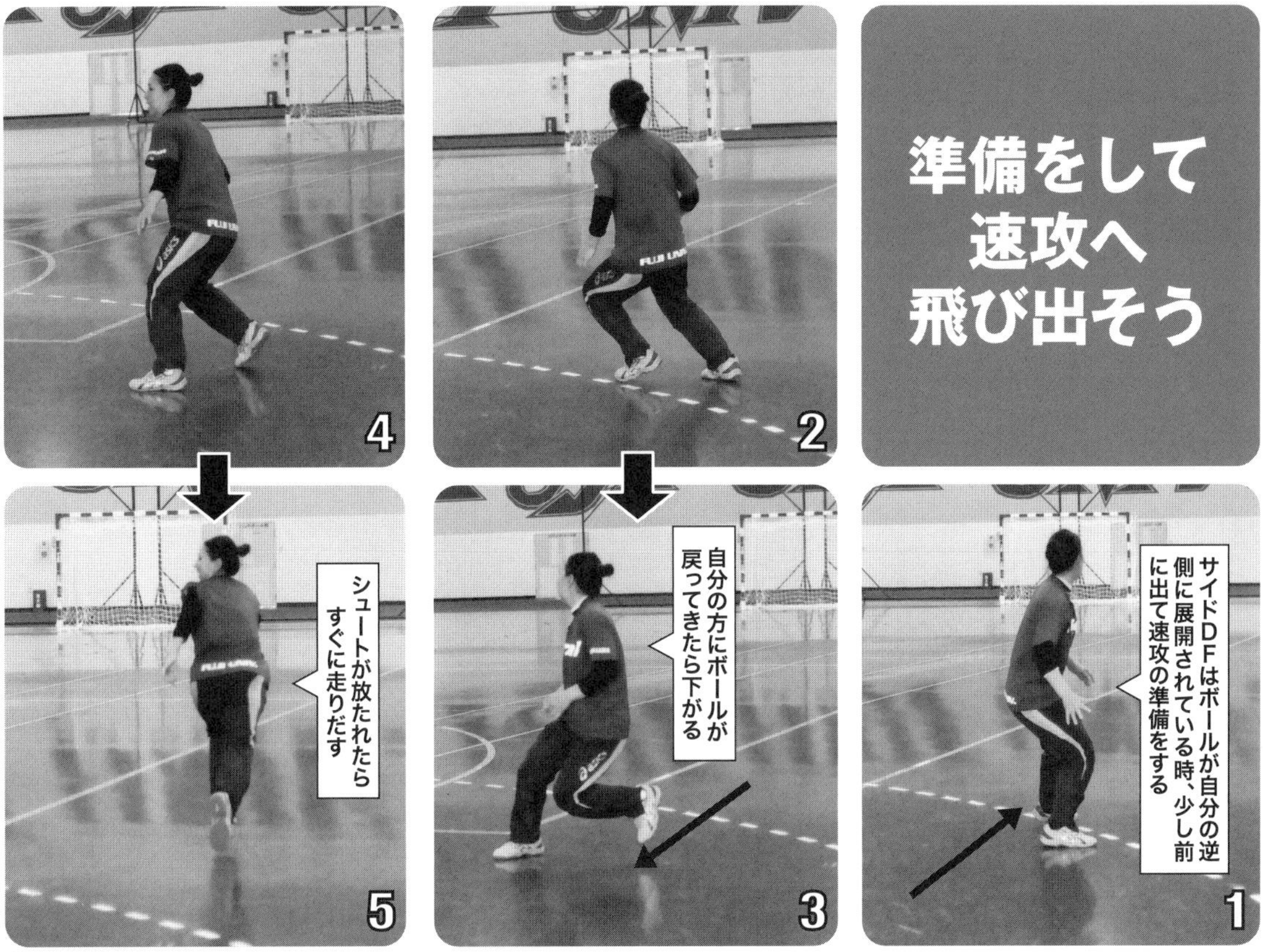
1
サイドDFはボールが自分の逆側に展開されている時、少し前に出て速攻の準備をする
2
3
自分の方にボールが戻ってきたら下がる
4
5
シュートが放たれたらすぐに走りだす

【写真70】

ってくれたスペースを活かすだけでなく、サイドプレーヤーも目の前のDFに1対1を仕掛けて突破、シュートにチャレンジしていいのです。

進んでボールをもらいにいったりと積極的に動き回る姿勢はプラスアルファになります。

なぜなら、たとえ得点に結びつけることができなくても、DFの気を引けば、DFの間を広げて仲間のチャンスを生み出すことができるからです。

もちろん、むやみやたらに動き回って攻めるのではなく、チームの約束事を守りながら、仲間とコミュニケーションを取ることも重要です。

いつも決められたとおりに動くだけでなく、変化をつけることで攻撃チャンスを作ることができるのです。

スマホからアクセス！

「速攻への準備」の動画をQRコードから見てみよう!!

自分に合った動きを身につけよう

こうした変化を生み出すためにはさまざまな動きが必要です。コンビネーションや「切り」を使った時はいつもと違うポジションでシュートを打ったり、仲間にパスしたりするケースも出てきます。

そういうケースを想定し、サイドプレーヤーとしての動きに固執しすぎず、ほかのポジションの動きも研究してオールマイティーなプレーをマスターできれば、より活躍の幅が広がることでしょう。

オールマイティーなプレーをマスターする以前に、走るのが速くない、高く跳ぶことができない、身長が低い、肩の関節が固いなど、身体能力や体格面で悩みを抱えている人も多いかもしれません。

そうした悩みを克服するために、自分の能力に合わせたプレーを選択しながら、よさを伸ばしていくことが重要です。

【写真70】で説明している「速攻への飛び出し」のように、サイドD

Fに入った際は、自分のマークを気にしながらも、速攻に出る準備をしましょう。

もちろん、ボールが自分の方に来ている時はマークを警戒して6mラインの方に少し下がる必要がありますが、ボールが自分とは逆側に展開された場合は、リードするチャンス。前に出ていつでも速攻に出られるようにしておけば、そこで相手がシュートを放ち、自分たちの速攻に転じた時、ほかの選手よりも有利な位置からスタートを切ることができるので、走るのが遅くてもカバーすることができます。

日本代表として2度のオリンピックにも出場した元木博紀（ジークスター東京）はバックプレーヤーも高いレベルでこなす

ジャンプ力がなければ、シュートに飛び込む際に1歩や2歩で飛び込んでタイミングをずらしたり、肩や手首の柔軟性がなくても、高低差をつけたり、バリエーション豊かなシュートを身につけてGKを翻弄したりと、さまざまな工夫次第で自分の身体能力以上の働きをすることができるでしょう。

いくつかの能力や身体的な特徴が人よりも劣っていると感じた時が成長する絶好のタイミング。

できないことを改善しようとトレーニングを積むことももちろん大切ですが、この章で紹介したことや、憧れの選手の動きを参考に自分なりに工夫をこらして、さまざまなプレーに挑戦してみてください。

『待ち』のポジションということもあり、バックプレーヤーにボールをサイドまで回す力や意識がないと、サイドプレーヤーは実戦で自信をつけるための経験を積むことも難しいかもしれません。

それでも、ボールに触れなくても「全体を把握する」サイドプレーヤーの役割を果たすことはできますし、速攻でチームに貢献することもできます。

ボールが回ってこないからとやる気をなくしたり諦めたりせず、サイドプレーヤーの役割を思い返し、ポジティブにチャレンジしてほしいと思います。

ここまで、サイドプレーヤーの役割から、シュート、コンビネーションに至るまで、幅広くみなさんにお話ししてきたことは、いずれも「これだけが絶対の正解」というものではありません。

基礎的なボールの投げ方にしても、肩の関節が固い人が、理想のフォームとして紹介した投げ方にチャレンジするのは難しいでしょうし、さまざまなバリエーションをお伝えしたコンビプレーも、写真（映像）、図で示したとおりに実践しなければいけないものではなく、あくまできっかけ、たくさん持ちたい選択肢の1つです。

この章でお伝えしたことを、個人やチームに合うように消化し、アレンジして、みなさんそれぞれのオリジナル、新しいプレーを生み出してください。

玉川裕康（ジークスター東京）

第3章

役割とシュートを極める『ポストプレーヤー』

６mラインの際でプレーするポストプレーヤーは、相手ＤＦの中でもみくちゃにされながらも全体の動きを把握して動くことで自分が活き、そして仲間を活かすことができるポジション。ポストの役割と必要な能力を知り、トレーニングに励んでいこう。

協力：大同大学ハンドボール部

解説者紹介

齊藤 慎太郎

さいとう・しんたろう、1965年8月3日生まれ、湯沢高（秋田）からハンドボールを始め、名門・日体大でポストとして活躍。卒業後は教員の道へ。教員生活を送りながら1990年には第12回世界選手権、91年にはバルセロナ・オリンピックアジア予選に出場するなど日本代表選手として大舞台を経験した。日体大大学院での研究生活を経て、母校・日体大で男子部の監督代行や女子部のコーチを務めたあと、2004年から現在の大同大に赴任。男子部コーチとして佐藤壮一郎監督をフォローしたのち、女子部を立ち上げて監督に就任。U−24日本女子代表や、2015年に初めてハンドボール競技が実施されたユニバーシアード女子代表の指揮もとっている。

佐藤 壮一郎

さとう・そういちろう、1969年8月7日生まれ、日体荏原高（東京）、日体大を経て大同特殊鋼でプレーした。日体大ではインカレ3連覇を成し遂げ、大同でも数々のタイトル獲得に貢献。日本代表としてもチームのムードメイカーかつDFでも頼れるポストプレーヤーとして活躍した。現役引退後は2000年から大同工大（現・大同大）教員となり、監督として男子ハンドボール部の本格始動に尽力。日本一をめざしてチーム指導に力を注ぐとともに、2006年にはU−23日本代表の監督、07年、08年には日本男子代表のコーチを務め、U−21日本男子代表監督として戦うなど、日の丸を背負っての数々の指導歴を持つ。

ポストに必要な能力、そして役割とは？

自分が活きて仲間も活かす

ほかのポジションとは違い、DFの間でゴールにも背中を向けてプレーするのがポストプレーヤー。他のポジションのプレーヤーとは異質に感じるかもしれません。

それでも、DFと同じ方向を向いているので、DFがどこを守ろうとしているのか、どこが守りにくいのかということをDFと同じ感覚で知ることができます。仲間とDFの動きを先読みしながら動くことで、ポストプレーヤーの活躍の機会が生まれてくるのです。

DFに密着してマークされながら、瞬間的に自分がボールをもらいやすい場所を見つけて移動し、その動きに合わせた仲間からのパスを受けて6mライン際から確率の高いシュートを放つ。

こうした自分が活きるプレーを選択するとともに、仲間が攻めやすいようにDFを引きつけたり、DFの動きを制限するブロック（スクリーン）をする、といった仲間を活かすことがポストプレーヤーの大きな役割になります【表1】。

体格に合わせたプレーを

また、ポストプレーヤーは、DFとDFに包まれるようにプレーするので、ほかのポジションと比べても接触されながらのプレーが多くなってきます。

DFとDFにはさまれてもみくちゃにされても、体勢を維持してシュートやパスなどにつなげなければならないとなると、体格のよさや身体の強さが必要になります。

がっしりとした身体つきに加え、高さ（身長）があればDFの上の空間を利用することができるので、さらに有利になります。【表2】で示した『パワー系ポスト』がこれにあたります。

それでも、身体の大きさがすべてではありません。身体は大きくなくてもスピードを活かしてDFの間をすり抜け、DFを混乱させたり、瞬間的な動きでDFのスキを

ポストの役割	
自分が活きる	・6mライン際からの高確率なシュートを放つ
他を活かす	・ブロックなどで仲間のシュートをアシスト ・相手のDFラインを下げさせる ・パワープレーや7mTのチャンスにつなげる ・スペースを生み出す

【表1】

ポストの種類と特徴	
パワー系ポスト	・相手DFの上の空間を利用してチャンスを作り出す ・押されてもいい位置取りをキープ ・効果的なブロックをする
スピード系ポスト	・DFの間をすり抜けてスペースに移動してチャンスメイク ・すばやく動いて相手DFのチェンジミスを誘発 ・DFと駆け引きする

【表2】

つけば充分にポストプレーヤーとしての役割を果たせます。惜しくも敗れた2015年のリオデジャネイロ・オリンピックアジア女子予選で、日本女子代表のキーパーソンと言われた横嶋かおるさん（元・北國銀行、引退）もこのタイプのポストプレーヤーです。【表2】の『スピード系ポスト』がこれにあたります。

自分の特徴に合ったプレーを選択してみてください。

まず基盤の体力を鍛えよう

どのポジションにも言えますが、【図1】のピラミッドのように、まず、基盤として体力面の充実がなければ、その上の技術、戦術、戦略は伴いません。

ピラミッドの基盤の体力面をしっかりと鍛えることで土台が安定し、技術、戦術、戦略がより幅広いものになっていき、より大きなピラミッドを作っていくことができます。

また、ピラミッドの支柱には精神力があります。苦しい練習を乗り越える時も、相手に立ち向かう時も強い気持ちが必要になります。とくに、ポストプレーヤーは身体を張ったプレーが多いため、なおさらです。

元・北國銀行の横嶋かおる（引退、現姓：嘉数）は身体が大きくなくても世界に大きなインパクトを与えた

大同大の女子部員でも相撲をやらせるとポストプレーヤーが一番強いです。

それはポストプレーヤーが強い心と身体で戦える人間になっているからです。ポストプレーヤーは闘争心の強い、いい格闘家になれるような選手をめざしてほしいものです。

必要な要素を確認しよう

ポストプレーヤーに必要な要素を【図1】のピラミッドをもとに書き出してみました【図2】。

まず『体力』は、ポストプレーヤーがDFのプレッシャーの中でプレーを継続していくために必要な要素になります。

そして、キャッチやシュート力などの『技術』を身につけたあとに、実際の相手DFに対して習得した技をどのように使うのか選択していくのが『戦術』です。

また、ポストプレーヤーの能力についてお話しする際の『戦略』とは、自分の現状を知ったうえで課題を抽出して、計画的に振り返り、自分にはどのトレーニングが必要か考えて行動し、さらにそれが充分だったのか、不充分だったのか確認していくことです。

【図1】

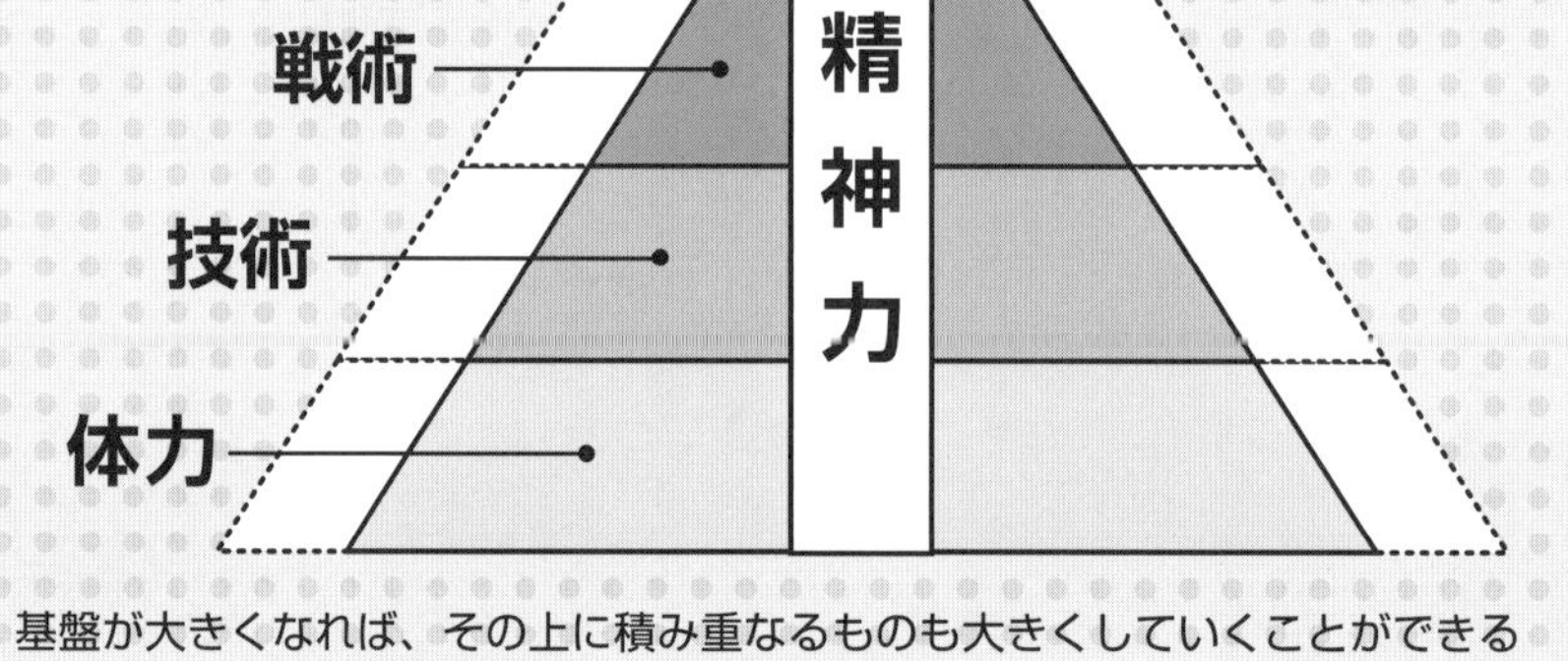

基盤が大きくなれば、その上に積み重なるものも大きくしていくことができる

以上のように、この『ポストプレーヤー』の章では、【図2】をもとに「体力⇒技術⇒戦術⇒戦略」の流れで練習メニューを紹介していきます。初めに『体力』の《形態》と《筋力》の部分について見ていきましょう。

【図2】

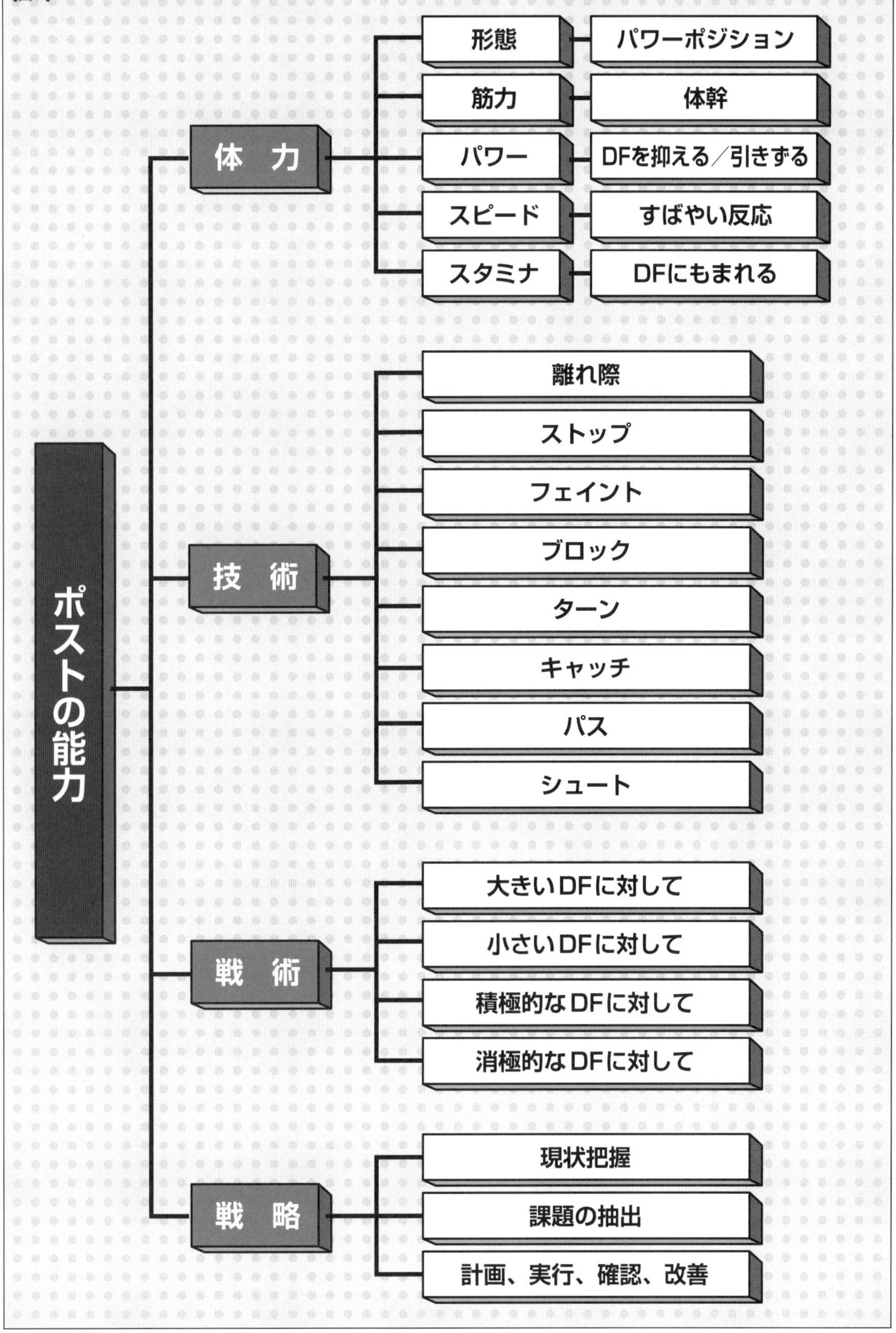
ポストの能力
体 力
形態
パワーポジション
筋力
体幹
パワー
DFを抑える／引きずる
スピード
すばやい反応
スタミナ
DFにもまれる
技 術
離れ際
ストップ
フェイント
ブロック
ターン
キャッチ
パス
シュート
戦 術
大きいDFに対して
小さいDFに対して
積極的なDFに対して
消極的なDFに対して
戦 略
現状把握
課題の抽出
計画、実行、確認、改善

パワーポジション

パワーポジションとは?

前後左右から押されてもバランスを崩さずに姿勢を維持できる体勢で、運動時に最も力を発揮しやすい姿勢と言われています。パワーポジションを作るうえで以下のポイントを意識しましょう。

- 足は肩幅より少し広めに開く
- 内股やがに股にならないようヒザやつま先はまっすぐ前を向ける
- 背中は丸まったり反りすぎないようまっすぐ
- 横から見た時にアゴとヒザ、つま先が一直線上にくるようにする

ヒザとつま先は前にむける

ヒザがつま先よりも前に
重心は前に

ポストプレーヤーは パワーポジションから

ＤＦの動きをブロックしながらパスを待つ時や、ＤＦに押されながらも、キャッチ、パス、シュートとさまざまな動きを展開する時にポストプレーヤーにとって欠かせない姿勢がパワーポジションです。この基本の姿勢をマスターして幅広いプレーを習得していきましょう。

一見、簡単そうに見えるかもしれませんが、ちょっとヒザが内側に入ったり、背中が曲がったりするだけでも、ＤＦの当たりに対して身体がふらつきやすくなってしまいますし、筋力がなければ、この姿勢を維持することは難しくなります。また、正しい姿勢でプレーをすることでケガの予防にもつながるので、つねに意識して取り組んでいきましょう。

パワーポジションを維持するうえで重要な役目を果たすのが、足首、股関節、肩甲骨です。まずは、この３点の柔軟性やパワーをつけるためにそれぞれの部位のストレッチから始め、パワーポジションを維持するためのトレーニングについてお話ししていきます。

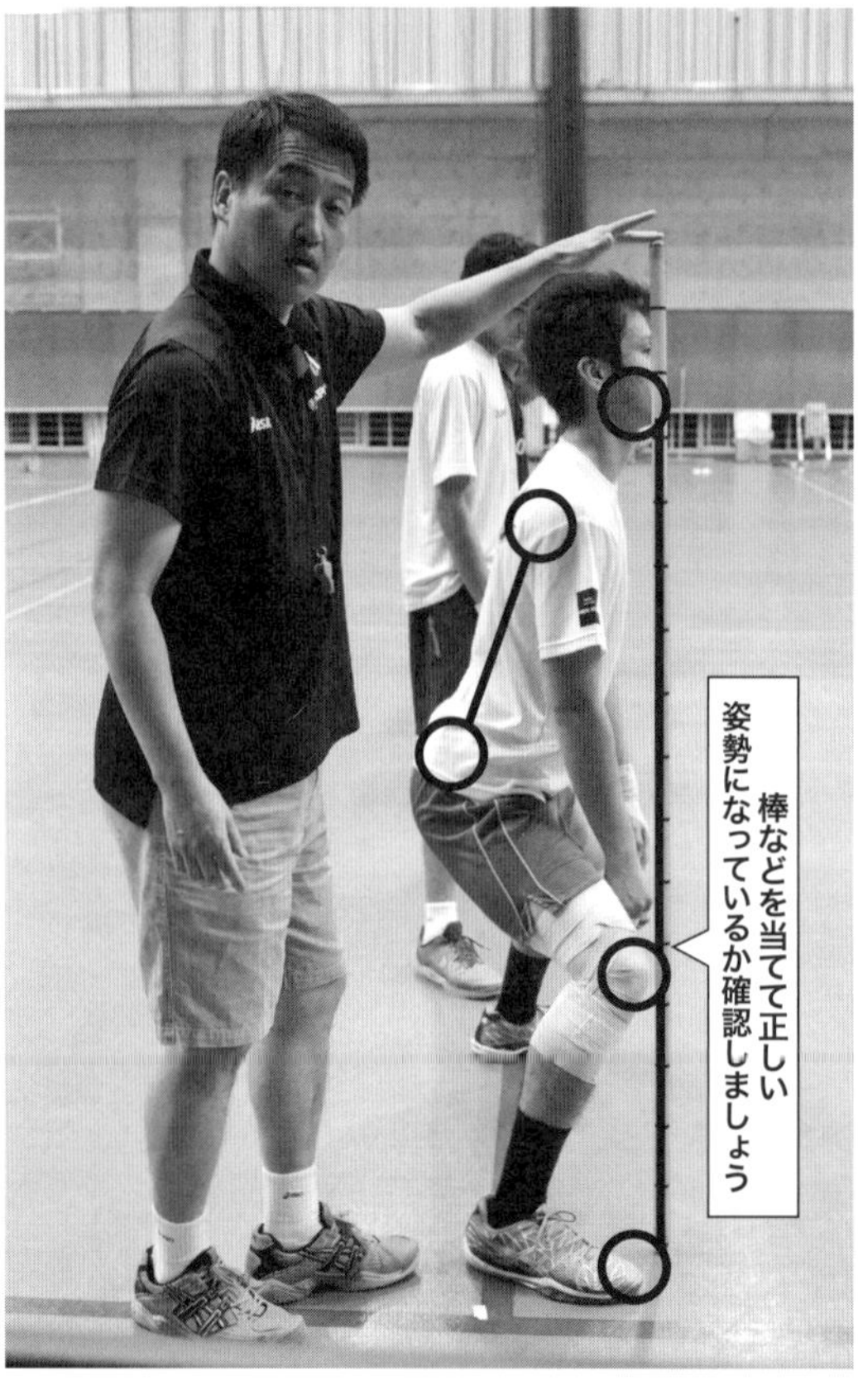
棒などを当てて正しい
姿勢になっているか確認しましょう

体力 ⇒ 形態⇒ パワーポジション

足首のストレッチ

足首のストレッチの重要性

パワーポジションでの足首は身体を支える大事な部位です。たくさんの小さな骨やじん帯が集まり、足を踏ん張ったり、踏み出す時に役目を果たしています。

より安定したパワーポジションを保つためにも、充分にストレッチしておきましょう。

ストレッチ1 アキレス腱伸ばし

足首のうしろをのばす

片足を前に出し、ストレッチしたい足をうしろに引いてアキレス腱（足首のうしろ）を伸ばします。少し反動をつけるとよく伸びますが、ケガに注意してあまり勢いをつけすぎない程度に。

スマホからアクセス！

足首のストレッチの動画をQRコードから見てみよう!!

ストレッチ2 しゃがんで足踏み

つま先を少し浮かす

できるだけ体格が近い人とグループを組む

グループで肩を組み、しゃがんだ状態で足踏みをします。足首の前部分からスネを意識したストレッチになるので、足をベッタリと床に着けるのではなくつま先を少し浮かした状態を意識しましょう。

つま先をあげて足首の裏をのばす

股関節のストレッチ

股関節のストレッチの重要性

身体の中で一番大きな関節が股関節。体重を支えながら、前後左右に動くのはもちろん、回旋もする関節です。ＤＦから押されても、それに耐えながらプレーするポストプレーヤーにとって股関節回りのパワーと柔軟性はとても重要です。この部位は重点的にストレッチしましょう。

ストレッチ1 開脚

股関節が固い人
手が地面につかない

股関節がやわらかい人
手が地面に着き、頭もつきそう

脚を開いてストレッチをします。左右に脚を開いて身体を前や左右に倒したり、前後に脚を開くパターンもあります。息を吐きながらじっくりと伸ばしましょう。

アレンジ 1

つま先をタッチします。負荷を上げたい時はうしろから押してもらうといいでしょう。

アレンジ 2
腰が浮いてしまわないように
腰がより地面に近づいていてgood!!

前に出した脚に体重を乗せるイメージで前に倒します。起き上がったり倒したりを繰り返します。

アレンジ 3
できるだけ身体から遠くでキャッチする
骨盤を前に動かすことを意識する

脚を開いたままボールを転がし合い、できるだけ身体から離れたところでボールをやり取りすると、より効果的。

体力 ⇒ 形態 ⇒ パワーポジション

ストレッチ2 アヒル座り

うしろに倒れられず股関節の回旋の動きが固い
ベッタリと地面に背中がついていて、股関節の回旋の動きがやわらかい

このストレッチでは股関節の回旋の動きをよくします。アヒルのように脚を折りたたみ、うしろに倒れます。なかなか倒れられない人は股関節の回旋の動きが固いのでゆっくり倒しましょう。

ストレッチ3 カエル足のストレッチ

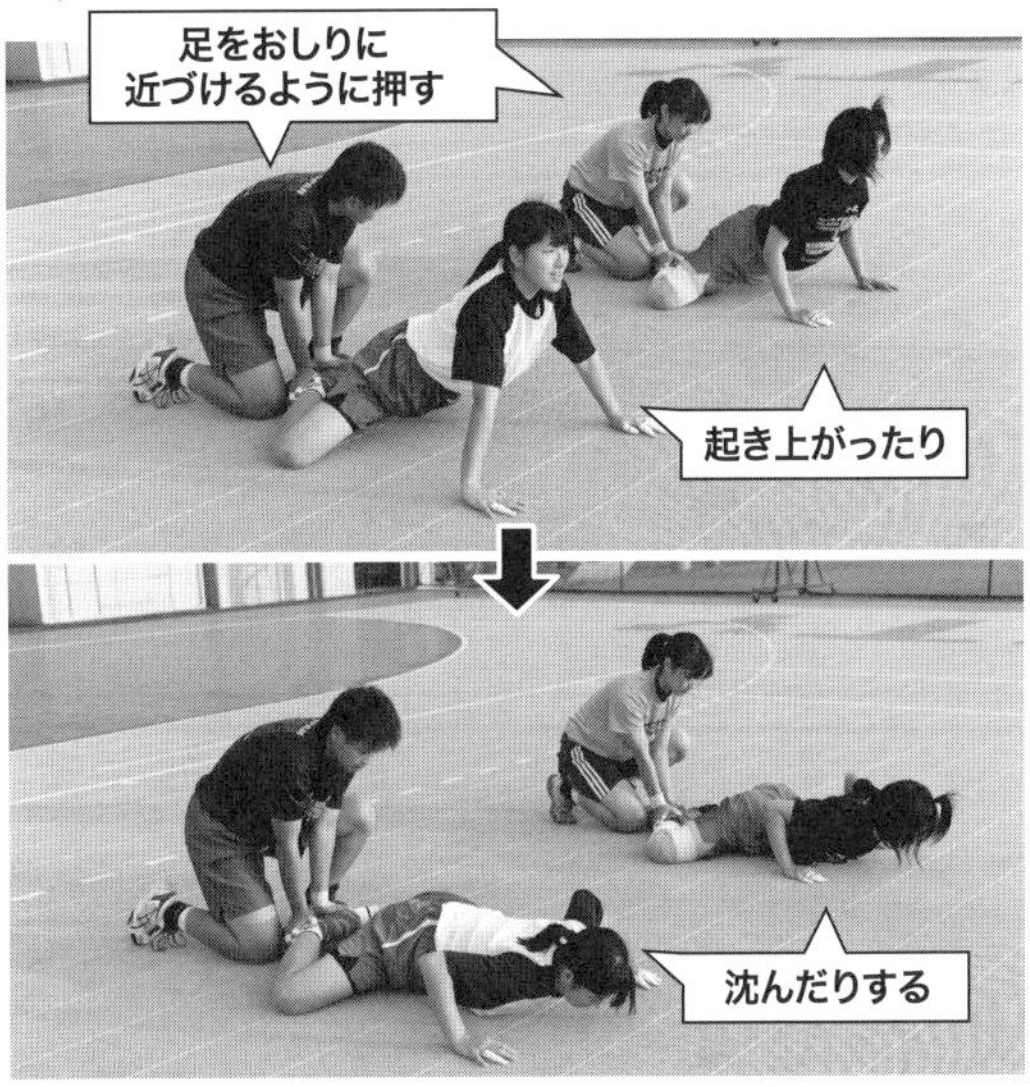
足をおしりに近づけるように押す
起き上がったり
沈んだりする

このストレッチも『アヒル座り』同様、股関節の回旋運動を助けます。うしろで両足の裏をくっつけて、補助の人にグッとおしりの方に押してもらいましょう。

ストレッチ4 脚を抱え込む

抱えている脚を胸に近づける

脚を持って身体に引き寄せるとおしりの筋肉（大殿筋）がよく伸びます。顔や身体を脚に近づけていくのではなく脚を身体に引きつけることを意識すると股関節の裏側のストレッチになります。

ストレッチ5 ラインダンス

できるだけ体格が近い人とグループを組む

５人で肩を組み横１列になります。そこから、脚を前後左右に動かします。左右に動かす時は、ぶつからないように声をかけ合い呼吸を合わせて動かしましょう。

スマホからアクセス！

股関節のストレッチの動画をQRコードから見てみよう!!

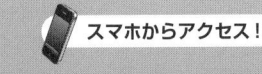

体力 ⇒ 形態 ⇒ パワーポジション

肩甲骨のストレッチ

肩甲骨のストレッチの重要性

肩甲骨は背中の上部に羽のような形で左右にある骨です。腕を動かす時にこの骨もいっしょに動いており、力を発揮する際に重要な役割を果たしています。肩甲骨を意識的に動かせていないとその周囲にある筋肉が固くなったり、猫背になったりして力の伝達が悪くなるので気をつけましょう。

ストレッチ1 肩甲骨回し①

腕を背中側に引き寄せる
腕を下におろす
背中、腰が
丸まらないように注意

ストレッチ１は少し前かがみになって肩甲骨の動きを意識しながら腕を背中側に引き寄せたり、下におろしたり、手を広げたりします。すると肩甲骨が外へ内へと動きます。

ストレッチ2 肩甲骨回し②

肩甲骨の動きを意識して
息を合わせて腕をまわす

できるだけ体格が近い人とグループを組む

仲間と手のひらを合わせて腕をくるくると前後に回します。力の加減やタイミングを合わせないと手のひらを合わせたまま回すことができないので仲間と息を合わせることも重要です。

スマホからアクセス！

肩甲骨のストレッチの動画をQRコードから見てみよう!!

体力 ⇒ 形態 ⇒ パワーポジション

パワーポジションを維持するためのトレーニング

パワーポジションを維持するための総合的なトレーニングに取り組んでいきましょう

トレーニング1 四股《しこ》を踏む

できるだけ高く上げる
片足で立ってもふらつかないように踏ん張る
ヒザが内側に入らないように

股関節を意識して深く沈み込む

パワーポジションのつま先やヒザの向きとは少し違いますが、つま先、ヒザを開いた状態で片足を高く上げて、おろします。おろす時にしっかりと重心を下げるように深く沈み込みましょう。

トレーニング2 上から負荷を加えるトレーニング

股関節付近を上から押して負荷をかける

乗っている人が身体をそらすことで負荷が大きくなる
正しい姿勢をキープすることを心がける

補助の人に上から負荷をかけてもらったり（左写真）、実際に背中に補助の人を背負った状態（右写真）でもパワーポジションを維持できるようにしましょう。10秒、15秒と時間を計りながら行なうと効果的です。

トレーニング3 チューブで負荷を与えるトレーニング

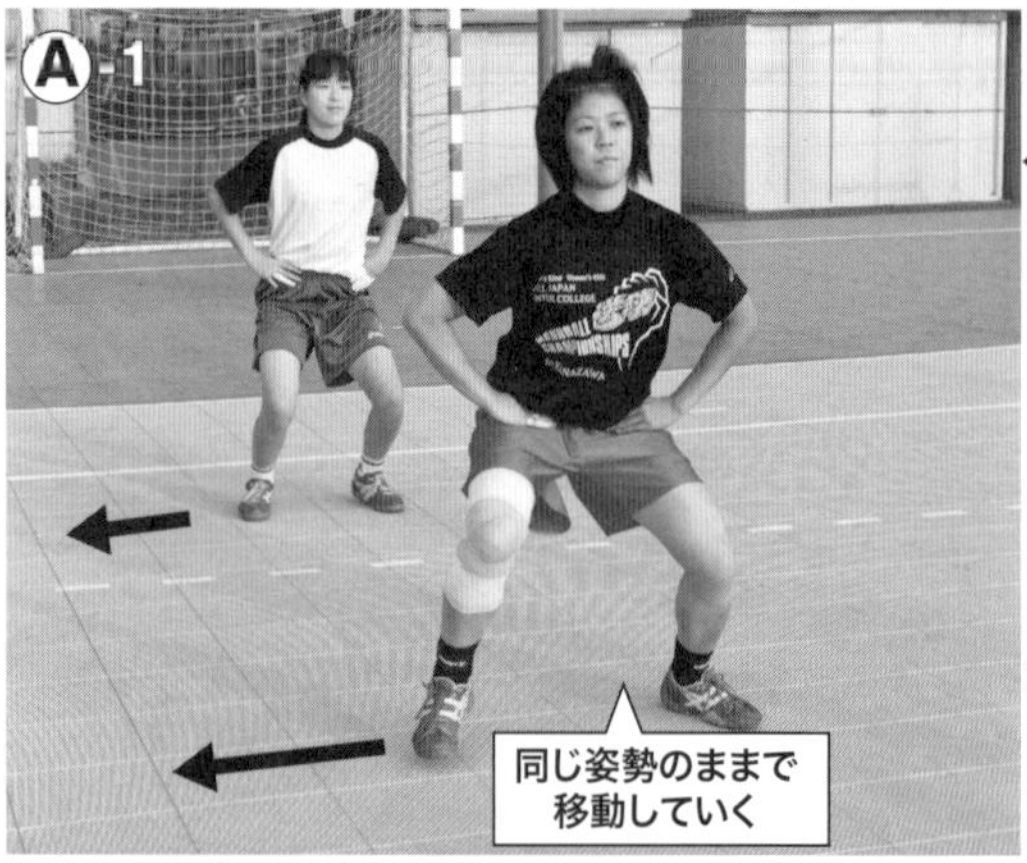
Ⓐ-1
同じ姿勢のままで
移動していく

Ⓐ-2
パワーポジションの姿勢から
ハーキー※しながら前後に進む

※左右の足をバタバタと細かく踏み替える動作

Ⓐ
準

Ⓑ
備

Ⓑ-1

Ⓑ-2
パワーポジションの姿勢から
ハーキーしながら前後に進む

股関節の横を触ると少し飛び出ているところ（大転子）をめやすにチューブを巻きⒶ、その状態で横歩行やハーキーをしながら前進、後進をします。

次は肩幅くらいに足を開いた状態で足首にチューブを巻いてⒷ、同じ動きをします。こちらの方が脚が広がりにくく負荷が大きくなります。

トレーニング4 押し合いながらパワーポジションを維持

２人１組になり向かい合って、両手を合わせた状態で押し合いながら横に進みます。相手の力に対して踏ん張ることよりも、パワーポジションを維持することが大切です。

両手を合わせながら
押し合う
同時にサイドステップ

スマホからアクセス！

パワーポジションを維持するためのトレーニングの動画をQRコードから見てみよう!!

体力 ⇒ 筋力

体幹

体幹とは四肢《しし》（手足）以外の胴体部分のことを言います。体の幹と書くことからもわかるように身体を支える重要な部分です。

とくにお腹回りを支える骨が背骨（腰椎）しかないことからも、その周りの筋肉をしっかりとつけることで身体が安定し、ぶれない身体になるほか、股関節の動きがよくなったり、腰痛などのケガの予防にもなります。

これまでもお話ししたように、ほかのポジションよりもＤＦとのコンタクトが多いのがポストプレーヤーです。

ＤＦとコンタクトしてもパワーポジションをキープし、ＤＦからプレッシャーを受けて体勢が崩れても踏ん張って次のプレーを選択していけるかが重要になるだけに、体幹のトレーニングに集中的に取り組んで、パフォーマンスを上げていきましょう。

ここではまず、体幹の部位ごとのトレーニング、そして最後に総合的なトレーニングを紹介していきます。

最初に体幹は四肢以外の胴体部分とお話ししましたが、ポストプレーヤーにはパワーポジションを保ったり、しっかりと踏ん張るためにも太もも回りも体幹と同様に身体の幹として重要になるので、もも回りのトレーニングも合わせて紹介していきます【図3】。

それ以外の部位は、おしり回り、お腹回り、胸回りに分けて練習メニューを紹介します。

【図3】

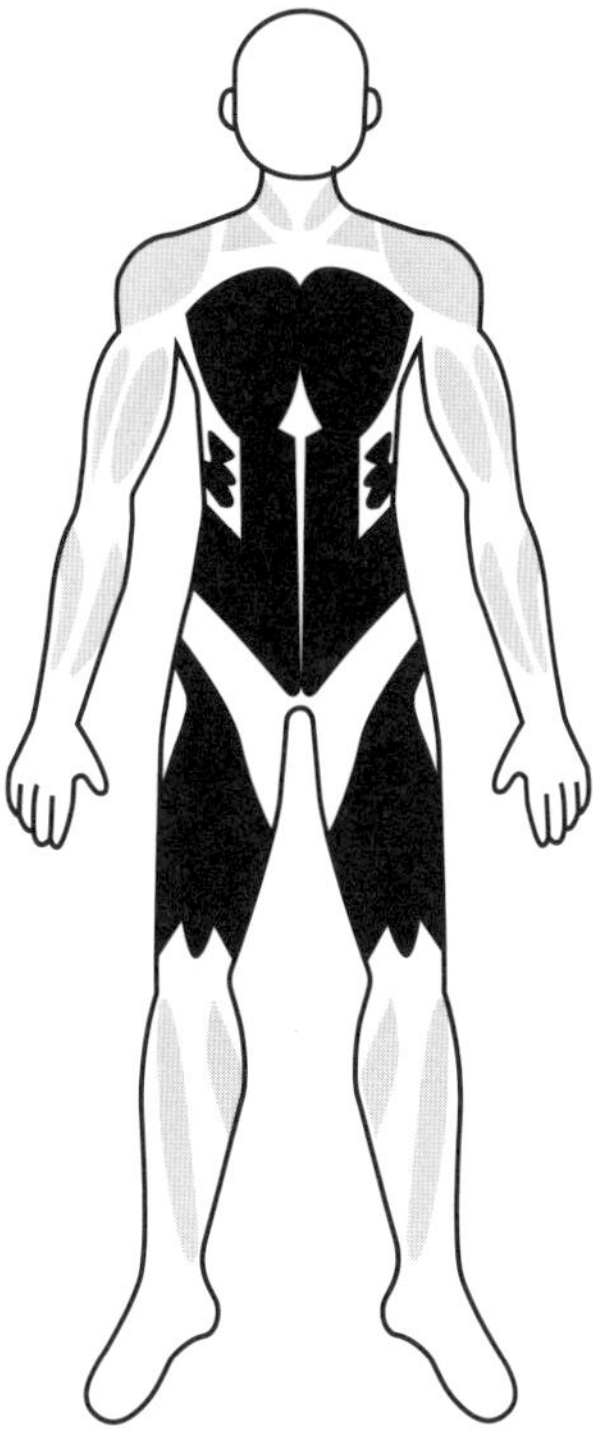

ＤＦに接触されながらでも次のプレーにつなげられる体幹を身につけよう

激しい攻防の中で、つねにいいポジションを確保するためにも体幹トレーニングが必要不可欠

体力 ⇒ 筋力 ⇒ 体幹

もも回りのトレーニング

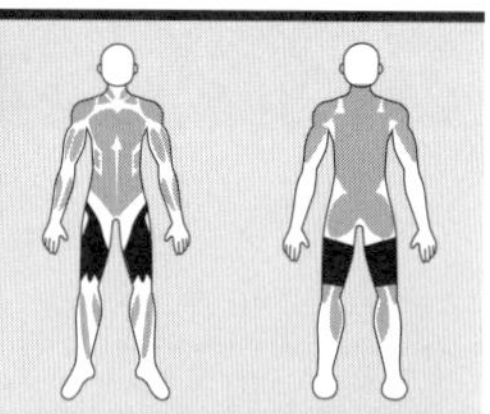

トレーニング スクワット

できるだけ体格が近い人とグループを組む

浅く

ヒザの角度は90度

深く

ヒザを最後まで曲げる

スマホからアクセス！

もも回りのトレーニングの動画をQRコードから見てみよう!!

まずは、ヒザが90度になるまでの浅いスクワットでももの前部分（大腿《だいたい》四《し》頭筋《とうきん》）を、次に、下まで深くヒザを曲げももの裏（大腿《だいたい》二《に》頭筋《とうきん》）を鍛えます。ヒザの角度を意識してトレーニングしましょう。

体力 ⇒ 筋力 ⇒ 体幹

おしり回りのトレーニング

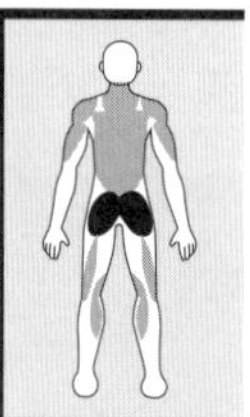

トレーニング アヒル歩き

ヒザが内側、つま先が外側の状態で進まないように注意

５人が１列になり、肩を組んだ状態でしゃがみます。その状態のまま息を合わせて前に進みましょう。

おしりの筋肉（大殿筋）が伸ばされた状態で歩くことで、おしり回りの筋力強化につながります。

スマホからアクセス！

おしり回りのトレーニングの動画をQRコードから見てみよう!!

体力 ⇒ 筋力 ⇒ 体幹

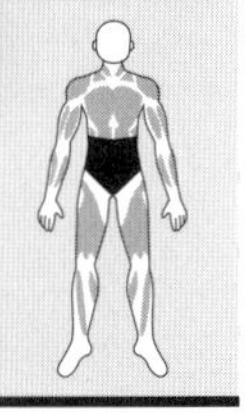

お腹回りのトレーニング

トレーニング1 おんぶした人を受け渡し

➡

おんぶされている人は
地面に足がつかないよう移動する

トレーニング2 抱っこした人を受け渡し

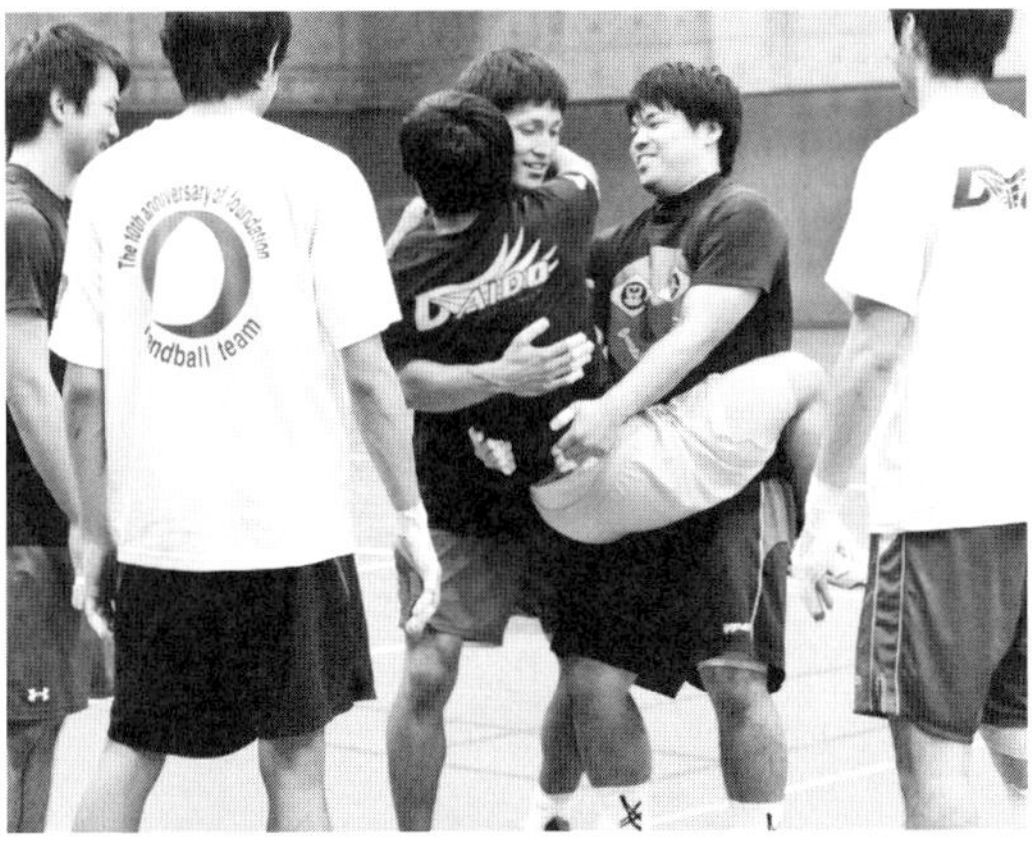

➡

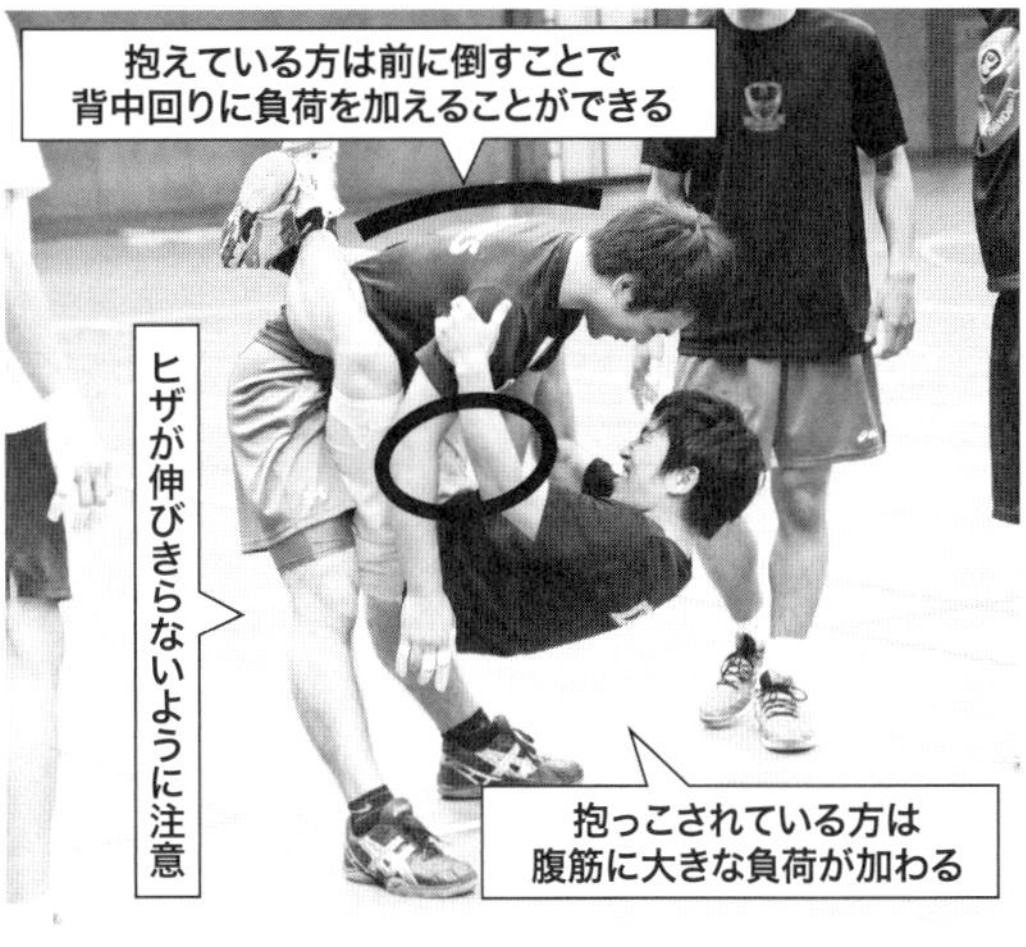
抱えている方は前に倒すことで
背中回りに負荷を加えることができる
ヒザが伸びきらないように注意
抱っこされている方は
腹筋に大きな負荷が加わる

抱っこやおんぶした人を次の人へ受け渡していきます。上に乗っている方はしがみつくだけでなく、身体を離したりするとお互いにお腹や背中の筋肉を使うことができ、より負荷がかかります。

スマホからアクセス！

お腹回りのトレーニングの動画をQRコードから見てみよう!!

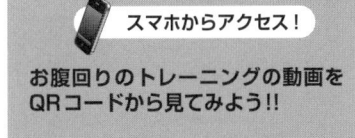

体力 ⇒ 筋力 ⇒ 体幹

胸回りのトレーニング

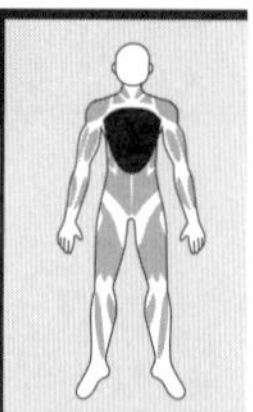

トレーニング1 腹筋しながらパス回し

脚を上げると
腹筋を鍛えるための
負荷が大きくなる
腕を伸ばしてパスをすると
広背筋が鍛えられる

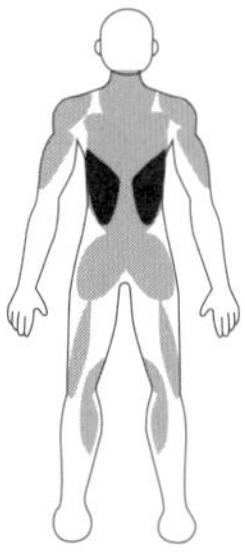

お腹回りと胸回りのトレーニングを合わせたものです。腹筋をしながら両腕を伸ばした状態でパスを回します。両腕を伸ばすことで背中の広背筋が伸ばされ胸回りも鍛えることができます。

トレーニング2 腕立て伏せしながらパス回し

待っている人も姿勢をキープする
ボールを転がしながら
パスをまわす

腹筋の回数を変えるなどして
自分に合った負荷を調整する

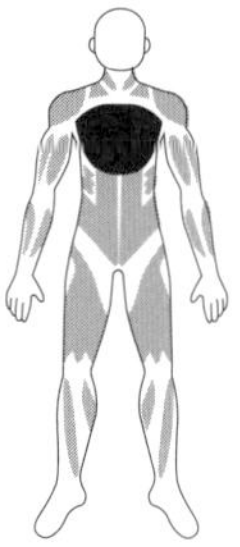

腕立て伏せの体勢をキープして片手でコロコロとパスを回し、パスをもらった人は腕立て伏せをします。胸の前の筋肉である大胸筋のトレーニングに。腕立て伏せの回数を変えて負荷を調整しましょう。

スマホからアクセス！

胸回りのトレーニングの動画をQRコードから見てみよう!!

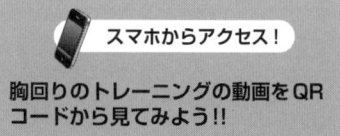

体力 ⇒ 筋力 ⇒ 体幹

体幹全体のトレーニング

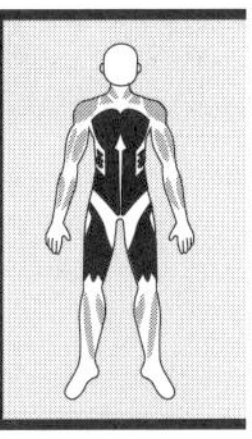

トレーニング1 多方面から押されるトレーニング

さまざまな方向から押す

補助の人にさまざまな方向から押してもらい、跳んでストップ。止まる時に身体がふらつかないようにしましょう。急に強く押すとケガにつながるので押す強さは少しずつ調整しましょう。

押された方はジャンプしてきちんとストップできるかがカギ

トレーニング2 スパイダー

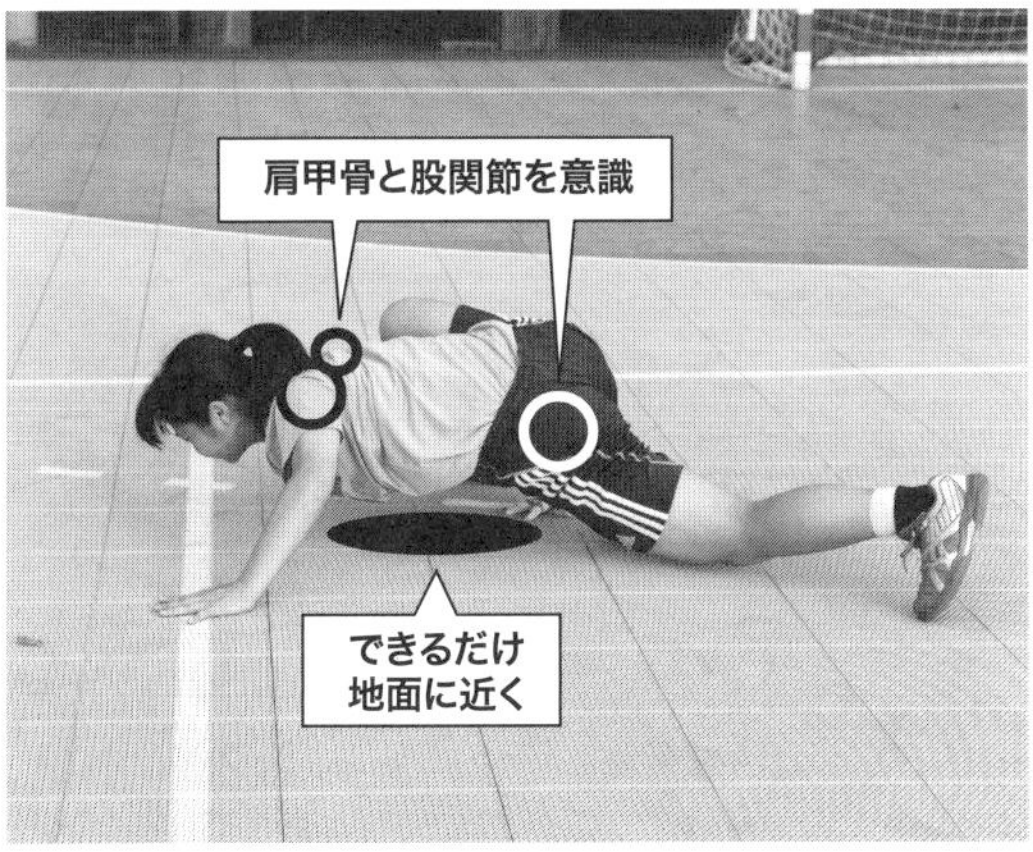
肩甲骨と股関節を意識
できるだけ地面に近く

肩甲骨や股関節を意識

股関節と肩甲骨を動かすトレーニングです。腰を浮かさないように地面に身体を近づけたまま体幹を維持して、脚を引きつけて前に進んでいきましょう。

スマホからアクセス！
体幹全体のトレーニングの動画をQRコードから見てみよう!!

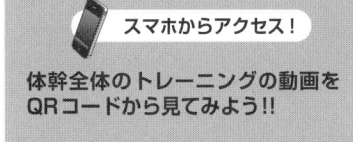

トレーニング3 メディシンボールでトレーニング

基本姿勢
手を伸ばした状態でパワーポジションを維持

アレンジ2
メディシンボールを前後に押し出す

メディシンボールを持って体幹全体の強化を図ります。基本はパワーポジション。手を伸ばした状態を維持したり、身体をひねるなど、さまざまなアレンジで体幹を鍛えましょう。

スマホからアクセス！

メディシンボールで体幹全体のトレーニングの動画をQRコードから見てみよう!!

まずは導入として、パワーポジションと体幹についてお話ししました。パワーポジションや体幹は、【図1】のピラミッドの土台である〝体力〟の中でも、もっとも重要な部分です。体格の大きい小さいにかかわらずポストプレーヤーの活躍には必要不可欠な要素ですので、手を抜かずにトレーニングやストレッチに取り組んでください。

次は、〝体力〟の続きで、『パワー』、『スピード』、『スタミナ』について見ていきましょう。

アレンジ1
手を伸ばした状態で上半身をひねる

アレンジ3
メディシンボールを軽く投げて持ち変える

アレンジ4
メディシンボールを上下に動かす

ポストプレーヤーに必要不可欠な体力をつけていこう

前述のとおり、体力はパフォーマンス向上の土台部分になり、この土台をしっかりと作ることで、このあとの技術、戦術、戦略にも影響していきます。地味でつらいと思われがちな体力トレーニングですが、それぞれの重要性やどういった場面でその動きが有効なのか理解して取り組んでいきましょう。

　また、ポストプレーヤーは「パワー系」と「スピード系」に分かれます（127ページ**表2**）が、例えば身体が大きくてどちらかというとパワー系の人はスピードを鍛えるトレーニングはいらない、スピード系の人はパワーはいらないということではありません。

　DFとDFの間で自分の活きる道、他を活かす道を見つけ出すには、DFを抑えてスペースを作ったり、DFを引きずってでもシュートにいけるパワーが必要です。

　DFのわずかなスキをついてプレーを展開するためには素早い反応や動き（スピード）、そしてハードなコンタクトの中でパフォーマンスを落とさずにプレーし続けるために、スタミナをつけておくべきでしょう。

　2種類のポストプレーヤーの特徴をあげましたが、本来ならばパワー系、スピード系の両方を兼ね備えたポストプレーヤーが理想であることを忘れないでください。

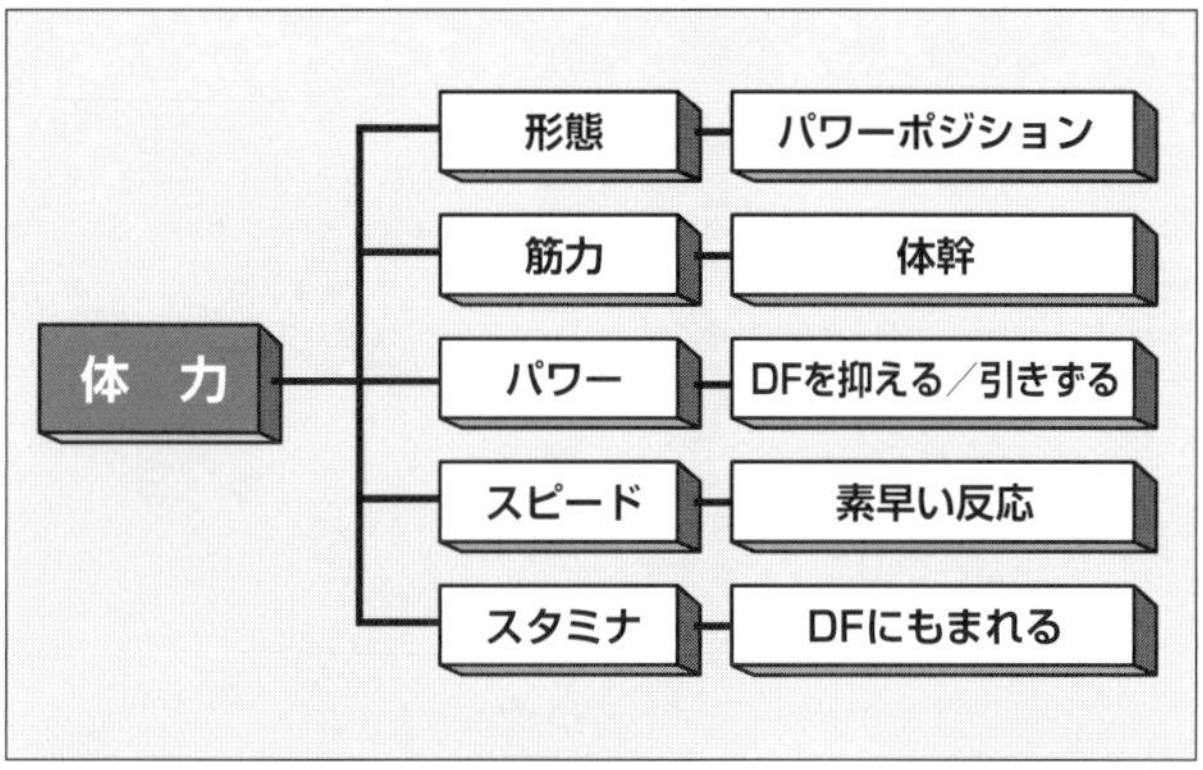
体 力
形態
パワーポジション
筋力
体幹
パワー
DFを抑える／引きずる
スピード
素早い反応
スタミナ
DFにもまれる

スピードがあり、器用なプレーも得意な初見実椰子（三重バイオレットアイリス）

パワー系ポストの酒井翔一朗（トヨタ紡織九州レッドトルネードSAGA）

体力

パワー

ポストプレーヤーには、ＤＦをブロックする際にしっかり抑える力や、ＤＦを引きずってでもシュートや次のプレーにつなげる力、ＤＦを振り払う力などが必要です。

パワーとは、重いものをいかに速く動かせるかで表すことができます。ＤＦにつかまってもいかに速く振りほどけるか、ＤＦを引きずりながらでも速く動けるか、ＤＦをブロックする際には相手の動きをいかに早く止めることができるかという力がポストプレーヤーには問われるのです。

そのために、ポイントとなるのが「重心を下げる」という点です。ヒザや股関節が伸びたままでは、ＤＦの動きを止める際に、力を受け止めることができず逆に押されてしまったり、ＤＦを引きずったり振りほどいたりする時も重心が下がっていないと充分な力が発揮できません。

以上の点に注意しながら、これから紹介していくトレーニングに取り組んでみてください。

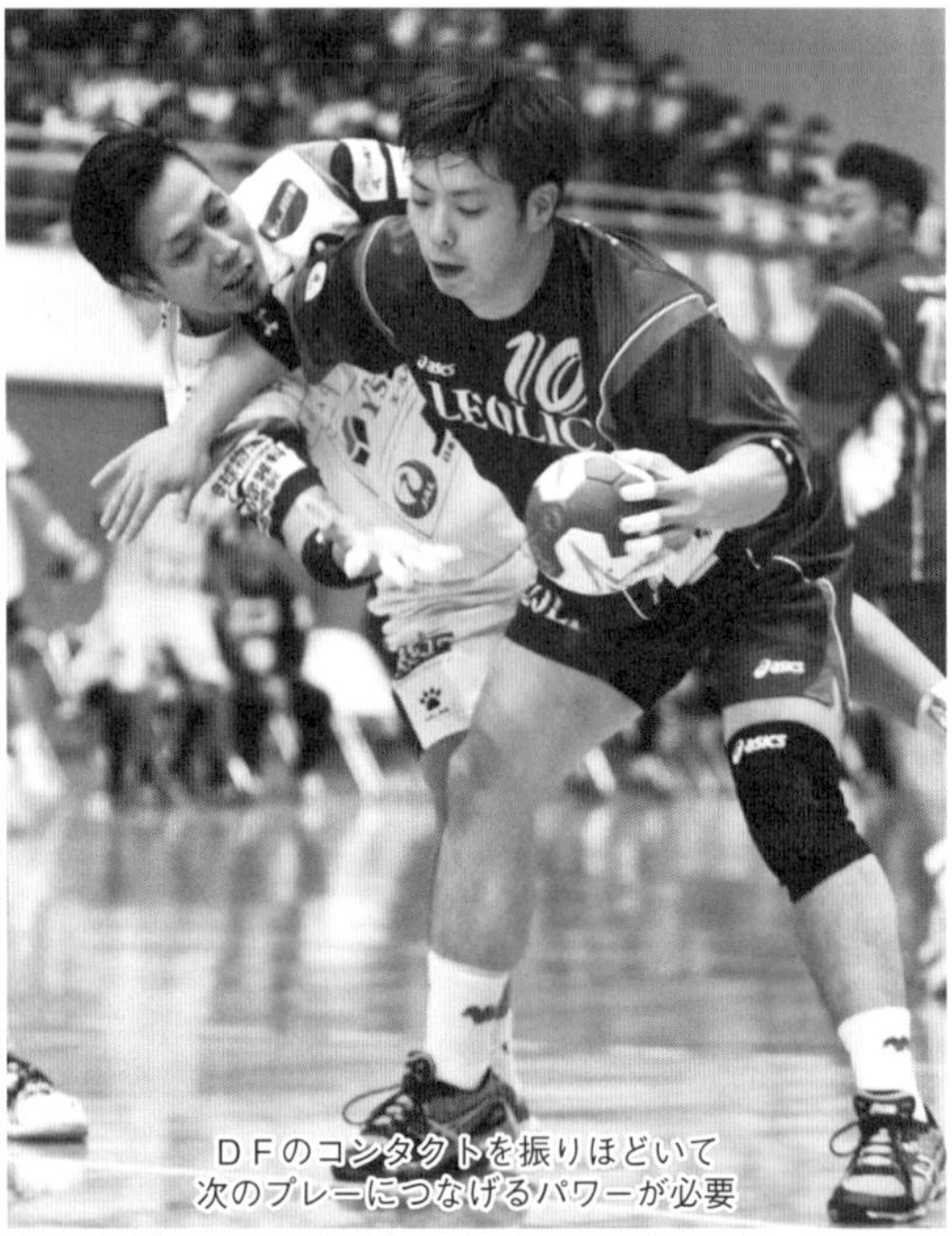

ＤＦのコンタクトを振りほどいて
次のプレーにつなげるパワーが必要

トレーニング1　ひねり動作

伸び上がる反動を大きくするためにも
重心を下げ低い姿勢をとる

しゃがんだ姿勢から足首、ヒザ、股関節
を一気に伸ばし身体をひねる

スマホからアクセス！

ひねり動作の動画をQRコードから見てみよう!!

ＤＦを振りほどく時のパワーをつけるトレーニングです。重心を低くした状態から、足首、ヒザ、股関節を一気に伸ばして身体をひねります。身体をひねる時は股関節からひねるようにしましょう。

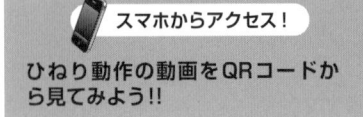

トレーニング2 ひねり投げ

伸び上がる反動を大きくするためにも
重心を下げ低い姿勢をとる

投げる瞬間に爆発的な力を発揮で
きるよう伸び上がる力を利用する

スマホからアクセス！
ひねり投げの動画をQRコードから見てみよう!!

ひねりの動作に加え、最後はメディシンボールをななめうしろに放り投げます。足首、ヒザ、股関節を一気に伸ばす力を利用して、投げる瞬間に爆発的な強い力を込められるよう意識してください。

トレーニング3 押し出し

うしろから押す際はケガ予防のために
相手がしっかり踏ん張っているか確認
してから力を入れる

片足を1歩前に出して
押すと力が入りやすい

スマホからアクセス！
押し出しの動画をQRコードから見てみよう!!

パワーポジションの姿勢から数歩踏み出して前やうしろから仲間を押し出します。いきなり強く当たらず徐々に力を入れましょう。足は平行ではなく片足を前に出して押すとより力を発揮できます。

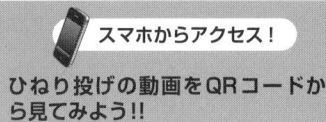

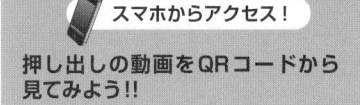

トレーニング4 タックルの受け身をとる

腕をクロスにして構える
1

2

当たられる瞬間に重心を下げる
3

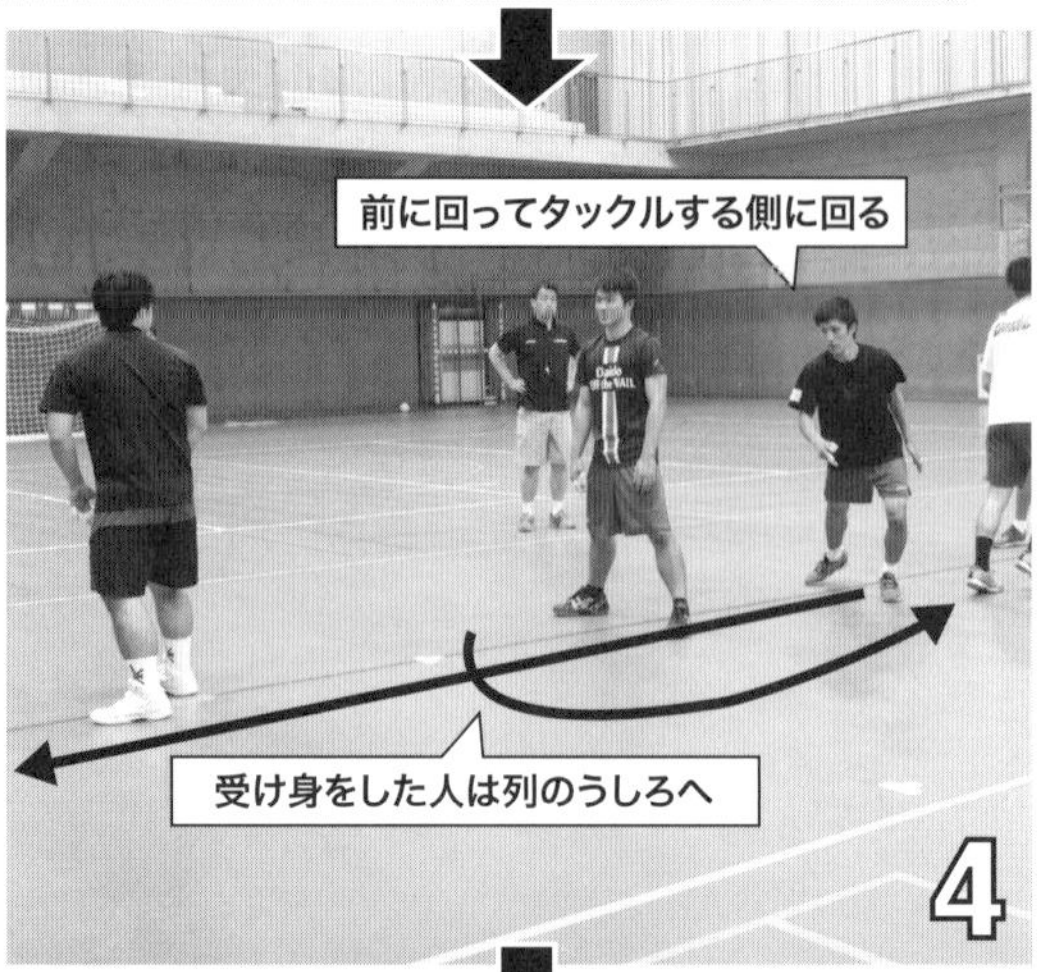
前に回ってタックルする側に回る
受け身をした人は列のうしろへ
4

次はタックルした人が受け身をとる
5

6

スマホからアクセス！

タックルの受け身をとる動画をQRコードから見てみよう!!

ＤＦに当たられてもしっかりと耐える練習です。まず、タックルされる瞬間はぐっと重心を下げて構えます。慣れてきたら、当たられるスピードを速くしてもらい、しっかりと受け止めましょう。

トレーニング5 引きずるトレーニング

つかまる人は踏ん張るだけ。引っ張らない
1

足が動いたり、浮いたら負け
2

負荷が足りない時はどんどん
連結して負荷を重くしていく
3

スマホからアクセス！

引きずるトレーニングの動画をQRコードから見てみよう!!

4

5

パワーがある人は３人でも動かせるが、無理はせずに自分に合った人数でトレーニングしよう
6

負荷を与える人は引っ張る人の腰に手を回し、踏ん張ります。そして、実際に引きずる人は重心を低くして前進します。つかまっている人が動いたら、さらに連結して負荷を重くしていきましょう。

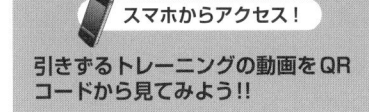

トレーニング6 チューブで負荷を加えたトレーニング

3歩ダッシュ
1

最初の3歩が肝心。引っ張られながらも
力強く踏み出せるようにしよう
2

スマホからアクセス！

チューブで負荷を加えたトレーニングの動画をQRコードから見てみよう!!

サイドステップ
1

腰を高くしすぎず
低い重心を保つ
大きく1歩を踏み出した瞬間に
力を発揮する
2

腰にチューブをかけ、補助の人に引っ張ってもらいながら、前進とサイドステップを行ないます。ポストは最初の１、２歩で爆発的な力を発揮できるかが重要なので３歩ダッシュで行ないましょう。

トレーニング7 側方、後方からの押し合い

側方で押し合い

スマホからアクセス！

側方、後方からの押し合いの動画をQRコードから見てみよう!!

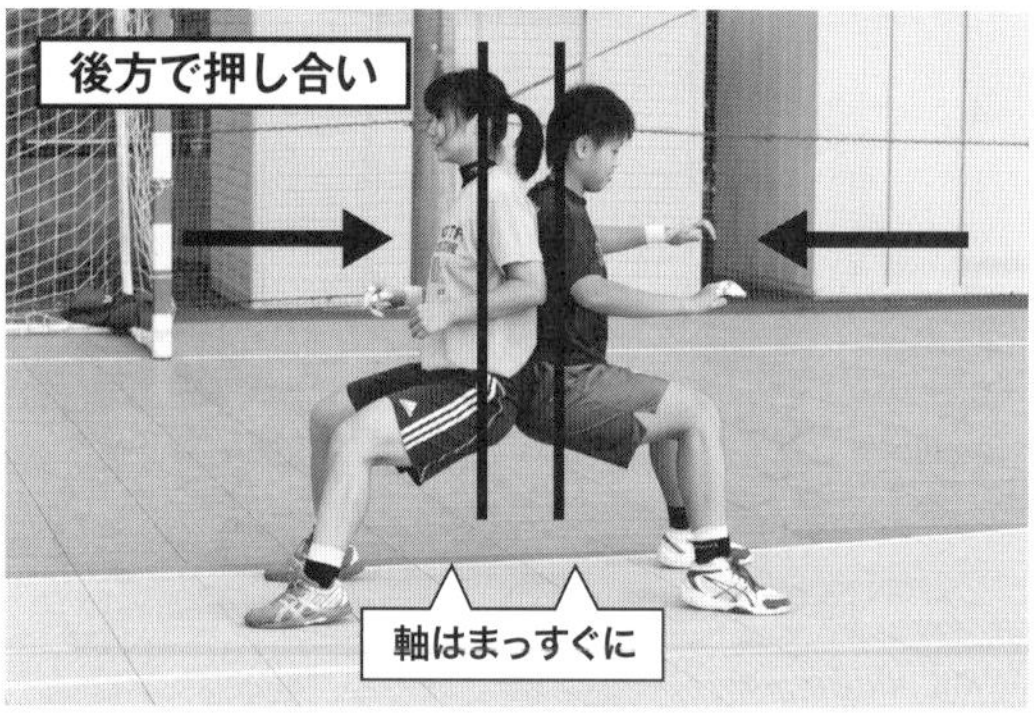
後方で押し合い
軸はまっすぐに

ＤＦに押されたり、自分がＤＦにブロックをかけたりする時も耐えられる力をつけるトレーニングです。側方、後方ともに軸をまっすぐに保ち、下半身でしっかりと踏ん張りましょう。

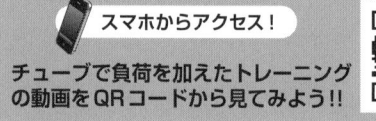

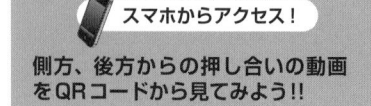

体力

スピード

ＤＦの間に位置を取るポストプレーヤーは、つねに厳しいマークにあっています。そのＤＦから解放されるためには素早い動きがとても重要になります。また、ＤＦの一瞬のスキを見計らい、空いているスペースに移動してパスをもらったり、ＤＦのブロックをしたりするためには、素早い判断も必要になります。

スピードとは、速く走ったり移動することも言いますが、ここではそういった動きの俊敏性だけでなく、速い判断や反応という面も含めてお話ししていきます。

ポストプレーヤーには、導入部分でもお話しした「パワー系」、「スピード系」という２つの種類があります。ここから紹介するトレーニングはもちろん「スピード系」だけが取り組めばいいものではなく、「パワー系」にも身につけておいてほしいところです。素早い動きと判断力でＤＦを惑わせながら、自分と仲間が活きるチャンスを生み出していきましょう。

ＤＦの間をすばやく移動してチャンスをつくろう

トレーニング1 ＤＦを素早くかわすトレーニング

できるだけ避ける人に近いところを走って、コンパクトに動くことがポイント

スマホからアクセス！
DFを素早くかわすトレーニングの動画をQRコードから見てみよう!!

円状に立っている仲間を素早くかわしながら１周します。ＤＦの間をすり抜けるイメージで、できるだけ速く、そして大回りすることなくコンパクトな動きで移動できるように意識しましょう。

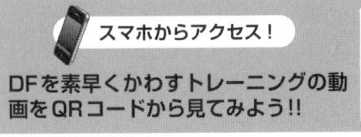

トレーニング2 ターンのトレーニング

パターン1

首を先に回りたい方向に向けると素早く回れる

着地した時に身体がぶれないように足で踏ん張る

スマホからアクセス！

ターンのトレーニングパターン①の動画をQRコードから見てみよう!!

180度回転するシンプルなターンのトレーニングです。ただ回転すると言っても着地する時に身体がぶれないよう、パワーポジションを維持できるように気をつけましょう。

パターン2

メディシンボールを胸元で持ってターン

DFを振りほどくイメージでターン

ヒザが内側に入りすぎたり、重心がうしろにかからないように注意

スマホからアクセス！

ターンのトレーニングパターン②の動画をQRコードから見てみよう!!

次はメディシンボールなど重いものを持ってターンの練習を行ないます。より身体がぶれやすくなり難しくなりますが、徐々にボールの重さを変えて取り組んでいくといいでしょう。

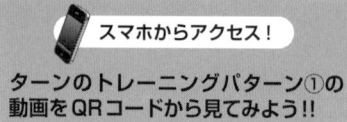

パターン3
パサーに背を向けてパワーポジション
1

パサーはポストが振り返った瞬間にパスを出す
2

山なりのパスやバウンドパスなどいろいろなパスを出す
片手でキャッチ
3

スマホからアクセス！

ターンのトレーニングパターン③の動画をQRコードから見てみよう!!

こんな工夫も！

テニスボール
いろいろな種類のボールを投げて判断力やキャッチ力を身につけよう

ピンポン玉

利き手でない方の手でも積極的にキャッチしよう

ターンしてからボールをキャッチする練習です。実戦ではＤＦもパスカットを狙っているので、ターンしたら、パスされたボールが手元に来るのを待つのではなく奪いにいくイメージを持ちましょう。

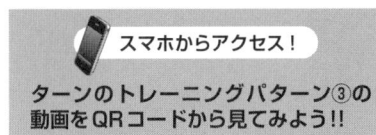

トレーニング3 パーに反応

「パー」になっている手を
すばやく見つけてタッチする

スマホからアクセス！

パーに反応するトレーニングの動画をQRコードから見てみよう!!

○
うしろの人が「パー」を出していたら、
下半身も動かし身体ごと向ける

×
上半身だけをひねって
反応するのはダメ！

円状に並んだ仲間が手をジャンケンの「グー」や「パー」の形に変形させています。円の中心にいる人はもぐらたたきのように瞬時に「パー」に反応してタッチします。素早い反応を鍛えていきましょう。

トレーニング4 ボールの動きに反応

ボールを持っている人の方にパワーポジションで向き合い、いつパスを出されてもキャッチできるように準備する
パスを出されたらすぐさま
そちらを向けるように

スマホからアクセス！

ボールの動きに反応するトレーニングの動画をQRコードから見てみよう!!

トレーニング3と同様に速い反応を鍛えます。円状に並んだ仲間がパス回しをしているので、円の中心の人はボールを持っている人の方に素早く向きを変えて、いつでもパスをもらえる状況を作ります。

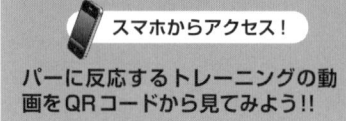

トレーニング5 ラダーを使ったトレーニング

パターン1
足の接地時間を
短く小刻みな足
踏みをする

下を向かず前を
向きながら小刻
みにステップを
踏もう

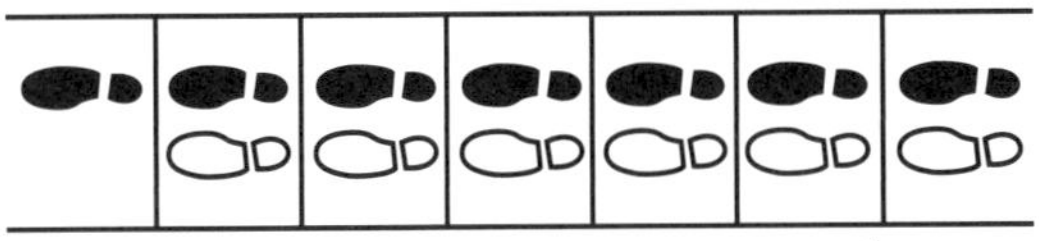

右足と左足を交互にマスに入れてステップする。 進行方向

ラダーを使って小刻みなステップを身につけましょう。まずは1つのマスに足を片方ずつ入れて前進するシンプルな動きです。足の動きを意識しがちですが、腕をしっかり振ることがポイントです。

パターン2
足の接地時間を
短く小刻みな足
踏みをする

下を向かず前を
向こう

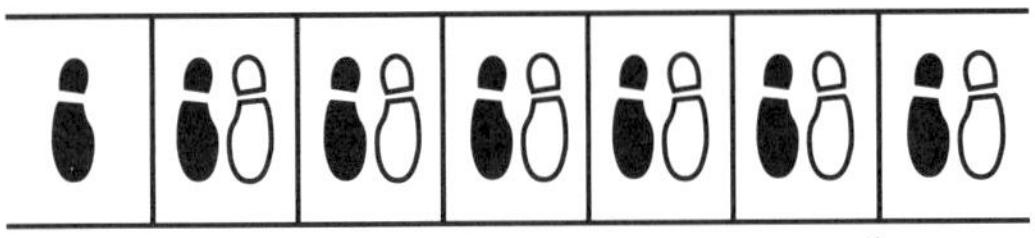

右足と左足を交互にマスに入れてステップする。 進行方向

次は1つのマスに片方ずつ足を入れて横に進んでいきます。前に進んでいく時より足の運びが難しくなりますが、ここでも意識するのは腕を振って小刻みにより速くステップを踏むことです。

パターン3
できるだけコンパクトで
素早い動きで回る

ラダーをとおる時は素早く
小刻みなステップで

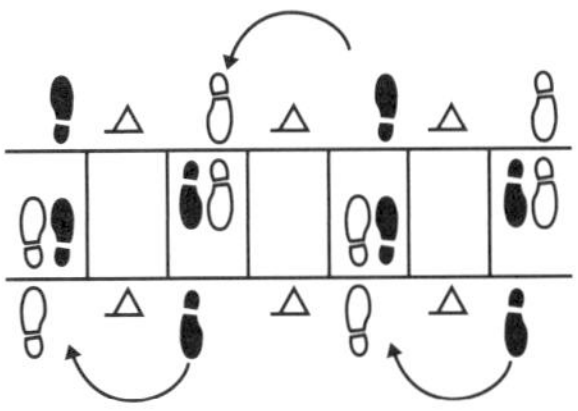

ラダーに足を片方ずつ入れたら、図のように置いたコーンをよけて進みます。コーンをよける時はコンパクトな動きを、ステップを踏む時は足が接地する時間を短くすることを意識しましょう。

パターン4
うしろ向きでもコンパクトに素早く回る

ラダーをとおる時は素早く小刻みなステップで

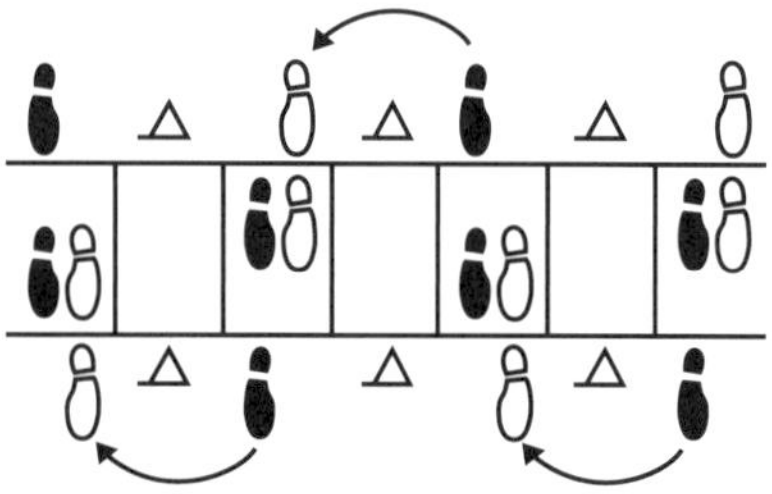

パターン３と基本的な動きは同じですが、１つめのコーンをよけたあとはバックステップでラダーをとおり、２つめのコーンをよけたあとは前にステップ、という流れを繰り返します。

スマホからアクセス！

ラダーを使ったトレーニングの動画をQRコードから見てみよう!!

体力

スタミナ

ハードなコンタクトや、ＤＦへのブロックなどでパワーを消耗するポストプレーヤーにとってスタミナをつけることは重要です。「スタミナ」とは、具体的に、パフォーマンスを落とさず長く運動し続けることのできる力のことです。

ポストプレーヤーは、１試合をとおしてＤＦとの接触がほかのポジションよりも多いだけに、体力を奪われがちですが、試合終盤の大事な場面でボールが回ってきても素早く動く力や、ＤＦを跳ね返す力が残っていないようでは、仲間から信頼されるポストプレーヤーとは言えません。

ここではポストプレーヤーに必要な動きと結びつけながら、仲間と協力して取り組める練習メニューについてお話ししていきます。

体力トレーニングの中で一番苦しいトレーニングですが、せっかく身につけた力や技をどんな場面でもしっかりと発揮できるようにきちんと取り組んでいきましょう。

つねにＤＦからのプレッシャーを受けながらも
動き回れるスタミナを身につけよう

トレーニング1 押し上げ

9mラインまで
押し上げる
1

押し上げたら
コーンのところまで戻る
2

コーンとコーンの間を
ダッシュ
3

切り返しも素早く
4

5

押される側も
重心を下げて
耐えることで
トレーニングになる
1と同様に仲間を
9mラインまで押し上げる
6

スマホからアクセス！

押し上げのトレーニングの動画を
QRコードから見てみよう!!

このトレーニングでは仲間を押し出し、ダッシュを組み合わせることでスタミナアップを図ります。押し出される方も、重心を下げて相手の動きを抑えることでお互いのトレーニングになります。

トレーニング2 背中を合わせて押しくらまんじゅう

パワーポジションで押し合う

笛の合図でドリブル

スマホからアクセス！
「背中を合わせておしくらまんじゅう」の動画をQRコードから見てみよう!!

パワーポジションの姿勢をとったあと、仲間と背中を合わせて押し合います。ＤＦともみ合ってもスタミナを落とさないイメージです。15秒ほど押し合ったら笛の合図でドリブルをして走りましょう。

トレーニング3 ボールを使って押しくらまんじゅう

ボール同士を押し合ったり
仲間の身体に押しつけ合う

笛が鳴ったら
うしろ向きでドリブル

スマホからアクセス！
「ボールを使っておしくらまんじゅう」の動画をQRコードから見てみよう!!

次は前向きで押し合います。ボールを持ってボールでお互いを押し合います。ボール同士をぶつけ合うだけでなく身体を押すなど仲間と負荷をかけ合い、笛の合図でうしろ向きにドリブルして走ります。

トレーニング4 ハーキーステップ

左右の足を踏みかえるハーキーを行なう。大人数でやりにくい時は2人組など人数を調整する

笛が鳴ったらドリブル

スマホからアクセス！
ハーキーステップトレーニングの動画をQRコードから見てみよう!!

左右の足をバタバタと踏み変えるハーキーステップからのドリブルです。ハーキーを15秒ほどしたあと、笛の合図でドリブル。人数はやりやすいようチームに合わせて変えてやってみましょう。

体力をつけたら次は技術の習得をめざそう

次は、ポストプレーヤーが習得すべき「技術」について見ていきましょう。129ページの【図2】の技術の項を取り出したものが左図です。

ここにある8つの項目の習得をめざし、それぞれの動きの重要性をあげながらトレーニングを紹介しています。

しかし、試合になると1つひとつの動きが流れるようにつながっていきますから、それぞれの技術を習得したら、一連の動きの中でそれを使えるか確認していきましょう。そこで苦手だと感じるものは、また個々のトレーニングに立ち返って練習することで、より実戦的な力も身につけていくことができます。

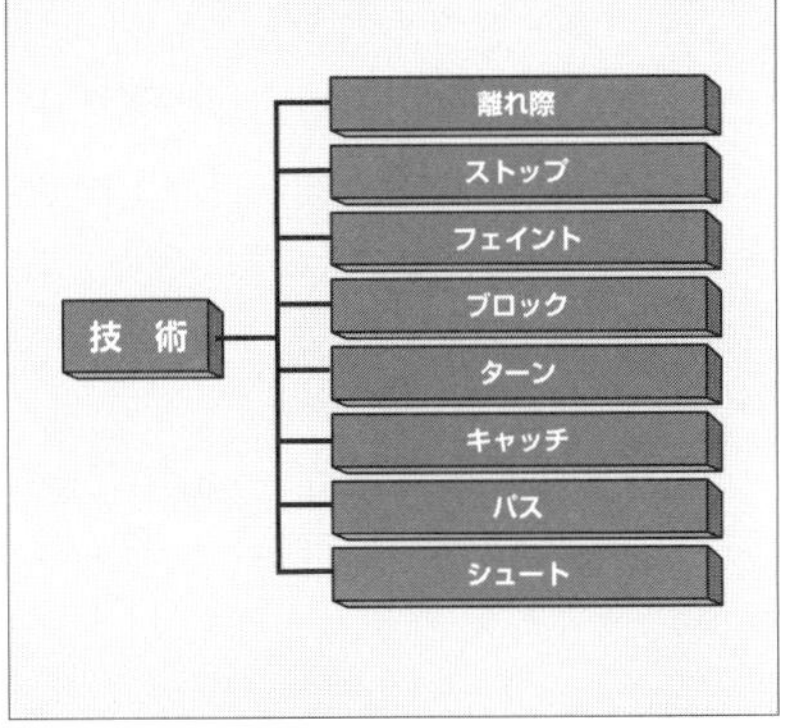
技術
離れ際
ストップ
フェイント
ブロック
ターン
キャッチ
パス
シュート

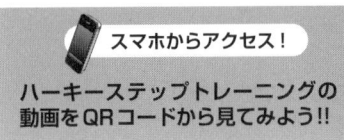

離れ際

離れ際の重要性

タイミングよくＤＦから離れられるポストプレーヤーほどボールをもらうチャンスが増えます。ＤＦに密着されたままではなかなかパスはとおりませんし、早く離れすぎてもＤＦに追われてインターセプトを狙われます。ギリギリまで我慢してパスをもらう直前にＤＦから離れましょう。

トレーニング 押されながらもしっかり止まってキャッチ

ボールを出してほしい方に腕を伸ばす
1

2

ＤＦからできるだけ離れたところでボールをキャッチする
3

ＤＦと競り合った状態でパスを出してもらい、ＤＦから離れるタイミングを図るトレーニングです。パワーポジションの姿勢からパスを出してほしい方に腕を出すと、ＤＦに身体をつかまれても腕だけは活かすことができます。パスが出された瞬間にＤＦから離れ、できるだけＤＦから遠いところでボールをキャッチすることが大切です。

スマホからアクセス！

離れ際のトレーニングの動画をQRコードから見てみよう!!

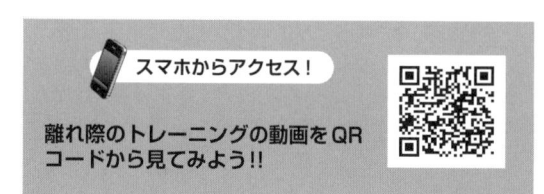

技術

ストップ

止まることの重要性

ポストプレーヤーは、ＤＦに押されても体勢を崩すことなくパワーポジションでピタリと止まり、次の動作に移りやすくすることが重要です。また、ＤＦの間を動き回っている時にボールをもらう場合も、身体が進行方向に流れてしまわないようにストップすることを心がけましょう。

トレーニング1 押されながらもしっかり止まってパスキャッチ

1

2

軸がぶれないようにストップ
3

ペアの人に、うしろや左右から押してもらいながらパスをキャッチします。押されても体勢を崩さずにパワーポジションでストップすることを意識しましょう。身体がぶれないようにするには体幹の筋力が必要になります。押されて身体がふらふらと動いてしまう人は前述の体力トレーニングにもう一度取り組んでみるといいでしょう。

スマホからアクセス！

ストップ動作のトレーニングの動画をQRコードから見てみよう!!

トレーニング2 走り込んでストップ

走り込む
1

2

キャッチした瞬間にストップ
3

ストップしたあとはすぐにシュートへ
4

スマホからアクセス！

走り込んでストップするトレーニングの動画をQRコードから見てみよう!!

走り込んでからストップする練習です。ダッシュしている時にパスを出してもらい、キャッチする時にしっかりとストップ。

ストップしたあとは瞬時に回転してシュートを狙いましょう。

技術

フェイント

フェイントの重要性

ボールを持っている場合（オン・ザ・ボール）、バックプレーヤーにパスを返すふりをして自らシュートにいくフェイントや、ボールを持っていない場合（オフ・ザ・ボール）にＤＦの裏を走ると見せかけて、視野外から中継に出るフェイントがポストプレーヤーには必要になります。

4
FUJII
TOYODA
6

トレーニング1 オン・ザ・ボールのフェイント

1

瞬間的にストップしてパスを出す動作をする
2

逆に切り返して自ら攻める
3

パスを出してもらい、バックプレーヤーの動きに合わせてパスを出すような動きをして、逆に切り返す練習です。フェイントをかける時に一瞬ぐっと止まるとＤＦが惑わされます。

スマホからアクセス！

オン・ザ・ボールのフェイントの動画をQRコードから見てみよう!!

トレーニング2 オフ・ザ・ボールのフェイント

ＤＦの視野外から走り込む
1

DFの不意をつく
2

3

６mライン際を走ると見せかけて、ＤＦの視野外から浮き上がり、パスをもらってシュートまでいきます。ポストと対角の位置にいるバックプレーヤーにボールが渡った時がチャンスです。

スマホからアクセス！

オフ・ザ・ボールのフェイントの動画をQRコードから見てみよう!!

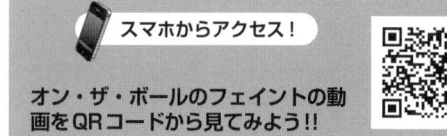

ブロック

ブロックの重要性

ポストプレーヤーにとってブロックはとても重要な技術です。なぜなら、ＤＦの前でブロックして、味方がシュートを打ちやすい状況を作ったり、ＤＦの横でブロックして数的優位な状況を生み出したり、ＤＦのうしろでブロックして自分で攻撃するといったチャンスを作ることができるからです。

トレーニング1 バックプレーヤーの動きに合わせてＤＦにブロック

ボールを持っている
バックプレーヤーと
逆のＤＦにブロックをかける
1

ボールの動きと逆に動く
2

3

まずはバックプレーヤーの動きに合わせてＤＦの横にブロックをかける練習です。

バックプレーヤー同士がパスキャッチしているので、ボールを持った方とは逆のＤＦにブロックをかけましょう。

そうすることでＤＦの動きを封じることができ、数的優位な状況を作り出せます。

スマホからアクセス！

バックプレーヤーの動きに合わせてDFにブロックする動画をQRコードから見てみよう!!

トレーニング2 DFにブロックして仲間のシュートチャンスを作る

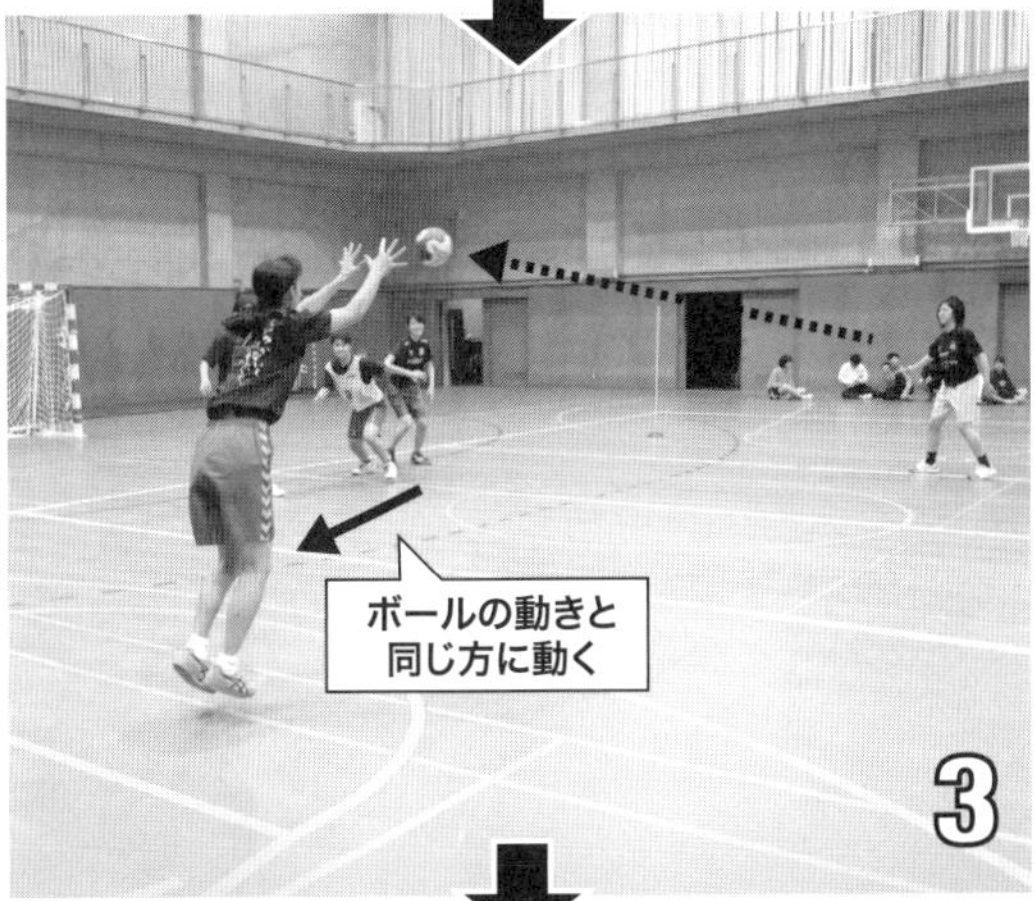

スマホからアクセス！

DFにブロックして仲間のシュートチャンスを作る動画をQRコードから見てみよう!!

トレーニング１とは逆で、ボールを持っているバックプレーヤーと同じ方のＤＦの前でブロックをします。ＤＦが前に出られないようにして味方のディスタンスシュートのチャンスを作ります。

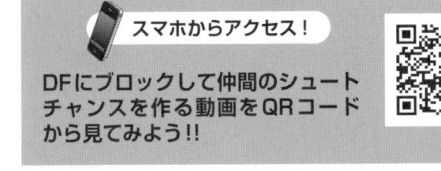

トレーニング3 DFにブロックしてスペースを作りシュート

DF①
DF②
DF①にブロックをかける
1

2

ボールが逆側のバックプレーヤーに渡りDF②が警戒しているスキに裏のスペースに走り込む
3

パスをもらう
4

5

6

スマホからアクセス！

DFにブロックしてスペースを作りシュートする動画をQRコードから見てみよう!!

ライン際に下がっている方のＤＦにブロックをかけてから、もう１人のＤＦの裏のスペースに走り込んでボールをもらい、自らのチャンスを作り出します。離れ際の技術もポイントに。

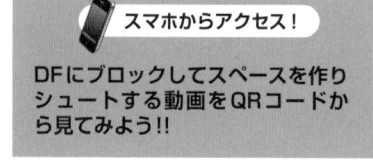

技術

キャッチ

キャッチの重要性

ポストプレーヤーは、ＤＦの厳しいマークにあったり、ＤＦをブロックしたりしながら、さまざまな体勢でボールをキャッチしなければなりません。そのために必要なのが片手キャッチの技術。瞬間的に訪れたチャンスでボールが回ってきた時に、確実にキャッチできるようにしましょう。

トレーニング1 片手キャッチを3回繰り返しシュート

マークしてくるＤＦにうしろから押されながら、パサーにパスを出してもらい、ボールをキャッチします。「押されながらキャッチする」トレーニングとともに、「ＤＦをブロックしながら片手でキャッチする」練習にもつながります。パスキャッチを３回繰り返したら、４回目のキャッチで瞬時に振り向き、シュートへ。

スマホからアクセス！
片手キャッチからシュートする動画をQRコードから見てみよう!!

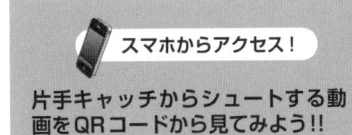

トレーニング2 低い体勢でサイドステップをしながらキャッチ

低い位置にあるコーンを
タッチして切り返す
1

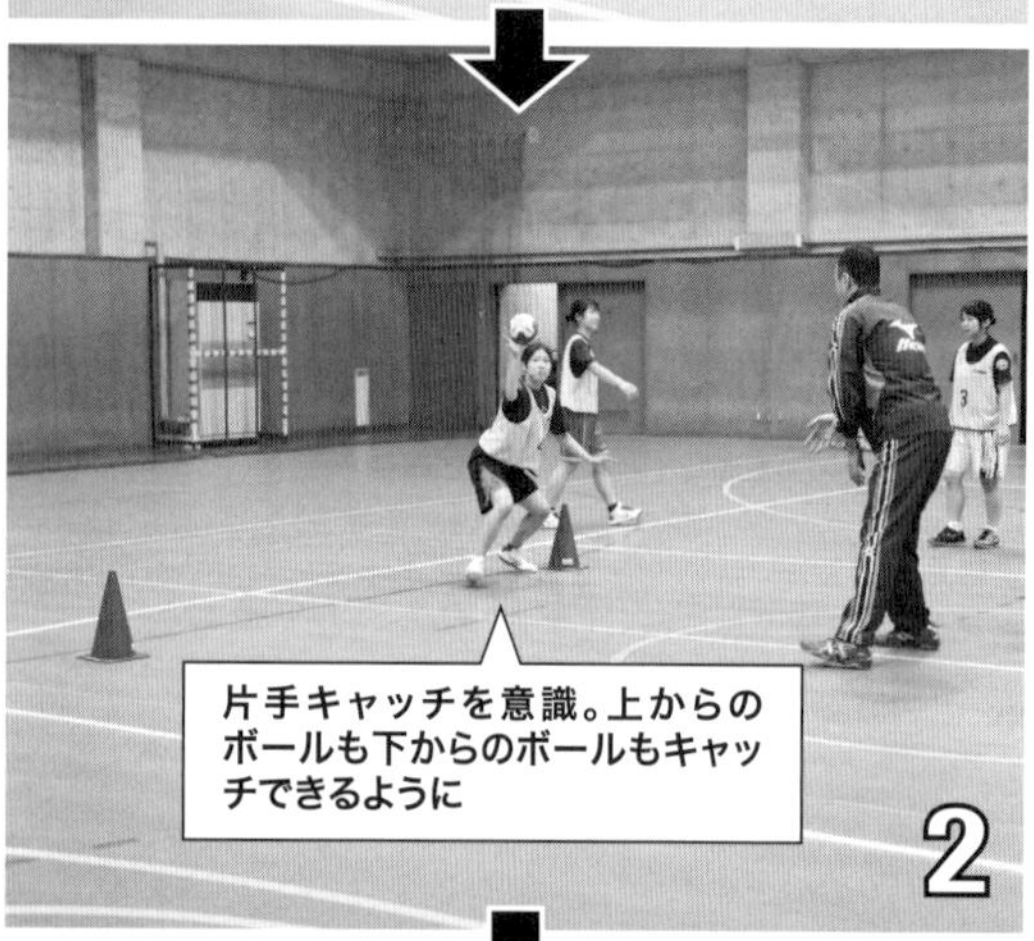
片手キャッチを意識。上からの
ボールも下からのボールもキャッ
チできるように
2

投げ返す
サイドステップは
素早くスピディーに
3

サイドステップは
1往復半繰り返す
4

5

6

スマホからアクセス！

低い体勢でサイドステップをしながらキャッチする動画をQRコードから見てみよう!!

ＤＦからのコンタクトに耐えられるよう、できるだけ低い体勢を維持しましょう。低いコーンにタッチしてサイドステップをしながらキャッチするトレーニングです。

トレーニング3 視野外からのパスをキャッチ

1

1度フェイントを入れて切り返す
2

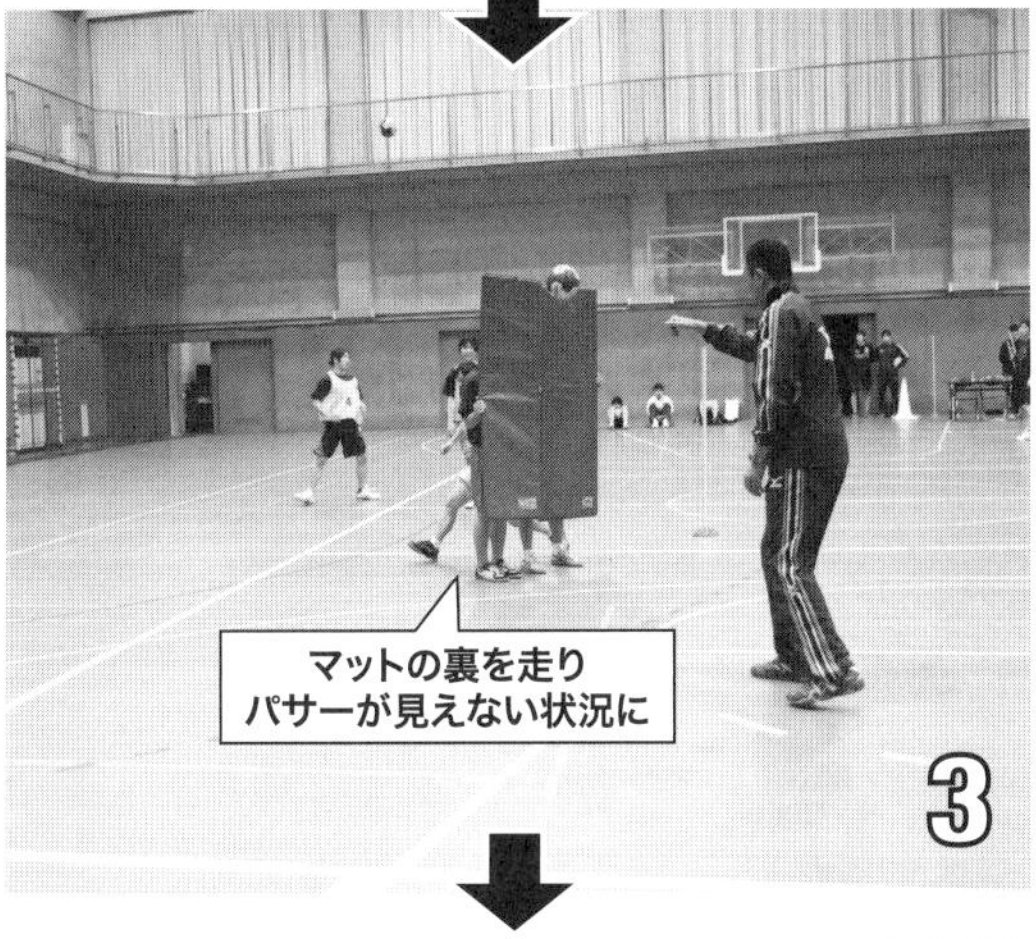
マットの裏を走りパサーが見えない状況に
3

スマホからアクセス！

視野外からのパスをキャッチする動画をQRコードから見てみよう!!

視野外からのパスに素早く反応してキャッチ
4

キャッチと同時にストップ
5

6

視野外からや突然のパスにも反応するための練習です。ポストプレーヤーは大きなＤＦを想定したマットの裏を走ったあと、パサーからのパスをキャッチしてシュートに持ち込みます。

技術

パス

パスの重要性

　ポストプレーヤーは6mライン際から中継に上がった時に、バックプレーヤーにパスを出したり、センターとクロスしてＤＦをずらす時などにもパスを出す必要があります。ボールを受ける技術だけでなく、そういった場面も想定してパスや連携の精度を上げる練習にも取り組む必要があるでしょう。

トレーニング1 中継でのパス

中継に出る時に
バックプレーヤーにパスを出す
1

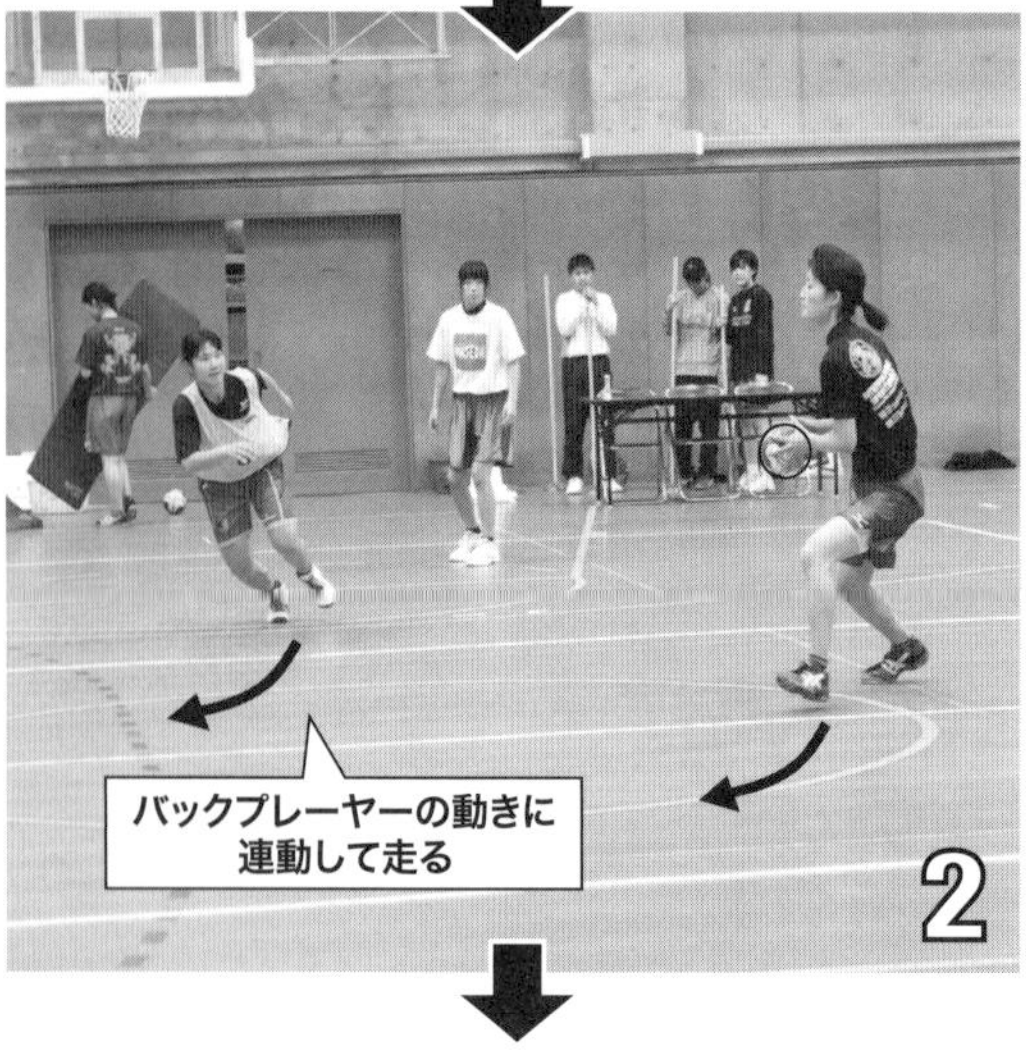
バックプレーヤーの動きに
連動して走る
2

バックプレーヤーが攻め
ない時はリターンパスをも
らって自ら前を攻める
3

　中継に出た時のバックプレーヤーとのパスの練習です。バックプレーヤーと動きを連携させて素早いパスを出しましょう。

　チャンスがあればバックプレーヤーはそのままシュート、逆にＤＦにスキがあれば、ポストプレーヤーはリターンパスをもらって自分で攻めることもできます。

スマホからアクセス！

中継でのパストレーニングの動画をQRコードから見てみよう!!

トレーニング2 バックプレーヤーとのクロスプレー

センター
ポスト
センターがボールをキャッチするタイミングで走り出す
右のバックプレーヤーからパスをもらう
1

センターとクロスしながらパスをもらう
2

右のバックプレーヤーにパスを出す
3

スマホからアクセス！

バックプレーヤーとのクロスプレーの動画をQRコードから見てみよう!!

前を狙いながらパスを待つ
4

5

リターンパスをもらったらシュートへ
6

センターがボールを持つタイミングでポストプレーヤーは走り出し、クロスしながらパスをもらったら、別のバックプレーヤーにパスを出してＤＦをずらすコンビネーションのトレーニングです。

技術

ターン

ターンの重要性

ポストプレーヤーは別名ピボット（ターン）プレーヤーと呼ばれることもあるポジションです。ＤＦに密着してマークされても振り切ってターンし、シュートにいけることが重要になります。身体の強いひねりや、回転の速さが必要になるので、体幹トレーニングも充分に行ないましょう。

トレーニング1　ＤＦを振り切ってターン

ＤＦにうしろから密着して
マークされた状態
1

身体を左右に振る
2

行きたい方向に
一気に回転してシュートへ
3

ポストプレーヤーはＤＦにうしろから密着してマークされた状態でボールを持って立ち、そこから左右に身体を振り、自分が行きたい方向に一気に回転します。

回転する時に、身体の軸がぶれないようにすることと、しっかりと力を発揮できるように重心を下げた低い姿勢を心がけましょう。

スマホからアクセス！

ＤＦを振り切ってターンの動画をQRコードから見てみよう!!

技術

ポストプレーヤーに必要な技術を一連の動きの中で使ってみよう

⑤ブロック
詳細は162ページへ

④フェイント
詳細は160ページへ

③ブロック
詳細は162ページへ

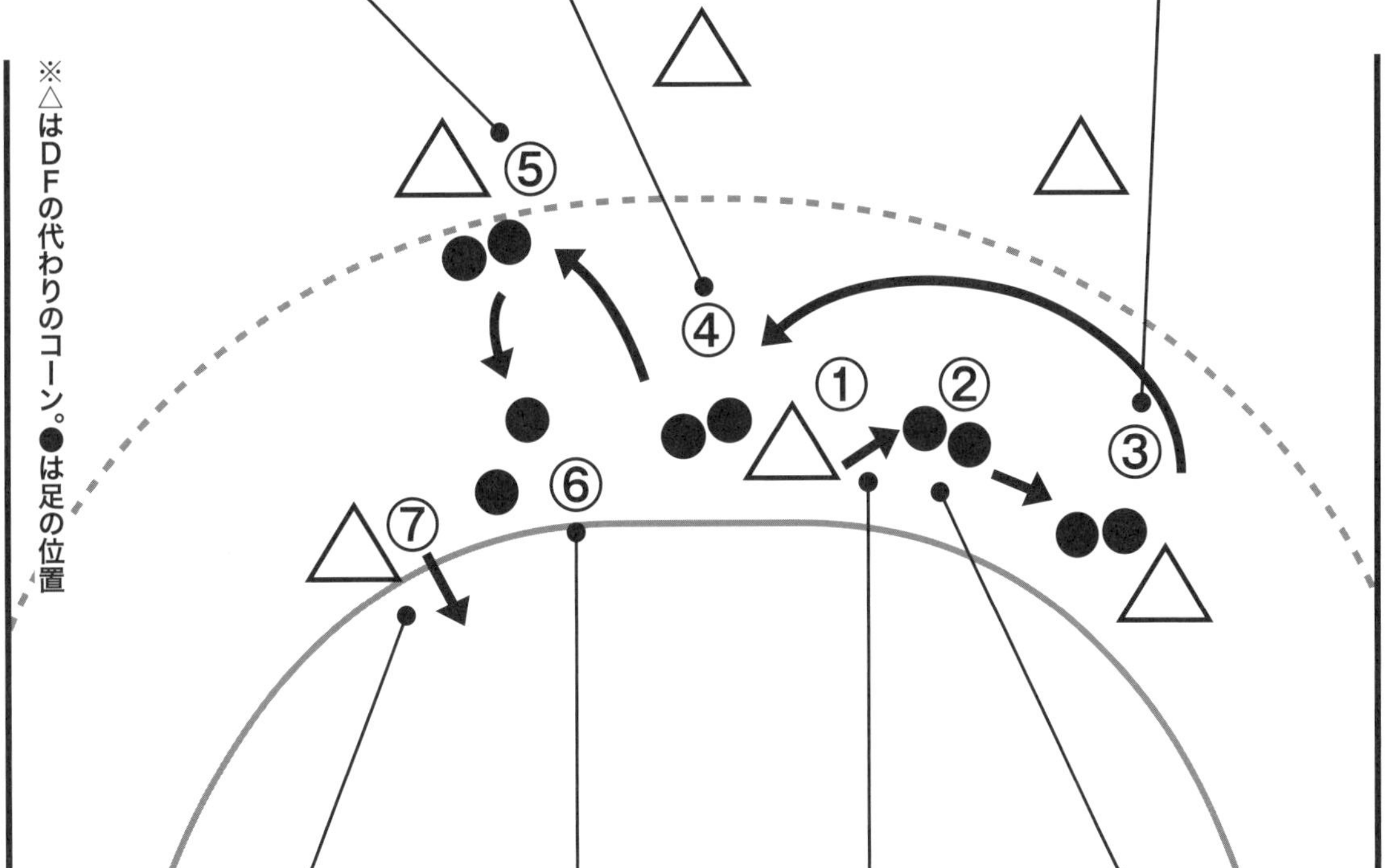

【図4】

⑦シュート
詳細は174ページへ

⑥ターン
詳細は170ページへ

①離れ際
詳細は158ページへ

②ストップ
詳細は159ページへ

※上の図4では①離れ際、②ストップ…というように示していますが①の離れ際の技術を行なう際も、ジャンプして離れたあとはストップ動作が入ったり、②のストップのあとにはＤＦをうしろでブロックする動きが入るなど、すべての技術を複合したものになります。

ポストプレーヤーに必要な技術である「離れ際」「ストップ」「フェイント」「ブロック」「ターン」「シュート」を一連の動きの中で行なってみましょう。試合ではそれぞれの技術を組み合わせて使っていかなければなりません。いざ動きを組み合わせると、きちんとストップできなかったり、ブロックやターンで身体の軸がぶれてしまったりしがちですが、それぞれの技術でお伝えしたポイントを思い出しながら取り組んでみてください。まずはコーンをＤＦに見立てて動きの確認をしていきましょう。パサーからそのつどパスをもらい、そして返しながら進み「パス」や「キャッチ」も意識しましょう。

スマホからアクセス！

一連の動作の動画をQRコードから見てみよう!!

応用1 実際にDFを置く

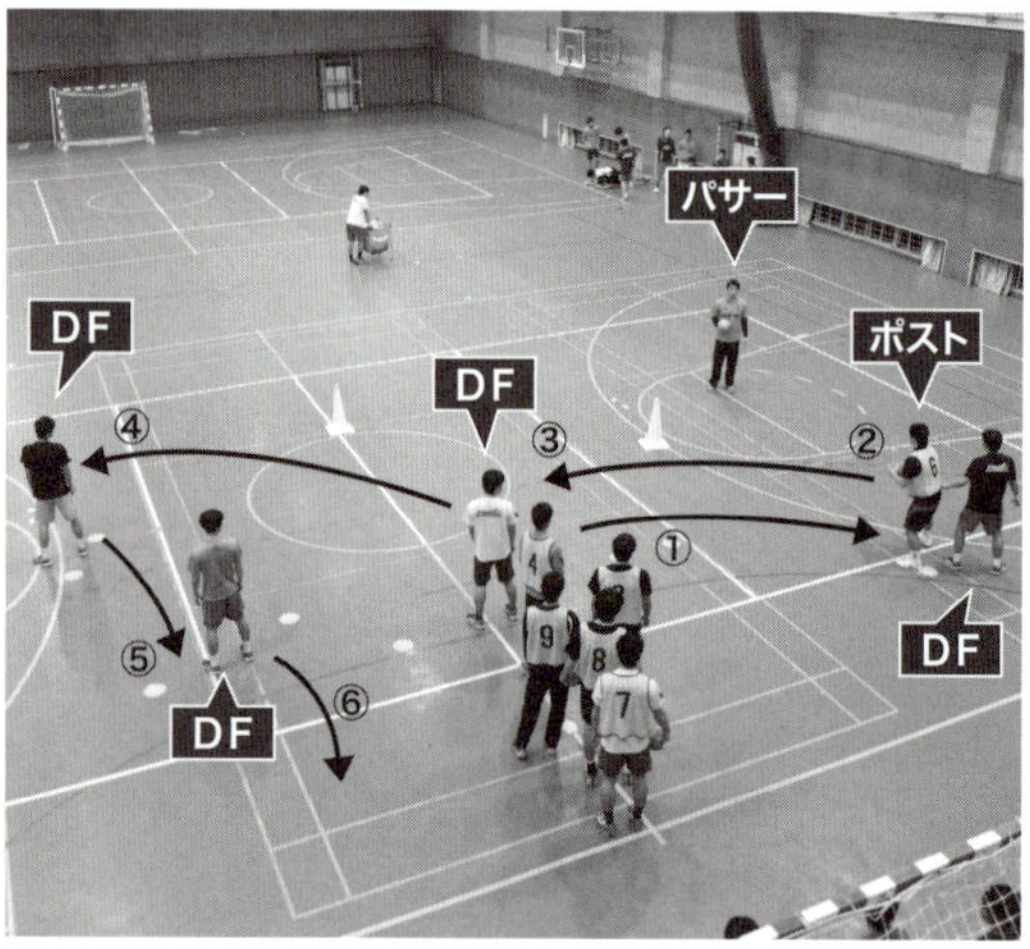

次は実際にＤＦを置いて、一連の動きに取り組んでみましょう。ＤＦからはプレッシャーをかけられるため、姿勢を維持することが難しくなったり、パスやキャッチも容易ではなくなりますが、フェイントではＤＦをしっかりと欺《あざむ》くとともに、ブロックやターンでもＤＦの動きに対応することでより実戦に近い状況を作ることができます。

スマホからアクセス！

DFを置いた一連の動作の動画をQRコードから見てみよう!!

応用2 脇にビブスをはさみ片腕を不自由にする

さらに、ビブスを脇にはさんで同じように一連の動きを行ないます。

そうすることで片腕が不自由になり、ボールをパスしてもらった時は片手でキャッチすることを余儀なくされます。

ポストプレーヤーにとって片手でボールをキャッチする技術習得は欠かせません。あえて片腕を伸ばせない状況にして、キャッチ力を身に着けていく練習になります。

スマホからアクセス！

脇にビブスをはさみ片腕を不自由にする一連の動作の動画をQRコードから見てみよう!!

応用3 投げるものを変える

ボールで練習は基本

ビブスは形が変わりやすい

バドミントンのシャトルは
小さくて軽い

同じボールでもハンドボールより
少し大きく柔らかいもの

スマホからアクセス！

投げるものを変える動画をQRコードから見てみよう!!

バドミントンのシャトルやビブスなど、投げるものを変えると、大きさや形、重さが違うのでキャッチのタイミングをはかることが難しくなり、キャッチ力向上につながるので挑戦してみましょう。

次のページからはポストからシュートを狙ううえでのポイント、コツ、トレーニング方法をクローズアップします。

DFをブロックしてから瞬間的にスペースに走り込み、味方からのパスをキャッチしてシュートに持ち込む。ここまで見てきた体力、技術の裏づけがあって、ようやく手にしたシュートチャンスを、どれだけ高い確率で決められるかが、ポストプレーヤーの真価を決めるとも言えます。

6mライン際では相手DFも密集していることが多く、体勢が悪かったり、角度のない状態からシュートを放つことも多々あります。さらに、GKも瞬間的に前に詰めてきたり、コースを制限しようとしたりと、シュートに対応してきます。そのため、GKの動きをよく見て、駆け引きをしながら、という要素も大切になってきます。それでも、その厳しい条件を乗り越えてシュートを決めるのがポストプレーヤーの役目です。

これから紹介するトレーニングで、高確率でポストシュートを決めるコツをつかんでください。

シュート

シュートの重要性

6mライン際からゴールエリア内に飛び込んで放つポストシュートは、ゴールまでの距離は短いですが、DFにコンタクトされたり、角度のないほうに追い込まれて放つことがしばしば。どんな体勢からでもできるだけ高くジャンプしたり、GKをかわせるだけの体力、技術が必要になります。

トレーニング1 角度のあるシュートと角度のないシュート

角度のあるシュート

四隅を狙えるのがベストだが、GKが前に詰めてきてもシュートを打てるようにGKの身体の周りを狙う
1

2

角度のないシュート

キャッチしたらすぐにつま先を飛びたい方向に向ける。軸足を動かさないようにすることでラインクロスを防げる
1

角度がない時は一番打ちにくい遠目を打てる体勢にしてさまざまなコースに打ち分けられるようにしよう
2

ポイント 1
角度があるところだとGKの手の届かないスペースが多くある

ポイント 2
角度がないとシュートを打てるコースも狭まる

コート中央での角度のあるポジションからのシュートと、両サイドに近い角度のないポジションからのシュートの違いを紹介します。シュートコース（スペース）をひもを使って示したポイント1とポイント2を比べると、シュートを打てるスペースの違いがよくわかると思います。

角度があるからといって、GKの懐《ふところ》に入るように飛び込むのは禁物で、高くジャンプしたり、GKをかわしてシュートを打つ意識が大切です。

角度のないところからのシュートもGKに向かって飛び込んでいくのではなく、ゴール中央に体勢を傾け、できるだけ角度を取り、（GKの）近め、遠めともに打ち分けられるように心掛けましょう。体力トレーニングも思い返してください。

スマホからアクセス！

角度のあるシュートと角度のないシュートに対するトレーニングの動画をQRコードから見てみよう!!

トレーニング2 バーを利用したシュートトレーニング

1

できるだけ体勢を低くする
2

バーをくぐったら一気に身体を広げてシュート
3

DFとDFの間にできたわずかなスペースを逃がさずシュートしていく時は、体勢を低くして飛び込まないとDFを振り切れません。低い体勢でDFを振り切り、振り切ってからは身体をいっぱいに使い、高くジャンプしてシュートするイメージをつかむためのトレーニングです。

スマホからアクセス！

バーを利用したシュートトレーニングの動画をQRコードから見てみよう!!

トレーニング3 バランスボールを利用したシュート練習

1

バランスボールに押されながらでもできるだけ角度をとれるように動きシュートへ
2

応用
慣れて来たらバランスボールを2つに増やしてやってみよう

ＤＦからプレッシャーを受けても体勢を保ってシュートするためのトレーニングです。１人または２人のＤＦにバランスボールでプレッシャーをかけてもらい、体勢を維持してシュートします。

スマホからアクセス！

バランスボールを利用したシュート練習の動画をQRコードから見てみよう!!

トレーニング4 対ＧＫの感覚を養うトレーニング

1

勢いだけで打ってしまわないようにＧＫの動きを判断
４人のＧＫのうち２人がしゃがんだのを見極めてシュート
2

応用
ＧＫが全員で前に詰め寄ったりアレンジしてみよう

ゴールに４人のＧＫが立ち、事前に申し合わせて１人または２人がかがむ、３人が前に出るというように、シュートコースを示します。ポストはその動きを見て、空いたスペースにシュートします。

スマホからアクセス！

対ＧＫの感覚を養うトレーニングの動画をQRコードから見てみよう!!

トレーニング5 ループシュート

1

2

GKが詰めてきたら力を抜いた山なりのシュートを打ってみよう
3

ＧＫが前に詰めてきたら、ループシュートなどのＧＫをかわしたり、タイミングを外すシュートが効果的です。ギリギリまで思い切り打つと見せかけ、フィニッシュで柔らかく手首を使います。

スマホからアクセス！

ループシュートの動画をQRコードから見てみよう!!

体力、技術を踏まえ戦術へ

ここまでお話ししてきたように、体力をしっかりつけ、技術を習得し、シュートを決められるようになれば、ポストプレーヤーとして試合で活躍できる、というわけではありません。

学んできた体力、技術をベースに次の段階へと進み、相手との体格差や相手ＤＦの状態に応じて、動き方や考え方も変えていく必要があります。これが戦術です。

次に、相手ＤＦがポストプレーヤーよりも大きい場合と小さい場合、相手ＤＦが積極的に前に出てＤＦラインを上げて守っている場合と、６ｍライン際を固めて守っている場合の４つに分け、それぞれにどのように攻め、考えていったらいいのか、ポストプレーヤーの戦術を見ていきます。

それぞれの動きに「離れ際」「ストップ」「フェイント」「ブロック」「ターン」「キャッチ」「パス」「シュート」の８要素が含まれていることもわかると思います。

土台となる体力とともに、技術の８要素も思い返しながら、戦術のマスターに取り組んでください。

また、お話ししていく戦術は、これだけが正解、というわけではありません。

それぞれの体格や身体能力を踏まえながら、８要素を組み合わせ、コンビを組むほかのコートプレーヤーとも力を合わせ、みなさんなりの戦術も作り出してみましょう。

【図5】

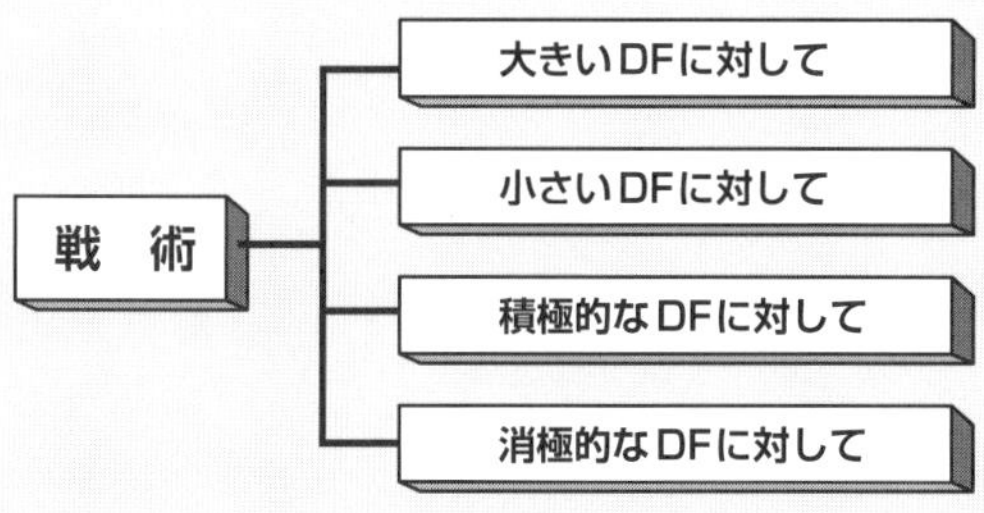
戦 術
大きいDFに対して
小さいDFに対して
積極的なDFに対して
消極的なDFに対して

戦術

大きいＤＦに対して

ポストプレーヤーよりも相手ＤＦが大きい場合、高い空間を利用してパスを受けたり、ブロックをしてバックプレーヤーのディスタンスシュートを導くのが難しくなります。そこで、バックプレーヤーと協力し、ＤＦを左右にずらしたり、前におびき出してスペースを作り、そのスペースに素早く動けるかどうかがポイントです。

1

バックプレーヤーが移動しながらＤＦを引き寄せる
ＤＦの横にブロック
2

空いたスペースのできるだけ低い位置にパスを出す
DFの足元をとおす
3

4

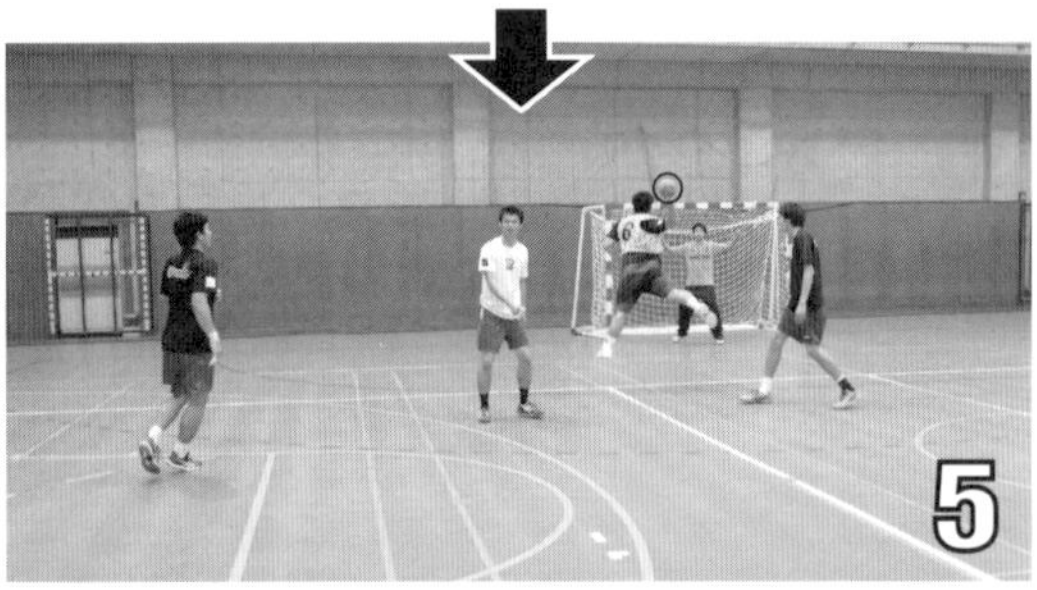
5

アレンジ
エリア内に跳び込む
DFのうしろをとおす

バックプレーヤーが移動しながらパスをもらい、ＤＦを引きつけると、引きつけられたＤＦの裏にスペースが生まれます。ポストプレーヤーはマークしてくるＤＦよりも優位なポジションをキープし、バックプレーヤーからのパスにタイミングを合わせてマークしてくるＤＦを振り切り、シュートへと持ち込みます。

バックプレーヤーは大型ＤＦの足元を抜いたり、（ポストプレーヤーが）ゴールエリアの中でキャッチするようなパスも必要になってきます。

スマホからアクセス！

大きいＤＦに対しての動画をQRコードから見てみよう!!

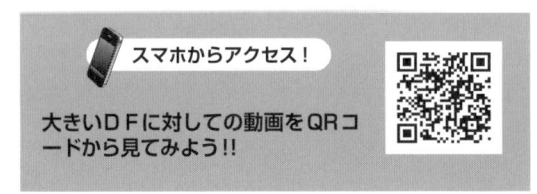

戦術

小さいＤＦに対して

ポストプレーヤーが相手ＤＦよりも大きい場合は、体格を利用してＤＦをブロックし、バックプレーヤーのディスタンスシュートをフォローしたり、手を伸ばせばパスを受けられる高い空間を利用してシュートに持ち込んだり、ＤＦを引きつけてチャンスメイクしたりと、選択肢が広がります。身長が高い選手が多くポストに起用されるのは、このためです。

パターン 1
1

ＤＦを前でブロックして
仲間にシュートを打たせる
2

3

パターン 2
1

高さを活かして
高いところに
パスを出してもらう
2

3

パターン１では、ポストプレーヤーが体格をフルに活かしてＤＦの前でブロックすることで、バックプレーヤーがＤＦからの大きなプレッシャーを受けることなく、ディスタンスシュートを打ち込むことができています。パターン２では、ポストプレーヤーの高さを活かし、バックプレーヤーはＤＦの手の届かないところへパスを出します。そのパスをキャッチしたポストプレーヤーは、素早くシュートへと持ち込みます。シュートに持ち込めなくても、マークしてくるＤＦを引きつけているので、次のチャンスにつなげやすい状態です。

スマホからアクセス！

小さいＤＦに対しての動画をQRコードから見てみよう!!

積極的なDFに対して

積極的に前に出てラインを上げ、プレッシャーをかけてくるDFに対しては、DFが前に出ていることで生まれている（DFの）裏のスペースをうまく使うことがポイントです。中継に出て自分（ポストプレーヤー）をマークしているDFを前におびき出したり、バックプレーヤーをマークしているDFをブロックして、6mライン際にスペースが作れるように心掛けます。

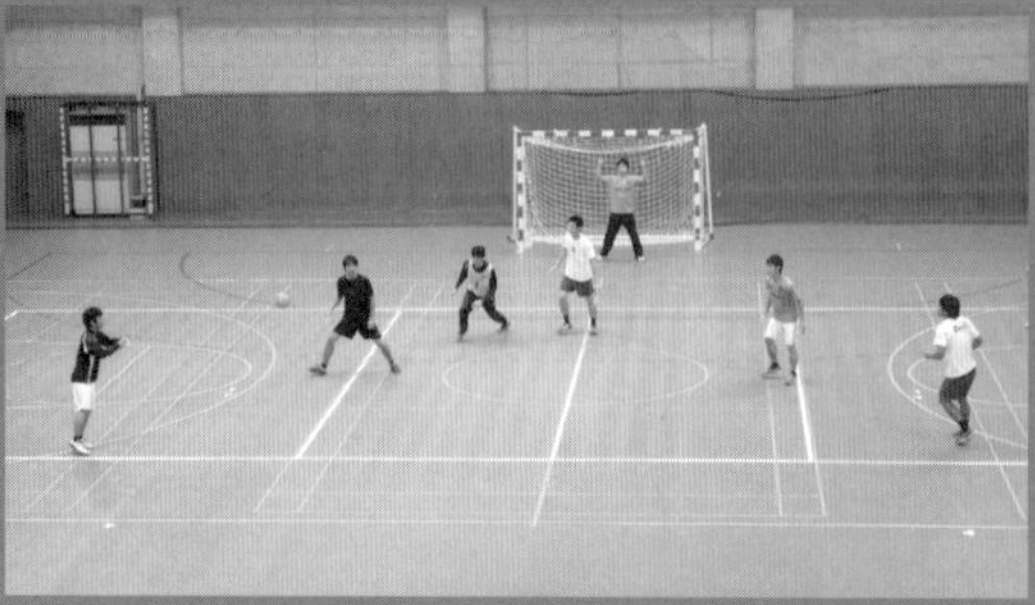

パターン 1
ポスト
1

浮き上がる
2

パスをもらう
3

パスを返して
DFをブロック
4

DFは前に出る
5

ボールが逆側に展開
されたら空いているス
ペースに走り込む
6

7

8

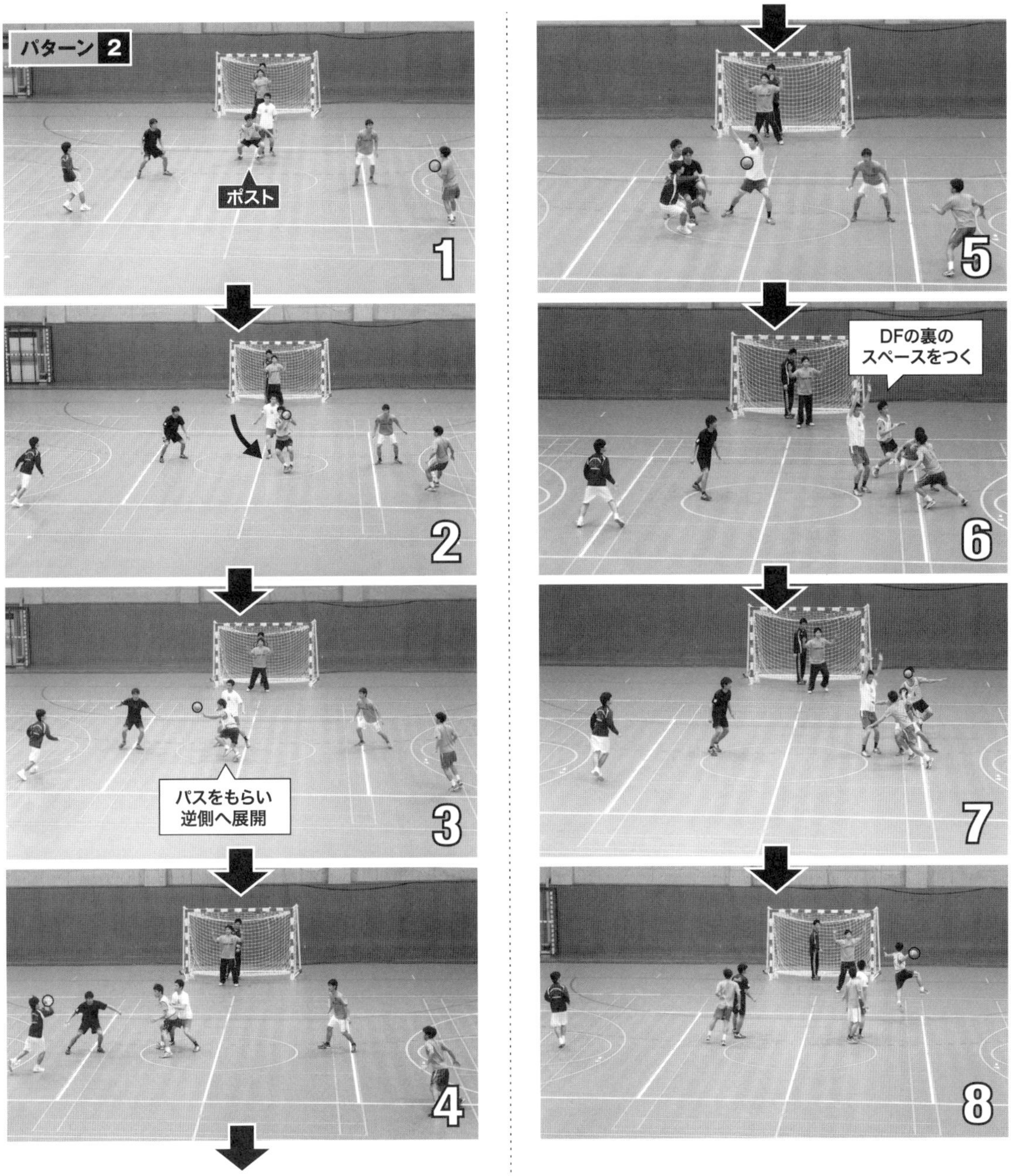
パターン 2
ポスト
1
2
パスをもらい
逆側へ展開
3
4
5
DFの裏の
スペースをつく
6
7
8

180ページのパターン１、このページのパターン２ともに、６mライン際にいたポストプレーヤーは９mラインよりも高い位置に中継に出て、自分（ポストプレーヤー）をマークしているＤＦを前におびき出しながら、バックプレーヤーをマークしているＤＦをブロックします。この結果、ＤＦの裏にスペースが生まれ、ブロックをしていたポストプレーヤーはこのスペースに素早く走り込んで、バックプレーヤーからのパスを受けてシュートへと持ち込んでいます。

このようにＤＦの裏のスペースを使ってポストプレーヤー自身が活きるプレーだけでなく、マークしてくるＤＦを前におびき出しながら瞬間的にとなりのＤＦにブロックをして、バックプレーヤーのディスタンスシュートやカットインにつなげていくこともできます。

スマホからアクセス！

積極的なＤＦに対しての動画をQRコードから見てみよう!!

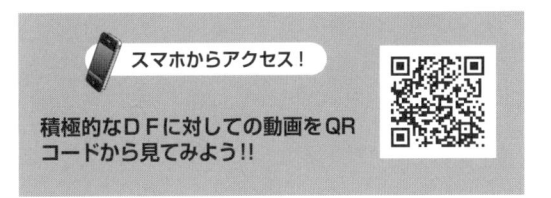

戦術

消極的なＤＦに対して

6mライン際を固める消極的なＤＦに対しては、身体の大きなＤＦに対しての攻め方と同じくバックプレーヤーとのコンビネーションでＤＦを左右にずらしてスペースを作ったり、中継に浮いてＤＦを前におびき出したり、中継に出ると見せかけ、フェイントからシュートを狙ったりと、ＤＦを揺さぶりながら、スペースやシュートチャンスを創り出していきます。

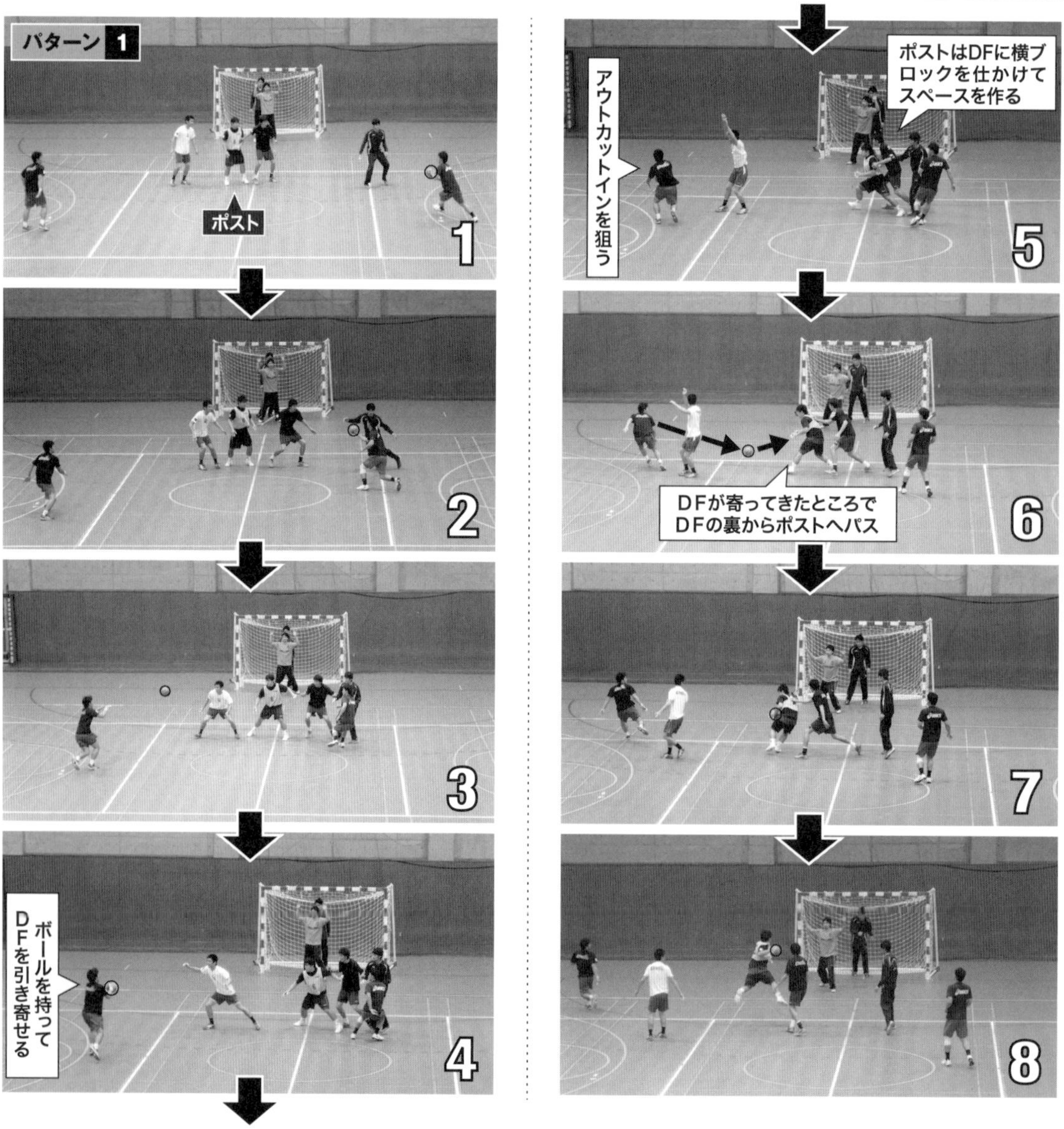

パターン 1
ポスト
1
2
3
ボールを持ってDFを引き寄せる
4
アウトカットインを狙う
ポストはDFに横ブロックを仕かけてスペースを作る
5
DFが寄ってきたところでDFの裏からポストへパス
6
7
8

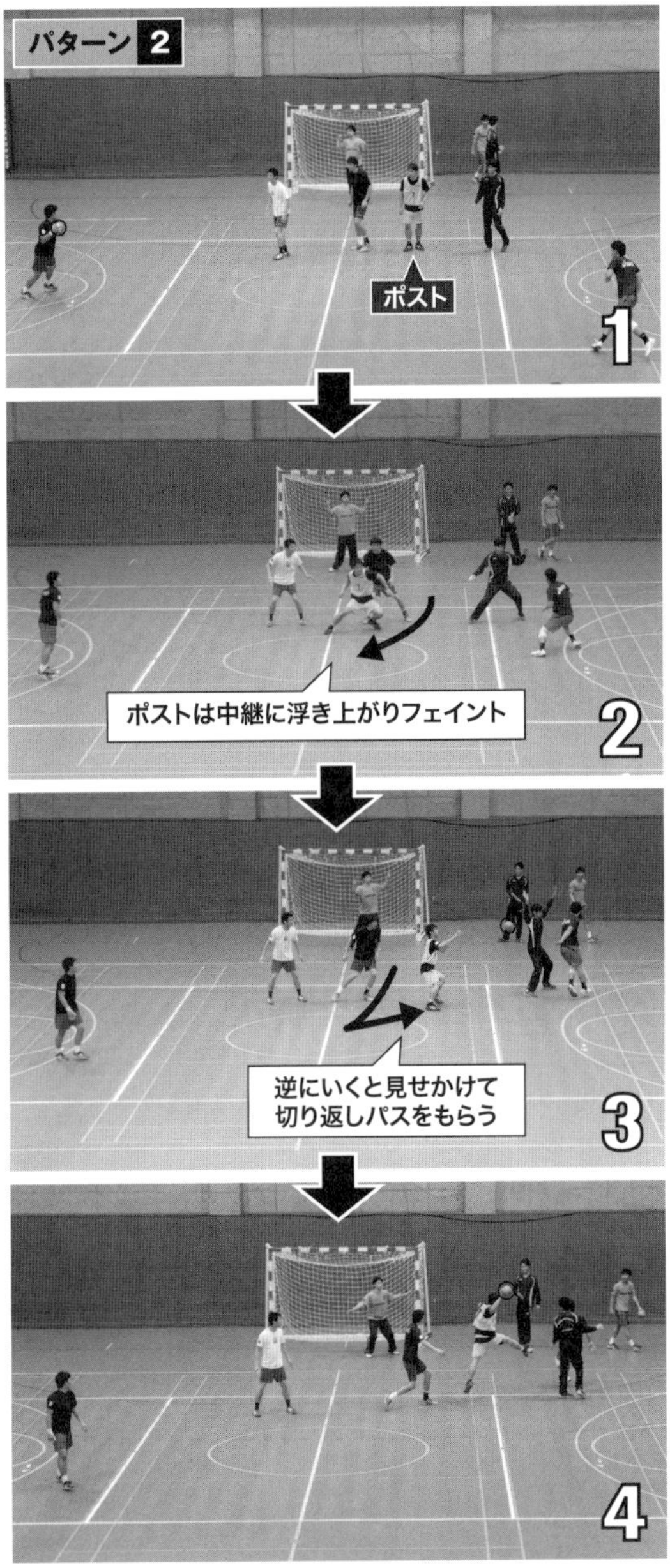

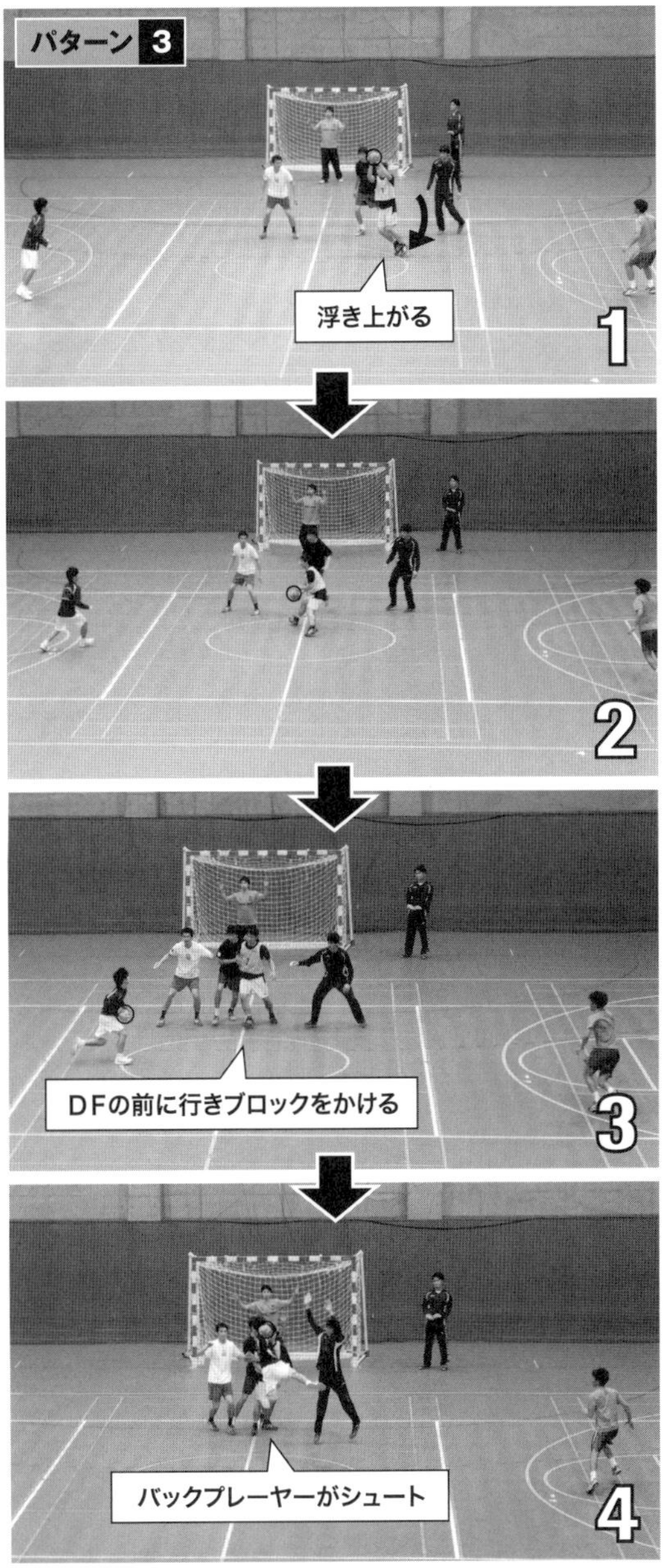

右ページのパターン1は、バックプレーヤーとのコンビネーションを利用し、バックプレーヤーをマークするＤＦが引きつけられ、横に動いたことで生まれたスペースにポストプレーヤーが走り込み、バックプレーヤーからのパスを受けてシュートしています。

上のパターン2は、中継に出ると見せかけて、ボールを持たない状態でフェイントをかけ、自分をマークしてくるＤＦを揺さぶったあと、バックプレーヤーからのパスを受けてそのままシュートに持ち込んでいます。

ＤＦが６ｍライン際を固めているということは、ＤＦラインも低い状態になっていますから、パターン３のようにＤＦの前に出てブロックをして、バックプレーヤーのディスタンスシュートへとつなげていくのも有効です。

スマホからアクセス！

消極的なＤＦに対しての動画をＱＲコードから見てみよう!!

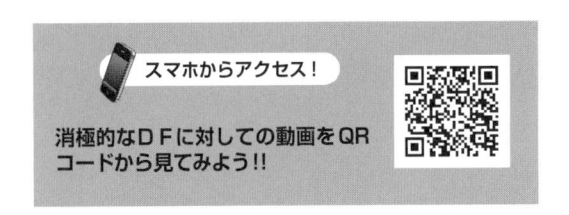

現状把握⇒課題の抽出⇒計画、実行、確認、改善

これまでのトレーニングを振り返り さらにレベルアップを図ろう

ポストプレーヤーに必要な要素として、ここまで体力面、技術面、戦術面についてのトレーニングを含めてお話ししてきましたが、最後の戦略面【図6】に入っていきましょう。

ここでいう「戦略」とは、自分自身を知り、自分の足りない部分をより強化したり、逆に自分のいい点をさらにレベルアップするために、これまでを振り返り、今後どういったトレーニングが必要か、新たな計画を立てていくことを言います。

まず必要なことは、自分に今どのトレーニングが充分で、どれが不充分なのかを知ることです。体力面から戦術面に至るまで、自分がうまくできなかったところ、そして自分が伸ばすべき得意分野を、左ページの「振り返りシート」に書き出してみましょう。

次にそこから課題を抽出していきます。見つけ出した自分のできない部分について、どこでつまずいたのか、なにができなかったのか、課題を明確にあげて、できるだけ、なにが原因なのかもいっしょに考え、それもシートに書き出します。

そうすることで、どのトレーニングに戻ればいいのか、強化しなければいけないものはなにかがより見えてきやすいはずです。

そして、どういったトレーニングをどのくらいの頻度で練習するか計画（Ｐｌａｎ）を立てます。それを実行（Ｄｏ）し、その計画がよかったのか悪かったのかを試合の中などで確認（Ｃｈｅｃｋ）して、またトレーニング計画を改善（Ａｃｔ）していく「ＰＤＣＡサイクル」を行なうことでよりレベルアップしていきます。

それぞれの要素に立ち返り課題を克服していこう

例えば、ＤＦにコンタクトされて、思うように動けないという人は、ＤＦからのプレッシャーでパワーポジションを維持することができず、体勢が崩れてしまっているかもしれません。

その場合は、体力面のトレーニングに戻って基礎を作り直す必要性があります。

また、実際に戦術練習に進んで、うまくＤＦのスキをついてシュートまではいけても、ＧＫに阻まれたり、ＤＦからのプレッシャーに負けて決め切れない人は、技術の「シュート」に戻って重点的に練習するように、自分の課題に合わせてトレーニングし、克服していきましょう。

みなさんには、選手や指導者としての夢があることでしょう。その実現のために、計画、実行、改善、確認を繰り返して、細かな目標をクリアしながらポストプレーヤーとしての能力をより高めていきましょう。

【図6】

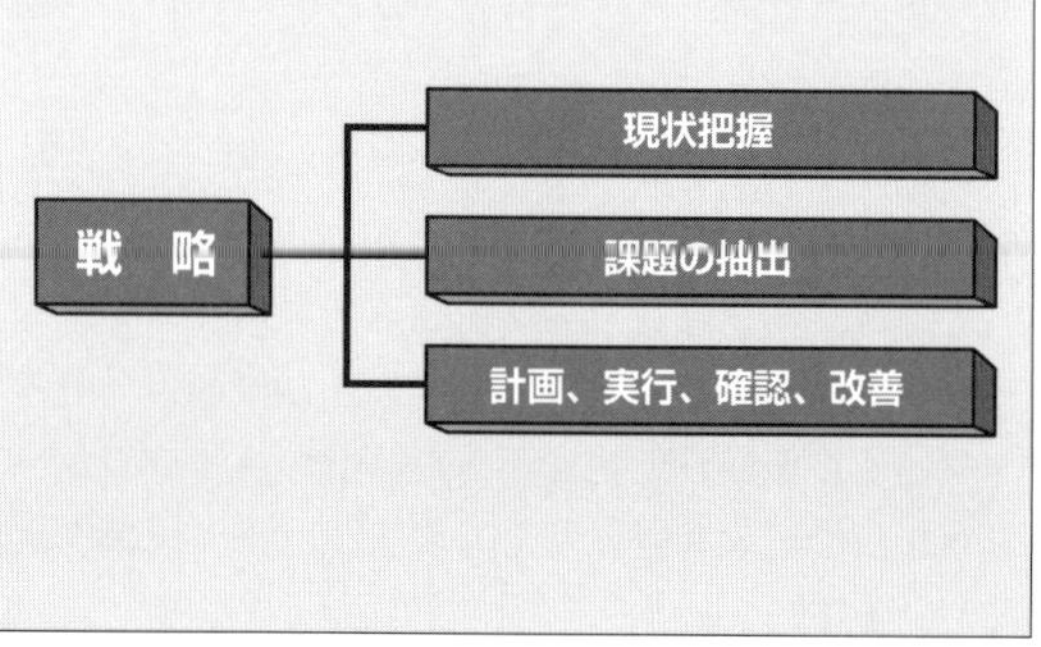

振り返りシート

		現状		原因	対策
		良かった点・継続	悪かった点・課題		トレーニング内容
体力	形態				
	筋力				
	パワー				
	スピード				
	スタミナ				
技術	ストップ				
	フェイント				
	ブロック				
	ターン				
	キャッチ				
	パス				
	シュート				
戦術	大きいDF				
	小さいDF				
	積極的なDF				
	消極的なDF				

まとめ

ポストプレーヤーは、自分が活きるプレーはもちろん、仲間をいかに活かすかも考えてプレーする必要があります。

また、つねにDFに囲まれているポストプレーヤーの種類として、DFにもみくちゃにされても、体格を活かして体勢を維持してプレーでき、DFをブロックしてチャンスを作り出すパワー系と、スピードを活かしてスペースに走り込んだり、DFを惑わせたりするスピード系の2種類をあげました。

もちろん、自分の体格や得意分野に合わせてプレーを選択していい部分を伸ばしていくのもいいのですが、1つひとつを切り離して考えず、本来は自分を活かすプレー、仲間を活かすプレー、パワー系のプレー、スピード系のプレーと、どれもできることがポストプレーヤーには求められます。トレーニングをしていく中で、得意分野を伸ばしながらも、さまざまなプレーに挑戦してみてください。

また、基盤となる体力面のトレーニングなどは、DFにはさまれ、ほかのポジションと比べてよりDFのプレッシャーを受けるポストプレーヤーにはとくに欠かすことのできないものです。しっかりとした体力作りをしたうえで、技術、戦術へとステップアップしていきましょう。

この章では、ポストプレーヤーの役割や能力アップのための練習法などを紹介しました。

最近では、サイドプレーヤーやバックプレーヤーがポストに切ってきてダブルポストで攻め込んだり、ポストプレーヤーとポジションチェンジしてスペースを作るなど、さまざまな戦術が使われており、ほかのポジションの選手にもポストプレーヤーの動きを求められる場面が増えてきています。

専門のポストプレーヤーはもちろんですが、そうではないポジションの選手のみなさんも、ポストプレーヤーの動きを知り、試合の状況に応じて役立てることができるように、ぜひこの章で紹介したトレーニングに挑戦してほしいものです。

あとがき

ハンドボールスキルアップシリーズ第4弾『目からウロコのポジション別上達術』、いかがだったでしょうか。

バックプレーヤー、サイドプレーヤー、ポストプレーヤーとひと口に言っても、ポジションごとに求められる能力や役割には大きな違いがあることがおわかりいただけたと思います。

第1章で取り上げたバックプレーヤーは、ロングシュートに代表されるような、ハンドボールのOFにおける華やかな得点シーンの多くを担うポジションです。身体的に恵まれていたり、強烈なシュート力を持つ選手が有利なのは言うまでもありませんが、ただ豪快なシュートを狙いさえすればいいというわけではなく、味方と連携しながら、外側から相手DFを崩すことも求められます。そのため、身体が小さくても戦術理解力が優れていたり、コート全体を広く見ることができるような選手にも活躍の場がおおいにあるポジションでもあります。

第2章のサイドプレーヤーは、速攻時にはチームの先陣

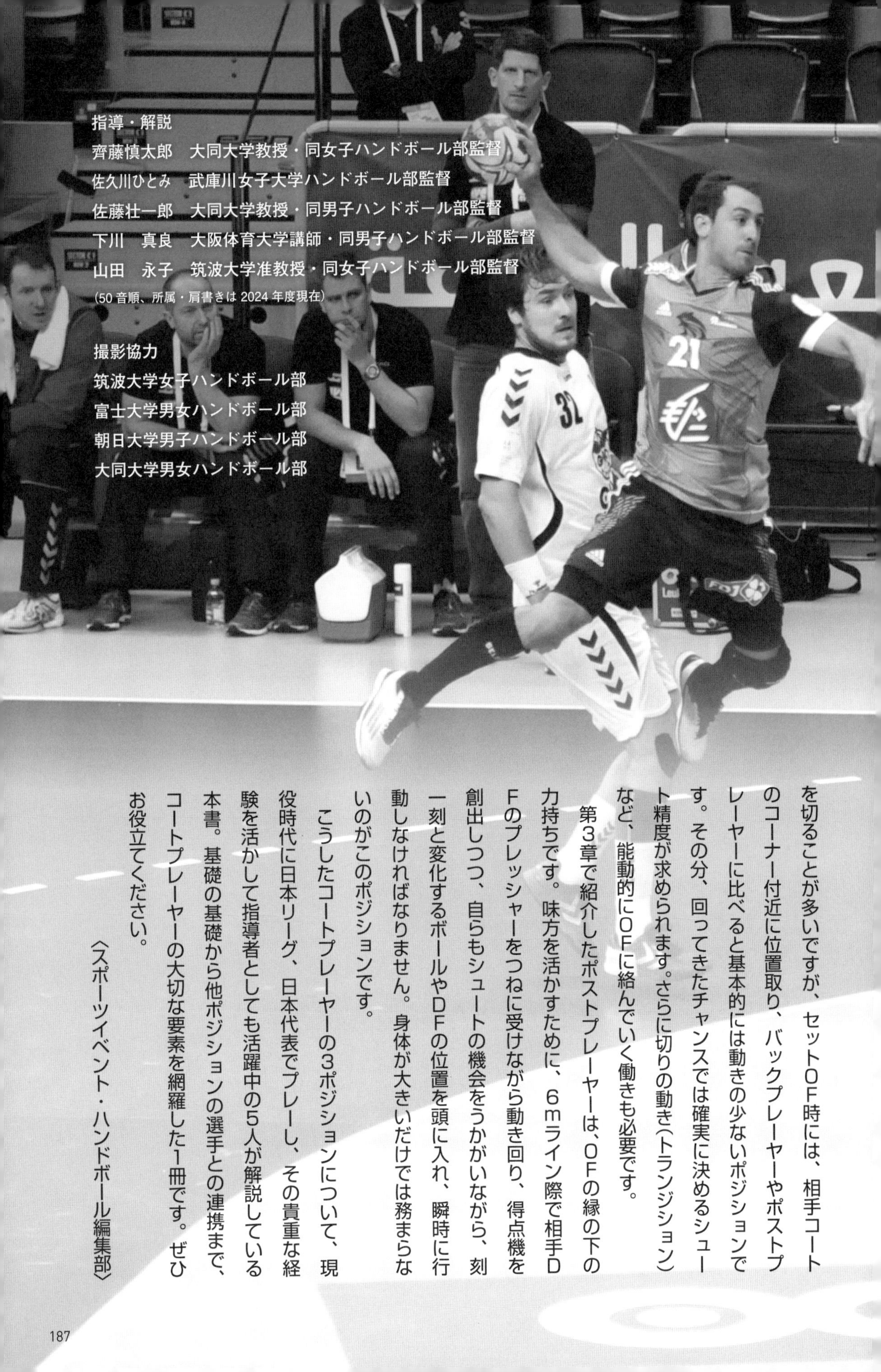

を切ることが多いですが、セットOF時には、相手コートのコーナー付近に位置取り、バックプレーヤーやポストプレーヤーに比べると基本的には動きの少ないポジションです。その分、回ってきたチャンスでは確実に決めるシュート精度が求められます。さらに切りの動き（トランジション）など、能動的にOFに絡んでいく働きも必要です。

第3章で紹介したポストプレーヤーは、OFの縁の下の力持ちです。味方を活かすために、6mライン際で相手DFのプレッシャーをつねに受けながら動き回り、得点機を創出しつつ、自らもシュートの機会をうかがいながら、刻一刻と変化するボールやDFの位置を頭に入れ、瞬時に行動しなければなりません。身体が大きいだけでは務まらないのがこのポジションです。

こうしたコートプレーヤーの3ポジションについて、現役時代に日本リーグ、日本代表でプレーし、その貴重な経験を活かして指導者としても活躍中の5人が解説している本書。基礎の基礎から他ポジションの選手との連携まで、コートプレーヤーの大切な要素を網羅した1冊です。ぜひお役立てください。

〈スポーツイベント・ハンドボール編集部〉

指導・解説

齊藤慎太郎　大同大学教授・同女子ハンドボール部監督

佐久川ひとみ　武庫川女子大学ハンドボール部監督

佐藤壮一郎　大同大学教授・同男子ハンドボール部監督

下川　真良　大阪体育大学講師・同男子ハンドボール部監督

山田　永子　筑波大学准教授・同女子ハンドボール部監督

（50音順、所属・肩書きは2024年度現在）

撮影協力

筑波大学女子ハンドボール部

富士大学男女ハンドボール部

朝日大学男子ハンドボール部

大同大学男女ハンドボール部

ハンドボール
目からウロコのポジション別上達術〈コートプレーヤー編〉

2016年12月15日　初版第1刷発行
2025年 1月 5日　第2版第1刷発行

編著者　スポーツイベント・ハンドボール編集部
発行者　山本浩二
発行所　株式会社グローバル教育出版
〒101-0047　東京都千代田区内神田2-4-2　一広グローバルビル3階
TEL.03-3253-5944
FAX.03-3253-5945
http://www.g-ap.com/
印刷所　株式会社瞬報社
デザイン　アオキケンデザイン事務所